CLT

CLT

Decreto-lei n. 5.452,
de 1º de maio de 1943

10ª
EDIÇÃO
revisada e atualizada
2025

manole
editora

ORGANIZAÇÃO Editoria Jurídica da Editora Manole
PRODUÇÃO EDITORIAL Sônia Midori Fujiyoshi
PROJETO GRÁFICO Departamento Editorial da Editora Manole
CAPA Ricardo Yoshiaki Nitta Rodrigues
IMAGEM DA CAPA Freepik

CIP-BRASIL. CATALOGAÇÃO NA PUBLICAÇÃO
SINDICATO NACIONAL DOS EDITORES DE LIVROS, RJ

C578
10. ed.

CLT: Decreto-lei n. 5.452, de 1º de maio de 1943 / [organização Editoria Jurídica da Editora Manole]. – 10. ed., rev. e atual. – Barueri [SP]: Manole, 2025.

Inclui índice
ISBN 978-85-204-6784-8

1. Brasil. [Consolidação das Leis do Trabalho (1943)]. 2. Direito do trabalho – Brasil. I. Editoria Jurídica da Editora Manole.

24-95398 CDU-349.2(81)(094.4)

Meri Gleice Rodrigues de Souza – Bibliotecária – CRB-7/6439

1ª edição – 2016; 2ª edição – 2017; 3ª edição – 2018; 4ª edição – 2019; 5ª edição – 2020; 6ª edição – 2021; 7ª edição – 2022; 8ª edição – 2023; 9ª edição – 2024; 10ª edição – 2025

Editora Manole Ltda.
Alameda Rio Negro, 967 – cj. 717 – Alphaville
06454-000 – Barueri – SP – Brasil
Fone: (11) 4196-6000
www.manole.com.br | http://atendimento.manole.com.br

Impresso no Brasil
Printed in Brazil

SUMÁRIO

APRESENTAÇÃO

A EDITORA MANOLE, prosseguindo com suas publicações jurídicas, apresenta agora seu volume contendo exclusivamente a Consolidação das Leis do Trabalho (Decreto-lei n. 5.452, de 01.05.1943), devidamente atualizada pelas Leis ns. 14.824 e 14.846.

Esta edição está atualizada até o dia 06.01.2025, e o leitor poderá manter-se informado sobre as mudanças na legislação até 31.10.2025 no site **manoleeducacao.com.br/codigosmanole** (acesse pelo *QR code*).

Conheça também as outras publicações jurídicas em formato reduzido da EDITORA MANOLE:

Constituição Federal
Código Civil
Código de Processo Civil
Código Penal
Código de Processo Penal
Código de Defesa do Consumidor

EDITORIA JURÍDICA DA EDITORA MANOLE

LISTA DE ABREVIATURAS E SIGLAS

ADCT: Ato das Disposições Constitucionais Transitórias
ADI: ação direta de inconstitucionalidade
ADPF: arguição de descumprimento de preceito fundamental
c/c: combinado com
CC: Código Civil
CC/1916: Código Civil de 1916 (Lei n. 3.071/16)
CC/2002: Código Civil de 2002 (Lei n. 10.406/2002)
CCom: Código Comercial (Lei n. 556/1850)
CDC: Código de Defesa do Consumidor (Lei n. 8.078/90)
CE: Código Eleitoral (Lei n. 4.737/65)
CF: Constituição Federal
CJF: Conselho de Justiça Federal
CLT: Consolidação das Leis do Trabalho (DL n. 5.452/43)
CP: Código Penal (DL n. 2.848/40)
CPC: Código de Processo Civil
CPC/2015: Código de Processo Civil de 2015 (Lei n. 13.105/2015)
CPC/73: Código de Processo Civil de 1973 (Lei n. 5.869/73)
CPM: Código Penal Militar (DL n. 1.001/69)
CPP: Código de Processo Penal (DL n. 3.689/41)
CPPM: Código de Processo Penal Militar (DL n. 1.002/69)
CR: Constituição da República
CTB: Código de Trânsito Brasileiro (Lei n. 9.503/97)
CTN: Código Tributário Nacional (Lei n. 5.172/66)
DJ: *Diário da Justiça*
DJe: *Diário da Justiça eletrônico*
DL: decreto-lei
DOU: *Diário Oficial da União*
EAOAB: Estatuto da Advocacia e da OAB (Lei n. 8.906/94)
EC: emenda constitucional
ECA: Estatuto da Criança e do Adolescente (Lei n. 8.069/90)

ECR: emenda constitucional de revisão
IN: instrução normativa
JECC: Juizados Especiais Cíveis e Criminais
JEF: Juizado Especial Federal
LC: lei complementar
LCP: Lei das Contravenções Penais (DL n. 3.688/41)
LEP: Lei de Execução Penal (Lei n. 7.210/84)
LICP: Lei de Introdução ao Código Penal (DL n. 3.914/41)
LICPP: Lei de Introdução ao Código de Processo Penal (DL n. 3.931/41)
Lindb: Lei de introdução às normas do Direito Brasileiro (DL n. 4.657/42)
LRP: Lei de Registros Públicos (Lei n. 6.015/73)
MP n.: Medida Provisória n.
n.: número
OAB: Ordem dos Advogados do Brasil
Prov.: provimento
Res.: resolução
RISTF: Regimento Interno do Supremo Tribunal Federal
RISTJ: Regimento Interno do Superior Tribunal de Justiça
RITFR: Regimento Interno do Tribunal Federal de Recursos
RITST: Regimento Interno do Tribunal Superior do Trabalho
segs.: seguintes
STF: Supremo Tribunal Federal
STJ: Superior Tribunal de Justiça
STM: Superior Tribunal Militar
TFR: Tribunal Federal de Recursos
TJ: Tribunal de Justiça
TSE: Tribunal Superior Eleitoral
TST: Tribunal Superior do Trabalho

ÍNDICE SISTEMÁTICO DA CLT

Título I
Introdução

Título II
Das Normas Gerais de Tutela do Trabalho

Título II-A
Do Dano Extrapatrimonial

Título III
Das Normas Especiais de Tutela do Trabalho

Título IV
Do Contrato Individual do Trabalho

Título IV-A
Da Representação dos Empregados

Título V
Da Organização Sindical

Título VI
Das Convenções Coletivas de Trabalho

Título VI-A
Das Comissões de Conciliação Prévia

Título VII
Do Processo de Multas Administrativas

Título VII-A
Da Prova de Inexistência de Débitos Trabalhistas

Título VIII
Da Justiça do Trabalho

Título IX
Do Ministério Público do Trabalho

Título X
Do Processo Judiciário do Trabalho

Título XI
Disposições Finais e Transitórias

DECRETO-LEI N. 5.452, DE 1º DE MAIO DE 1943

Aprova a Consolidação das Leis do Trabalho.

Observação importante: Procuramos manter a designação original da lei ou de suas alterações posteriores no que se refere à denominação de Ministérios, Secretarias, autarquias, demais órgãos públicos e cargos, uma vez que a flutuação dessas denominações é uma constante em nosso sistema. Raras vezes há determinação legal para a substituição nas leis vigentes da designação desses cargos, órgãos, Secretarias e Ministérios. Todavia, sempre que houve expressa determinação legal processamos as devidas modificações. Mantivemos a mesma redação de dispositivos da CLT cuja vigência acha-se suprimida pela superveniência da CF/88 e suas emendas. Anotamos, contudo, que a interpretação de alguns dispositivos da CLT deve ser orientada pelos arts. 7º a 11 e 111 a 116, CF.

O PRESIDENTE DA REPÚBLICA, usando da atribuição que lhe confere o art. 180 da Constituição, decreta:

Refere-se à CF/37.

Art. 1º Fica aprovada a Consolidação das Leis do Trabalho, que a este Decreto-lei acompanha, com as alterações por ela introduzidas na legislação vigente.

Parágrafo único. Continuam em vigor as disposições legais transitórias ou de emergência, bem como as que não tenham aplicação em todo o território nacional.

Art. 2º O presente Decreto-lei entrará em vigor em 10 de novembro de 1943.

Rio de Janeiro, 1º de maio de 1943;
122º da Independência e 55º da República.

GETÚLIO VARGAS

CONSOLIDAÇÃO DAS LEIS DO TRABALHO

TÍTULO I
INTRODUÇÃO

Art. 1º Esta Consolidação estatui as normas que regulam as relações individuais e coletivas de trabalho, nela previstas.

Art. 2º Considera-se empregador a empresa, individual ou coletiva, que, assumindo os riscos da atividade econômica, admite, assalaria e dirige a prestação pessoal de serviço.

Veja art. 3º, Lei n. 5.889, de 08.06.1973.

§ 1º Equiparam-se ao empregador, para os efeitos exclusivos da relação de emprego, os profissionais liberais, as instituições de beneficência, as associações recreativas ou outras instituições sem fins lucrativos, que admitirem trabalhadores como empregados.

Veja art. 4º, Lei n. 5.889, de 08.06.1973.

§ 2º Sempre que uma ou mais empresas, tendo, embora, cada uma delas, personalidade jurídica própria, estiverem sob a direção, controle ou administração de outra, ou ainda quando, mesmo guardando cada uma sua autonomia, integrem grupo econômico, serão responsáveis solidariamente pelas obrigações decorrentes da relação de emprego.

Parágrafo com redação dada pela Lei n. 13.467, de 13.07.2017.

§ 3º Não caracteriza grupo econômico a mera identidade de sócios, sendo necessárias, para a configuração do grupo, a demonstração do interesse integrado, a efetiva comunhão de interesses e a atuação conjunta das empresas dele integrantes.

Parágrafo acrescentado pela Lei n. 13.467, de 13.07.2017.

Veja art. 30, parágrafo único, Decreto n. 10.854, de 10.11.2021.

Art. 3º Considera-se empregado toda pessoa física que prestar serviços de natureza não eventual a empregador, sob a dependência deste e mediante salário.

Veja art. 442-B, CLT.

Veja art. 2º, Lei n. 5.889, de 08.06.1973.

Veja art. 106, I, Decreto n. 10.854, de 10.11.2021.

Veja Súmula n. 386, TST.

Parágrafo único. Não haverá distinções relativas à espécie de emprego e à condição de trabalhador, nem entre o trabalho intelectual, técnico e manual.

Art. 4º Considera-se como de serviço efetivo o período em que o empregado esteja à disposição do empregador, aguardando ou executando ordens, salvo disposição especial expressamente consignada.

§ 1º Computar-se-ão, na contagem de tempo de serviço, para efeito de indenização e estabilidade, os períodos em que o empregado estiver afastado do trabalho prestando serviço militar e por motivo de acidente do trabalho.

Antigo parágrafo único renumerado e com redação dada pela Lei n. 13.467, de 13.07.2017.
Veja Súmula n. 463, STF.
Veja Súmulas ns. 46, 428 e 429, TST.

§ 2º Por não se considerar tempo à disposição do empregador, não será computado como período extraordinário o que exceder a jornada normal, ainda que ultrapasse o limite de cinco minutos previsto no § 1º do art. 58 desta Consolidação, quando o empregado, por escolha própria, buscar proteção pessoal, em caso de insegurança nas vias públicas ou más condições climáticas, bem como adentrar ou permanecer nas dependências da empresa para exercer atividades particulares, entre outras:

Parágrafo acrescentado pela Lei n. 13.467, de 13.07.2017.

I – práticas religiosas;

Inciso acrescentado pela Lei n. 13.467, de 13.07.2017.

II – descanso;

Inciso acrescentado pela Lei n. 13.467, de 13.07.2017.

III – lazer;

Inciso acrescentado pela Lei n. 13.467, de 13.07.2017.

IV – estudo;

Inciso acrescentado pela Lei n. 13.467, de 13.07.2017.

V – alimentação;

Inciso acrescentado pela Lei n. 13.467, de 13.07.2017.

VI – atividades de relacionamento social;

Inciso acrescentado pela Lei n. 13.467, de 13.07.2017.

VII – higiene pessoal;

Inciso acrescentado pela Lei n. 13.467, de 13.07.2017.

VIII – troca de roupa ou uniforme, quando não houver obrigatoriedade de realizar a troca na empresa.

Inciso acrescentado pela Lei n. 13.467, de 13.07.2017.

Art. 5º A todo trabalho de igual valor corresponderá salário igual, sem distinção de sexo.

Art. 6º Não se distingue entre o trabalho realizado no estabelecimento do empregador, o executado no domicílio do empregado e o realizado a distância, desde que estejam caracterizados os pressupostos da relação de emprego.

Caput com redação dada pela Lei n. 12.551, de 15.12.2011.

Parágrafo único. Os meios telemáticos e informatizados de comando, controle e supervisão se equiparam, para fins de subordinação jurídica, aos meios pessoais e diretos de comando, controle e supervisão do trabalho alheio.

Parágrafo acrescentado pela Lei n. 12.551, de 15.12.2011.

Art. 7º Os preceitos constantes da presente Consolidação, salvo quando for, em cada caso, expressamente determinado em contrário, não se aplicam:

a) aos empregados domésticos, assim considerados, de um modo geral, os que prestam serviços de natureza não econômica à pessoa ou à família, no âmbito residencial destas;

b) aos trabalhadores rurais, assim considerados aqueles que, exercendo funções diretamente ligadas à agricultura e à pecuária, não sejam empregados em atividades que, pelos métodos de execução dos respectivos trabalhos ou pela finalidade de suas operações, se classifiquem como industriais ou comerciais;

c) aos funcionários públicos da União, dos Estados e dos Municípios e aos respectivos extranumerários em serviço nas próprias repartições;

Alínea com redação dada pelo DL n. 8.079, de 11.10.1945.

d) aos servidores de autarquias paraestatais, desde que sujeitos a regime próprio de proteção ao trabalho que lhes assegure situação análoga à dos funcionários públicos;

Alínea com redação dada pelo DL n. 8.079, de 11.10.1945.

e) (Suprimida pelo DL n. 8.079, de 11.10.1945.)

f) às atividades de direção e assessoramento nos órgãos, institutos e fundações dos partidos, assim definidas em normas internas de organização partidária.

Alínea acrescentada pela Lei n. 13.877, de 27.09.2019.

Parágrafo único. (*Revogado pelo DL n. 8.249, de 29.11.1945.*)

Art. 8º As autoridades administrativas e a Justiça do Trabalho, na falta de disposições legais ou contratuais, decidirão, conforme o caso, pela jurisprudência, por analogia, por equidade e outros princípios e normas gerais de direito, principalmente do direito do trabalho, e, ainda, de acordo com os usos e costumes, o direito comparado, mas sempre de maneira que nenhum interesse de classe ou particular prevaleça sobre o interesse público.

§ 1º O direito comum será fonte subsidiária do direito do trabalho.

Antigo arágrafo único renumerado e com redação dada pela Lei n. 13.467, de 13.07.2017.

§ 2º Súmulas e outros enunciados de jurisprudência editados pelo Tribunal Superior do Trabalho e pelos Tribunais Regionais do Trabalho não poderão restringir direitos legalmente previstos nem criar obrigações que não estejam previstas em lei.

Parágrafo acrescentado pela Lei n. 13.467, de 13.07.2017.

§ 3º No exame de convenção coletiva ou acordo coletivo de trabalho, a Justiça do Trabalho analisará exclusivamente a conformidade dos elementos essenciais do negócio jurídico, respeitado o disposto no art. 104 da Lei n. 10.406, de 10 de janeiro de 2002 (Código Civil), e balizará sua atuação pelo princípio da intervenção mínima na autonomia da vontade coletiva.

Parágrafo acrescentado pela Lei n. 13.467, de 13.07.2017.

Art. 9º Serão nulos de pleno direito os atos praticados com o objetivo de desvirtuar, impedir ou fraudar a aplicação dos preceitos contidos na presente Consolidação.

Veja Súmula n. 430, TST.

Veja OJ n. 30, SDC.

Art. 10. Qualquer alteração na estrutura jurídica da empresa não afetará os direitos adquiridos por seus empregados.

Veja art. 448-A, CLT.

Veja OJ n. 408, SDI-1.

Art. 10-A. O sócio retirante responde subsidiariamente pelas obrigações trabalhistas da sociedade relativas ao período em que figurou como sócio, somente em ações ajuizadas até dois anos depois de averbada a modificação do contrato, observada a seguinte ordem de preferência:

Caput acrescentado pela Lei n. 13.467, de 13.07.2017.

I – a empresa devedora;

Inciso acrescentado pela Lei n. 13.467, de 13.07.2017.

II – os sócios atuais; e

Inciso acrescentado pela Lei n. 13.467, de 13.07.2017.

III – os sócios retirantes.

Inciso acrescentado pela Lei n. 13.467, de 13.07.2017.

Parágrafo único. O sócio retirante responderá solidariamente com os demais quando ficar comprovada fraude na alteração societária decorrente da modificação do contrato.

Parágrafo acrescentado pela Lei n. 13.467, de 13.07.2017.

Art. 11. A pretensão quanto a créditos resultantes das relações de trabalho prescreve em cinco anos para os trabalhadores urbanos e rurais, até o limite de dois anos após a extinção do contrato de trabalho.

Caput com redação dada pela Lei n. 13.467, de 13.07.2017.

Veja art. 196, CLT.

Veja Súmulas ns. 230, 327 e 349, STF.

I e II – (*Revogados pela Lei n. 13.467, de 13.07.2017.*)

§ 1º O disposto neste artigo não se aplica às ações que tenham por objeto anotações para fins de prova junto à Previdência Social.

Parágrafo acrescentado pela Lei n. 9.658, de 05.06.1998.

§ 2º Tratando-se de pretensão que envolva pedido de prestações sucessivas decorrente de alteração ou descumprimento do pactuado, a prescrição é total, exceto quando o direito à parcela esteja também assegurado por preceito de lei.

Parágrafo com redação dada pela Lei n. 13.467, de 13.07.2017.

§ 3º A interrupção da prescrição somente ocorrerá pelo ajuizamento de reclamação trabalhista, mesmo que em juízo incompetente, ainda que venha a ser extinta sem resolução do mérito, produzindo efeitos apenas em relação aos pedidos idênticos.

Parágrafo com redação dada pela Lei n. 13.467, de 13.07.2017.

A redação anterior dos §§ 2º e 3º, acrescentados pela Lei n. 9.658, de 05.06.1998, constava como vetada.

Art. 11-A. Ocorre a prescrição intercorrente no processo do trabalho no prazo de dois anos.

Caput acrescentado pela Lei n. 13.467, de 13.07.2017.

§ 1º A fluência do prazo prescricional intercorrente inicia-se quando o exequente deixa de cumprir determinação judicial no curso da execução.

Parágrafo acrescentado pela Lei n. 13.467, de 13.07.2017.

§ 2º A declaração da prescrição intercorrente pode ser requerida ou declarada de ofício em qualquer grau de jurisdição.

Parágrafo acrescentado pela Lei n. 13.467, de 13.07.2017.

Art. 12. Os preceitos concernentes ao regime de seguro social são objeto de lei especial.

TÍTULO II
DAS NORMAS GERAIS DE TUTELA DO TRABALHO

CAPÍTULO I
DA IDENTIFICAÇÃO PROFISSIONAL

Veja art. 29, DL n. 229, de 28.02.1967.

Seção I
Da Carteira de Trabalho e Previdência Social

Por força do disposto no art. 1º, DL n. 926, de 10.10.1969, que instituiu a Carteira de Trabalho e Previdência Social, a qual substituirá a Carteira Profissional, a Carteira de Trabalho do Menor e a Carteira Profissional do Trabalhador Rural, substituímos todas as expressões anteriores alusivas a esse documento pela nova nomenclatura determinada, independentemente de referência feita a esse DL.

Art. 13. A Carteira de Trabalho e Previdência Social é obrigatória para o exercício de qualquer emprego, inclusive de natureza rural, ainda que em caráter temporário, e para o exercício por conta própria de atividade profissional remunerada.

Caput com redação dada pelo DL n. 926, de 10.10.1969.

Veja Súmula n. 225, STF.

§ 1º O disposto neste artigo aplica-se, igualmente, a quem:

Parágrafo acrescentado pelo DL n. 229, de 28.02.1967, e com redação dada pelo DL n. 926, de 10.10.1969.

I – proprietário rural ou não, trabalhe individualmente ou em regime de economia familiar, assim entendido o trabalho dos membros da mesma família, indispensável à própria subsistência, e exercido em condições de mútua dependência e colaboração;

Inciso acrescentado pelo DL n. 926, de 10.10.1969.

II – em regime de economia familiar e sem empregado, explore área não excedente do módulo rural ou de outro limite que venha a ser fixado, para cada região, pelo Ministério do Trabalho e Previdência Social.

Inciso acrescentado pelo DL n. 926, de 10.10.1969.

Veja nota no início da CLT.

§ 2º A Carteira de Trabalho e Previdência Social (CTPS) obedecerá aos modelos que o Ministério da Economia adotar.

Parágrafo com redação dada pela Lei n. 13.874, de 20.09.2019.

§§ 3º e 4º (*Revogados pela Lei n. 13.874, de 20.09.2019.*)

Seção II
Da Emissão da Carteira de Trabalho e Previdência Social

Seção com denominação dada pelo DL n. 926, de 10.10.1969.

Art. 14. A CTPS será emitida pelo Ministério da Economia preferencialmente em meio eletrônico.

Caput com redação dada pela Lei n. 13.874, de 20.09.2019.

Parágrafo único. Excepcionalmente, a CTPS poderá ser emitida em meio físico, desde que:

Parágrafo com redação dada pela Lei n. 13.874, de 20.09.2019.

I – nas unidades descentralizadas do Ministério da Economia que forem habilitadas para a emissão;

Inciso acrescentado pela Lei n. 13.874, de 20.09.2019.

II – mediante convênio, por órgãos federais, estaduais e municipais da administração direta ou indireta;

Inciso acrescentado pela Lei n. 13.874, de 20.09.2019.

III – mediante convênio com serviços notariais e de registro, sem custos para a administração, garantidas as condições de segurança das informações.

Inciso acrescentado pela Lei n. 13.874, de 20.09.2019.

Art. 15. Os procedimentos para emissão da CTPS ao interessado serão estabelecidos pelo Ministério da Economia em regulamento próprio, privilegiada a emissão em formato eletrônico.

Artigo com redação dada pela Lei n. 13.874, de 20.09.2019.

Art. 16. A CTPS terá como identificação única do empregado o número de inscrição no Cadastro de Pessoas Físicas (CPF).

Caput com redação dada pela Lei n. 13.874, de 20.09.2019.

I a IV – (*Revogados pela Lei n. 13.874, de 20.09.2019.*)

Parágrafo único. (*Revogado pela Lei n. 13.874, de 20.09.2019.*)

a) (*Revogada pela Lei n. 13.874, de 20.09.2019.*)

b) (*Revogada pela Lei n. 13.874, de 20.09.2019.*)

Art. 17. (*Revogado pela Lei n. 13.874, de 20.09.2019.*)

Art. 18. (*Revogado pela Lei n. 7.855, de 24.10.1989.*)

Art. 19. (*Revogado pela Lei n. 7.855, de 24.10.1989.*)

Art. 20. (*Revogado pela Lei n. 13.874, de 20.09.2019.*)

Art. 21. (*Revogado pela Lei n. 13.874, de 20.09.2019.*)

Arts. 22 a 24. (*Revogados pelo DL n. 926, de 10.10.1969.*)

Seção III
Da Entrega das Carteiras de Trabalho e Previdência Social

Art. 25. (*Revogado pela Lei n. 13.874, de 20.09.2019.*)
Art. 26. (*Revogado pela Lei n. 13.874, de 20.09.2019.*)
Art. 27. (*Revogado pela Lei n. 7.855, de 24.10.1989.*)
Art. 28. (*Revogado pela Lei n. 7.855, de 24.10.1989.*)

Seção IV
Das Anotações

Art. 29. O empregador terá o prazo de 5 (cinco) dias úteis para anotar na CTPS, em relação aos trabalhadores que admitir, a data de admissão, a remuneração e as condições especiais, se houver, facultada a adoção de sistema manual, mecânico ou eletrônico, conforme instruções a serem expedidas pelo Ministério da Economia.

Caput com redação dada pela Lei n. 13.874, de 20.09.2019.

Veja arts. 29-A, *caput*, e 36, CLT.

§ 1º As anotações concernentes à remuneração devem especificar o salário, qualquer que seja sua forma e pagamento, seja ele em dinheiro ou em utilidades, bem como a estimativa da gorjeta.

Parágrafo com redação dada pelo DL n. 229, de 28.02.1967.

Veja art. 29-A, *caput*, CLT.

§ 2º As anotações na Carteira de Trabalho e Previdência Social serão feitas:

Parágrafo com redação dada pela Lei n. 7.855, de 24.10.1989.

Veja arts. 29-B e 37, *caput*, CLT.

a) na data-base;

Alínea acrescentada pela Lei n. 7.855, de 24.10.1989.

b) a qualquer tempo, por solicitação do trabalhador;

Alínea acrescentada pela Lei n. 7.855, de 24.10.1989.

c) no caso de rescisão contratual; ou

Alínea acrescentada pela Lei n. 7.855, de 24.10.1989.

d) necessidade de comprovação perante a Previdência Social.

Alínea acrescentada pela Lei n. 7.855, de 24.10.1989.

Veja Súmula n. 225, STF.

Veja Súmula n. 12, TST.

§ 3º A falta de cumprimento pelo empregador do disposto neste artigo acarretará a lavratura do auto de infração, pelo Fiscal do Trabalho, que deverá, de ofício, comunicar a falta de anotação ao órgão competente, para o fim de instaurar o processo de anotação.

Parágrafo com redação dada pela Lei n. 7.855, de 24.10.1989.

§ 4º É vedado ao empregador efetuar anotações desabonadoras à conduta do empregado em sua Carteira de Trabalho e Previdência Social.

Parágrafo acrescentado pela Lei n. 10.270, de 29.08.2001.

§ 5º O descumprimento do disposto no § 4º deste artigo submeterá o empregador ao pagamento de multa prevista no art. 52 deste Capítulo.

Parágrafo com redação dada pela Lei n. 10.270, de 29.08.2001.

§ 6º A comunicação pelo trabalhador do número de inscrição no CPF ao empregador equivale à apresentação da CTPS em meio digital, dispensado o empregador da emissão de recibo.

Parágrafo acrescentado pela Lei n. 13.874, de 20.09.2019.

§ 7º Os registros eletrônicos gerados pelo empregador nos sistemas informatizados da CTPS em meio digital equivalem às anotações a que se refere esta Lei.

Parágrafo acrescentado pela Lei n. 13.874, de 20.09.2019.

Veja art. 135, § 3º, CLT.

§ 8º O trabalhador deverá ter acesso às informações da sua CTPS no prazo de até 48 (quarenta e oito) horas a partir de sua anotação.

Parágrafo acrescentado pela Lei n. 13.874, de 20.09.2019.

Art. 29-A. O empregador que infringir o disposto no *caput* e no § 1º do art. 29 desta Consolidação ficará sujeito a multa no valor de R$ 3.000,00 (três mil reais) por empregado prejudicado, acrescido de igual valor em cada reincidência.

Artigo acrescentado pela Lei n. 14.438, de 24.08.2022.

§ 1º No caso de microempresa ou de empresa de pequeno porte, o valor final da multa aplicada será de R$ 800,00 (oitocentos reais) por empregado prejudicado.

§ 2º A infração de que trata o *caput* deste artigo constitui exceção ao critério da dupla visita.

Art. 29-B. Na hipótese de não serem realizadas as anotações a que se refere o § 2º do art. 29 desta Consolidação, o empregador ficará sujeito a multa no valor de R$ 600,00 (seiscentos reais) por empregado prejudicado.

Artigo acrescentado pela Lei n. 14.438, de 24.08.2022.

Art. 30. (*Revogado pela Lei n. 13.874, de 20.09.2019.*)

Art. 31. (*Revogado pela Lei n. 13.874, de 20.09.2019.*)

Art. 32. (*Revogado pela Lei n. 13.874, de 20.09.2019.*)

Art. 33. (*Revogado pela Lei n. 13.874, de 20.09.2019.*)

Art. 34. (*Revogado pela Lei n. 13.874, de 20.09.2019.*)

Art. 35. (*Revogado pela Lei n. 6.533, de 24.05.1978.*)

Seção V
Das Reclamações por Falta ou Recusa de Anotação

Art. 36. Recusando-se a empresa a fazer as anotações a que se refere o art. 29 ou a devolver a Carteira de Trabalho e Previdência Social recebida, poderá o empregado comparecer, pessoalmente ou por intermédio de seu sindicato, perante a Delegacia Regional ou órgão autorizado, para apresentar reclamação.

Artigo com redação dada pelo DL n. 229, de 28.02.1967.

Veja art. 37, *caput*, CLT.

Art. 37. No caso do art. 36, lavrado o termo de reclamação, determinar-se-á a realização de diligência para instrução do feito, observado, se for o caso, o disposto no § 2º do art. 29, notificando-se posteriormente o reclamado por carta registrada, caso persista a recusa, para que, em dia e hora previamente designados, venha prestar esclarecimentos ou efetuar as devidas anotações na Carteira de Trabalho e Previdência Social ou sua entrega.

Caput com redação dada pelo DL n. 229, de 28.02.1967.

Parágrafo único. Não comparecendo o reclamado, lavrar-se-á termo de ausência, sendo considerado revel e confesso sobre os termos da reclamação feita, devendo as anotações ser efetuadas por despacho da autoridade que tenha processado a reclamação.

Parágrafo com redação dada pelo DL n. 229, de 28.02.1967.

Art. 38. Comparecendo o empregador e recusando-se a fazer as anotações reclamadas, será lavrado um termo de comparecimento, que deverá conter, entre outras indicações, o lugar, o dia e hora de sua lavratura, o nome e a residência do empregador, assegurando-se-lhe o prazo de 48 (quarenta e oito) horas, a contar do termo, para apresentar defesa.

Parágrafo único. Findo o prazo para a defesa, subirá o processo à autoridade administrativa de primeira instância, para se ordenarem diligências, que completem a inscrição do feito, ou para julgamento, se o caso estiver suficientemente esclarecido.

O correto parece ser "instrução" em vez de "inscrição".

Art. 39. Verificando-se que as alegações feitas pelo reclamado versam sobre a não existência de relação de emprego, ou sendo impossível verificar essa condição pelos meios administrativos, será o processo encaminhado à Justiça do Trabalho, ficando, nesse caso, sobrestado o julgamento do auto de infração que houver sido lavrado.

Caput com redação dada pelo DL n. 229, de 28.02.1967.

§ 1º Se não houver acordo, a Junta de Conciliação e Julgamento, em sua sentença, ordenará que a Secretaria efetue as devidas anotações, uma vez transitada em julgado, e faça a comunicação à autoridade competente para o fim de aplicar a multa cabível.

Parágrafo acrescentado pelo DL n. 229, de 28.02.1967.

A EC n. 24, de 09.12.1999, substituiu a expressão "Juntas de Conciliação e Julgamento", como órgãos da Justiça do Trabalho, pelas expressões "Juízes do Trabalho" e "Varas do Trabalho", essas confirmadas posteriormente pela EC n. 45, de 08.12.2004.

§ 2º Igual procedimento observar-se-á no caso de processo trabalhista de qualquer natureza, quando for verificada a falta de anotações na Carteira de Trabalho e Previdência Social, devendo o juiz, nesta hipótese, mandar proceder, desde logo, àquelas sobre as quais não houver controvérsia.

Parágrafo acrescentado pelo DL n. 229, de 28.02.1967.

Seção VI
Do Valor das Anotações

Art. 40. A CTPS regularmente emitida e anotada servirá de prova:

Caput com redação dada pela Lei n. 13.874, de 20.09.2019.

Veja Súmula n. 225, STF.

Veja Súmula n. 12, TST.

I – nos casos de dissídio na Justiça do Trabalho entre a empresa e o empregado por motivo de salário, férias, ou tempo de serviço;

Inciso com redação dada pelo DL n. 229, de 28.02.1967.

II – (*Revogado pela Lei n. 13.874, de 20.09.2019.*)

III – para cálculo de indenização por acidente do trabalho ou moléstia profissional.

Inciso com redação dada pelo DL n. 229, de 28.02.1967.

Seção VII
Dos Livros de Registro de Empregados

Art. 41. Em todas as atividades será obrigatório para o empregador o registro dos respectivos trabalhadores, podendo ser adotados livros, fichas ou sistema eletrônico, conforme instruções a serem expedidas pelo Ministério do Trabalho.

Caput com redação dada pela Lei n. 7.855, de 24.10.1989.

Veja arts. 47 e 47-A, CLT.

Parágrafo único. Além da qualificação civil ou profissional de cada trabalhador, deverão ser anotados todos os dados relativos à sua admissão no emprego, duração e efetividade do trabalho, a férias, acidentes e demais circunstâncias que interessem à proteção do trabalhador.

Parágrafo com redação dada pela Lei n. 7.855, de 24.10.1989.

Art. 42. (*Revogado pela Lei n. 10.243, de 19.06.2001.*)

Arts. 43 e 44. (*Revogados pela Lei n. 7.855, de 24.10.1989.*)

Arts. 45 e 46. (*Revogados pelo DL n. 229, de 28.02.1967.*)

Art. 47. O empregador que mantiver empregado não registrado nos termos do art. 41 desta Consolidação ficará sujeito a multa no valor de R$ 3.000,00 (três mil reais) por empregado não registrado, acrescido de igual valor em cada reincidência.

Caput com redação dada pela Lei n. 13.467, de 13.07.2017.

Veja art. 434, parágrafo único, CLT.

§ 1º Especificamente quanto à infração a que se refere o caput deste artigo, o valor final da multa aplicada será de R$ 800,00 (oitocentos reais) por empregado não registrado, quando se tratar de microempresa ou empresa de pequeno porte.

Parágrafo renumerado e com redação dada pela Lei n. 13.467, de 13.07.2017.

§ 2º A infração de que trata o *caput* deste artigo constitui exceção ao critério da dupla visita.

Parágrafo acrescentado pela Lei n. 13.467, de 13.07.2017.

Art. 47-A. Na hipótese de não serem informados os dados a que se refere o parágrafo único do art. 41 desta Consolidação, o empregador ficará sujeito à multa de R$ 600,00 (seiscentos reais) por empregado prejudicado.

Artigo acrescentado pela Lei n. 13.467, de 13.07.2017.

Art. 48. As multas previstas nesta Seção serão aplicadas pelas Delegacias Regionais do Trabalho.

O art. 35, IV, DL n. 229, de 28.02.1967, determinou a substituição da expressão "Departamento Nacional do Trabalho" por "Delegacia Regional do Trabalho".

Seção VIII
Das Penalidades

Art. 49. Para os efeitos da emissão, substituição ou anotação de Carteiras de Trabalho e Previdência Social, considerar-se-á crime de falsidade, com as penalidades previstas no art. 299 do Código Penal:

Caput com redação dada pelo DL n. 229, de 28.02.1967.

I – fazer, no todo ou em parte, qualquer documento falso ou alterar o verdadeiro;

Inciso com redação dada pelo DL n. 229, de 28.02.1967.

II – afirmar falsamente a sua própria identidade, filiação, lugar de nascimento, residência, profissão ou estado civil e beneficiários, ou atestar os de outra pessoa;

Inciso com redação dada pelo DL n. 229, de 28.02.1967.

III – servir-se de documentos, por qualquer forma falsificados;

Inciso com redação dada pelo DL n. 229, de 28.02.1967.

IV – falsificar, fabricando ou alterando, ou vender, usar ou possuir Carteiras de Trabalho e Previdência Social assim alteradas;

Inciso com redação dada pelo DL n. 229, de 28.02.1967.

V – anotar dolosamente em Carteira de Trabalho e Previdência Social ou registro de empregado, ou confessar ou declarar, em juízo ou fora dele, data de admissão em emprego diversa da verdadeira.

Inciso com redação dada pelo DL n. 229, de 28.02.1967.

Art. 50. Comprovando-se falsidade, quer nas declarações para emissão de Carteira de Trabalho e Previdência Social, quer nas respectivas anotações, o fato será levado ao conhecimento da autoridade que houver emitido a carteira, para fins de direito.

Art. 51. Incorrerá em multa de valor igual a 3 (três) vezes o salário mínimo regional aquele que, comerciante ou não, vender ou expuser à venda qualquer tipo de carteira igual ou semelhante ao tipo oficialmente adotado.

Artigo com redação dada pela DL n. 229, de 28.02.1967.

Art. 52. O extravio ou inutilização da Carteira de Trabalho e Previdência Social por culpa da empresa sujeitará esta à multa de valor igual à metade do salário mínimo regional.

Artigo com redação dada pela DL n. 926, de 10.10.1969.

Veja art. 29, § 5º, CLT.

Art. 53. (*Revogado pela Lei n. 13.874, de 20.09.2019.*)

Art. 54. (*Revogado pela Lei n. 13.874, de 20.09.2019.*)

Art. 55. Incorrerá na multa de valor igual a 1 (um) salário mínimo regional a empresa que infringir o art. 13 e seus parágrafos.

Artigo com redação dada pela DL n. 229, de 28.02.1967.

Art. 56. (*Revogado pela Lei n. 13.874, de 20.09.2019.*)

CAPÍTULO II
DA DURAÇÃO DO TRABALHO

Veja art. 75-B, § 3º, CLT.

Seção I
Disposição Preliminar

Art. 57. Os preceitos deste Capítulo aplicam-se a todas as atividades, salvo as expressamente excluídas, constituindo exceções as disposições especiais, concernentes estritamente a peculiaridades profissionais constantes do Capítulo I do Título III.

Seção II
Da Jornada de Trabalho

Art. 58. A duração normal do trabalho, para os empregados em qualquer atividade privada, não excederá de 8 (oito) horas diárias, desde que não seja fixado expressamente outro limite.

Veja arts. 64 e 65, CLT.

§ 1º Não serão descontadas nem computadas como jornada extraordinária as variações de horário no registro de ponto não excedentes de cinco minutos, observado o limite máximo de dez minutos diários.

Parágrafo acrescentado pela Lei n. 10.243, de 19.06.2001.

Veja art. 7º, XIII, CF.

§ 2º O tempo despendido pelo empregado desde a sua residência até a efetiva ocupação do posto de trabalho e para o seu retorno, caminhando ou por qualquer meio de transporte, inclusive o fornecido pelo empregador, não será computado na jornada de trabalho, por não ser tempo à disposição do empregador.

Parágrafo com redação dada pela Lei n. 13.467, de 13.07.2017.

§ 3º (*Revogado pela Lei n. 13.467, de 13.07.2017.*)

Art. 58-A. Considera-se trabalho em regime de tempo parcial aquele cuja duração não exceda a trinta horas semanais, sem a possibilidade de horas suplementares semanais, ou, ainda, aquele cuja duração não exceda a vinte e seis horas semanais, com a possibilidade de acréscimo de até seis horas suplementares semanais.

Caput com redação dada pela Lei n. 13.467, de 13.07.2017

Veja art. 8º, I, Lei n. 14.457, de 21.09.2023.

§ 1º O salário a ser pago aos empregados sob o regime de tempo parcial será proporcional à sua jornada, em relação aos empregados que cumprem, nas mesmas funções, tempo integral.

Parágrafo acrescentado pela MP n. 2.164-41, de 24.08.2001.

§ 2º Para os atuais empregados, a adoção do regime de tempo parcial será feita mediante opção manifestada perante a empresa, na forma prevista em instrumento decorrente de negociação coletiva.

Parágrafo acrescentado pela MP n. 2.164-41, de 24.08.2001.

§ 3º As horas suplementares à duração do trabalho semanal normal serão pagas com o acréscimo de 50% (cinquenta por cento) sobre o salário-hora normal.

Parágrafo acrescentado pela Lei n. 13.467, de 13.07.2017.

§ 4º Na hipótese de o contrato de trabalho em regime de tempo parcial ser estabelecido em número inferior a vinte e seis horas semanais, as horas suplementares a este quantitativo serão consideradas horas extras para fins do pagamento estipulado no § 3º, estando também limitadas a seis horas suplementares semanais.

Parágrafo acrescentado pela Lei n. 13.467, de 13.07.2017.

§ 5º As horas suplementares da jornada de trabalho normal poderão ser compensadas diretamente até a semana imediatamente posterior à da sua execução, devendo ser feita a sua quitação na folha de pagamento do mês subsequente, caso não sejam compensadas.

Parágrafo acrescentado pela Lei n. 13.467, de 13.07.2017.

§ 6º É facultado ao empregado contratado sob regime de tempo parcial converter um terço do período de férias a que tiver direito em abono pecuniário.

Parágrafo acrescentado pela Lei n. 13.467, de 13.07.2017.

§ 7º As férias do regime de tempo parcial são regidas pelo disposto no art. 130 desta Consolidação.

Parágrafo acrescentado pela Lei n. 13.467, de 13.07.2017.

Art. 59. A duração diária do trabalho poderá ser acrescida de horas extras, em número não excedente de duas, por acordo individual, convenção coletiva ou acordo coletivo de trabalho.

Caput com redação dada pela Lei n. 13.467, de 13.07.2017.

Veja art. 59-A, CLT.

Veja art. 8º, II, Lei n. 14.457, de 21.09.2023.

Veja Súmulas ns. 226, 253 e 264, TST.

§ 1º A remuneração da hora extra será, pelo menos, 50% (cinquenta por cento) superior à da hora normal.

Parágrafo com redação dada pela Lei n. 13.467, de 13.07.2017.

Veja art. 7º, XVI, CF.

§ 2º Poderá ser dispensado o acréscimo de salário se, por força de acordo ou convenção coletiva de trabalho, o excesso de horas em um dia for compensado pela correspondente diminuição em outro dia, de maneira que não exceda, no período máximo de 1 (um) ano, à soma das jornadas semanais de trabalho previstas, nem seja ultrapassado o limite máximo de 10 (dez) horas diárias.

Parágrafo com redação dada pela MP n. 2.164-41, de 24.08.2001.

Veja art. 235-C, § 5º, CLT.

Veja Súmula n. 85, TST.

§ 3º Na hipótese de rescisão do contrato de trabalho sem que tenha havido a compensação integral da jornada extraordinária, na forma dos §§ 2º e 5º deste artigo, o trabalhador terá direito ao pagamento das horas extras não compensadas, calculadas sobre o valor da remuneração na data da rescisão.

Parágrafo com redação dada pela Lei n. 13.467, de 13.07.2017.

§ 4º (*Revogado pela Lei n. 13.467, de 13.07.2017.*)

§ 5º O banco de horas de que trata o § 2º deste artigo poderá ser pactuado por acordo individual escrito, desde que a compensação ocorra no período máximo de seis meses.

Parágrafo acrescentado pela Lei n. 13.467, de 13.07.2017.

§ 6º É lícito o regime de compensação de jornada estabelecido por acordo individual, tácito ou escrito, para a compensação no mesmo mês.

Parágrafo acrescentado pela Lei n. 13.467, de 13.07.2017.

Art. 59-A. Em exceção ao disposto no art. 59 desta Consolidação, é facultado às partes, mediante acordo individual escrito, convenção coletiva ou acordo coletivo de trabalho, estabelecer horário de trabalho de doze horas seguidas por trinta e seis horas ininterruptas de descanso, observados ou indenizados os intervalos para repouso e alimentação.

Caput acrescentado pela Lei n. 13.467, de 13.07.2017.

Veja art. 8º, III, Lei n. 14.457, de 21.09.2023.

Parágrafo único. A remuneração mensal pactuada pelo horário previsto no *caput* deste artigo abrange os pagamentos devidos pelo descanso semanal remunerado e pelo descanso em feriados, e serão considerados compensados os feriados e as prorrogações de trabalho noturno, quando houver, de que tratam o art. 70 e o § 5º do art. 73 desta Consolidação.

Parágrafo acrescentado pela Lei n. 13.467, de 13.07.2017.

Art. 59-B. O não atendimento das exigências legais para compensação de jornada, inclusive quando estabelecida mediante acordo tácito, não implica a repetição do pagamento das horas excedentes à jornada normal diária se não ultrapassada a duração máxima semanal, sendo devido apenas o respectivo adicional.

Caput acrescentado pela Lei n. 13.467, de 13.07.2017.

Parágrafo único. A prestação de horas extras habituais não descaracteriza o acordo de compensação de jornada e o banco de horas.

Parágrafo acrescentado pela Lei n. 13.467, de 13.07.2017.

Art. 60. Nas atividades insalubres, assim consideradas as constantes dos quadros mencionados no capítulo "Da Segurança e da Medicina do Trabalho", ou que neles venham a ser incluídas por ato do Ministro do Trabalho, Indústria e Comércio, quaisquer prorrogações só poderão ser acordadas mediante licença prévia das autoridades competentes em matéria de higiene do trabalho, as quais, para esse efeito, procederão aos necessários exames locais e à verificação dos métodos e processos de trabalho, quer diretamente, quer por intermédio de autoridades sanitárias federais, estaduais e municipais, com quem entrarão em entendimento para tal fim.

Veja nota no início da CLT.

Parágrafo único. Excetuam-se da exigência de licença prévia as jornadas de doze horas de trabalho por trinta e seis horas ininterruptas de descanso.

Parágrafo acrescentado pela Lei n. 13.467, de 13.07.2017.

Art. 61. Ocorrendo necessidade imperiosa, poderá a duração do trabalho exceder do limite legal ou convencionado, seja para fazer face a motivo de força maior, seja para atender à realização ou conclusão de serviços inadiáveis ou cuja inexecução possa acarretar prejuízo manifesto.

Veja Súmula n. 291, TST.

§ 1º O excesso, nos casos deste artigo, pode ser exigido independentemente de convenção coletiva ou acordo coletivo de trabalho.

Parágrafo com redação dada pela Lei n. 13.467, de 13.07.2017.

§ 2º Nos casos de excesso de horário por motivo de força maior, a remuneração da hora excedente não será inferior à da hora normal. Nos demais casos de excesso previstos neste artigo, a remuneração será, pelo menos, 25% (vinte e cinco por cento) superior à da hora normal, e o trabalho não poderá exceder de 12 (doze) horas, desde que a lei não fixe expressamente outro limite.

O art. 7º, XVI, CF, dispõe que a remuneração do serviço extraordinário será superior, no mínimo, em 50% à do normal.

§ 3º Sempre que ocorrer interrupção do trabalho, resultante de causas acidentais, ou de força maior, que determinem a impossibilidade de sua realização, a duração do trabalho poderá ser prorrogada pelo tempo necessário até o máximo de 2 (duas) horas, durante o número de dias indispensáveis à recuperação do tempo perdido, desde que não exceda de 10 (dez) horas diárias, em período não superior a 45 (quarenta e cinco) dias por ano, sujeita essa recuperação à prévia autorização da autoridade competente.

Art. 62. Não são abrangidos pelo regime previsto neste Capítulo:

Caput com redação dada pela Lei n. 8.966, de 27.12.1994.

I – os empregados que exercem atividade externa incompatível com a fixação de horário de trabalho, devendo tal condição ser anotada na Carteira de Trabalho e Previdência Social e no registro de empregados;

Inciso acrescentado pela Lei n. 8.966, de 27.12.1994.

II – os gerentes, assim considerados os exercentes de cargos de gestão, aos quais se equiparam, para efeito do disposto neste artigo, os diretores e chefes de departamento ou filial;

Inciso acrescentado pela Lei n. 8.966, de 27.12.1994.

III – os empregados em regime de teletrabalho que prestam serviço por produção ou tarefa.

Inciso com redação dada pela Lei n. 14.442, de 02.09.2022.

Veja art. 3º, § 6º, Lei n. 14.437, de 15.08.2022.

Parágrafo único. O regime previsto neste capítulo será aplicável aos empregados mencionados no inciso II deste artigo, quando o salário do cargo de confiança, compreendendo a gratificação de função, se houver, for inferior ao valor do respectivo salário efetivo acrescido de 40% (quarenta por cento).

Parágrafo acrescentado pela Lei n. 8.966, de 27.12.1994.

Art. 63. Não haverá distinção entre empregados e interessados, e a participação em lucros e comissões, salvo em lucros de caráter social, não exclui o participante do regime deste Capítulo.

Art. 64. O salário-hora normal, no caso de empregado mensalista, será obtido dividindo-se o salário mensal correspondente à duração do trabalho, a que se refere o art. 58, por 30 (trinta) vezes o número de horas dessa duração.

Veja art. 7º, § 2º, Lei n. 605, de 05.01.1949 (repouso semanal remunerado).

Veja Súmula n. 431, TST.

Parágrafo único. Sendo o número de dias inferior a 30 (trinta), adotar-se-á para o cálculo, em lugar desse número, o de dias de trabalho por mês.

Art. 65. No caso do empregado diarista, o salário-hora normal será obtido dividindo-se o salário diário correspondente à duração do trabalho, estabelecido no art. 58, pelo número de horas de efetivo trabalho.

Seção III
Dos Períodos de Descanso

Art. 66. Entre 2 (duas) jornadas de trabalho haverá um período mínimo de 11 (onze) horas consecutivas para descanso.

Veja Súmula n. 110, TST.

Art. 67. Será assegurado a todo empregado um descanso semanal de 24 (vinte e quatro) horas consecutivas, o qual, salvo motivo de conveniência pública ou necessidade imperiosa do serviço, deverá coincidir com o domingo, no todo ou em parte.

Veja art. 7º, XV, CF.

Veja art. 68, *caput*, CLT.

Veja Súmula n. 172, TST.

Parágrafo único. Nos serviços que exijam trabalho aos domingos, com exceção quanto aos elencos teatrais, será estabelecida escala de revezamento, mensalmente organizada e constando de quadro sujeito à fiscalização.

Art. 68. O trabalho em domingo, seja total ou parcial, na forma do art. 67, será sempre subordinado à permissão prévia da autoridade competente em matéria de trabalho.

Veja art. 70, CLT.

Veja art. 16, § 1º, Lei n. 14.437, de 15.08.2022.

Parágrafo único. A permissão será concedida a título permanente nas atividades que, por sua natureza ou pela conveniência pública, devem ser exercidas aos domingos, cabendo ao Ministro do Trabalho, Indústria e Comércio expedir instruções em que sejam especificadas tais atividades. Nos demais casos, ela será dada sob forma transitória, com discriminação do período autorizado, o qual, de cada vez, não excederá de 60 (sessenta) dias.

Veja nota no início da CLT.

Veja Súmulas ns. 15, 27, 146 e 172, TST.

Art. 69. Na regulamentação do funcionamento de atividades sujeitas ao regime deste Capítulo, os municípios atenderão aos preceitos nele estabelecidos, e as regras que venham a fixar não poderão contrariar tais preceitos nem as instruções que, para seu cumprimento, forem expedidas pelas autoridades competentes em matéria de trabalho.

Veja art. 70, CLT.

Art. 70. Salvo o disposto nos arts. 68 e 69, é vedado o trabalho em dias feriados nacionais e feriados religiosos, nos termos da legislação própria.

Artigo com redação dada pelo DL n. 229, de 28.02.1967.

Veja art. 59-A, parágrafo único, CLT.

Art. 71. Em qualquer trabalho contínuo, cuja duração exceda de 6 (seis) horas, é obrigatória a concessão de um intervalo para repouso ou alimentação, o qual será, no mínimo, de 1 (uma) hora e, salvo acordo escrito ou contrato coletivo em contrário, não poderá exceder de 2 (duas) horas.

Veja art. 29, § 4º, Lei n. 14.967, de 09.09.2024.

Veja Súmula n. 437, TST.

§ 1º Não excedendo de 6 (seis) horas o trabalho, será, entretanto, obrigatório um intervalo de 15 (quinze) minutos quando a duração ultrapassar 4 (quatro) horas.

§ 2º Os intervalos de descanso não serão computados na duração do trabalho.

§ 3º O limite mínimo de 1 (uma) hora para repouso ou refeição poderá ser reduzido por ato do Ministro do Trabalho, Indústria e Comércio, quando, ouvido o Departamento Nacional de Higiene e Segurança do Trabalho – DNHST, se verificar que o estabelecimento atende integralmente às exigências concernentes à organização dos refeitórios e quando os respectivos empregados não estiverem sob regime de trabalho prorrogado a horas suplementares.

Veja nota no início da CLT.

Veja art. 383, CLT.

§ 4º A não concessão ou a concessão parcial do intervalo intrajornada mínimo, para repouso e alimentação, a empregados urbanos e rurais, implica o pagamento, de natureza indenizatória, apenas do período suprimido, com acréscimo de 50% (cinquenta por cento) sobre o valor da remuneração da hora normal de trabalho.

Parágrafo com redação dada pela Lei n. 13.467, de 13.07.2017.

§ 5º O intervalo expresso no *caput* poderá ser reduzido e/ou fracionado, e aquele estabelecido no § 1º poderá ser fracionado, quando compreendidos entre o término da primeira hora trabalhada e o início da última hora trabalhada, desde que previsto em convenção ou acordo coletivo de trabalho, ante a natureza do serviço e em virtude das condições especiais de trabalho a que são submetidos estritamente os motoristas, cobradores, fiscalização de campo e afins nos serviços de operação de veículos rodoviários, empregados no setor de transporte coletivo de passageiros, mantida a remuneração e concedidos intervalos para descanso menores ao final de cada viagem.

Parágrafo com redação dada pela Lei n. 13.103, de 02.03.2015.

Veja arts. 59-A, parágrafo único, 235-C, § 2º, e 235-E, II, CLT.

Art. 72. Nos serviços permanentes de mecanografia (datilografia, escrituração ou cálculo), a cada período de 90 (noventa) minutos de trabalho consecutivo corresponderá um repouso de 10 (dez) minutos não deduzidos da duração normal de trabalho.

Seção IV
Do Trabalho Noturno

Art. 73. Salvo nos casos de revezamento semanal ou quinzenal, o trabalho noturno terá remuneração superior à do diurno e, para esse efeito, sua remuneração terá um acréscimo de 20% (vinte por cento), pelo menos, sobre a hora diurna.

Caput com redação dada pelo DL n. 9.666, de 28.08.1946.

Veja art. 7º, IX, CF.

Veja art. 235-C, § 6º, CLT.

Veja Súmula n. 402, STF.

Veja OJ n. 388, SDI-I.

§ 1º A hora do trabalho noturno será computada como de 52 (cinquenta e dois) minutos e 30 (trinta) segundos.

Parágrafo com redação dada pelo DL n. 9.666, de 28.08.1946.

§ 2º Considera-se noturno, para os efeitos deste artigo, o trabalho executado entre as 22 (vinte e duas) horas de um dia e as 5 (cinco) horas do dia seguinte.

Parágrafo com redação dada pelo DL n. 9.666, de 28.08.1946.

Veja art. 7º, da Lei n. 5.889, de 08.06.1973.

§ 3º O acréscimo a que se refere o presente artigo, em se tratando de empresas que não mantêm, pela natureza de suas atividades, trabalho noturno habitual, será feito tendo em vista os quantitativos pagos por trabalhos diurnos de natureza semelhante. Em relação às empresas cujo trabalho noturno decorra da natureza de suas atividades, o aumento será calculado sobre o salário mínimo geral vigente na região, não sendo devido quando exceder desse limite, já acrescido da percentagem.

Parágrafo acrescentado pelo DL n. 9.666, de 28.08.1946.

§ 4º Nos horários mistos, assim entendidos os que abrangem períodos diurnos e noturnos, aplica-se às horas de trabalho noturno o disposto neste artigo e seus parágrafos.

Antigo § 3º renumerado e com redação dada pelo DL n. 9.666, de 28.08.1946.

§ 5º Às prorrogações do trabalho noturno aplica-se o disposto neste Capítulo.

Antigo § 4º renumerado e com redação dada pelo DL n. 9.666, de 28.08.1946.

Veja art. 29, § 4º, Lei n. 14.967, de 09.09.2024.

Seção V
Do Quadro de Horário

Art. 74. O horário de trabalho será anotado em registro de empregados.

Caput com redação dada pela Lei n. 13.874, de 20.09.2019.

Veja arts. 1º, VII, e 31, *caput*, Decreto n. 10.854, de 10.11.2021.

§ 1º (*Revogado pela Lei n. 13.874, de 20.09.2019.*)

§ 2º Para os estabelecimentos com mais de 20 (vinte) trabalhadores será obrigatória a anotação da hora de entrada e de saída, em registro manual, mecânico ou eletrônico, conforme instruções expedidas pela Secretaria Especial de Previdência e Trabalho do Ministério da Economia, permitida a pré-assinalação do período de repouso.

Parágrafo com redação dada pela Lei n. 13.874, de 20.09.2019.

§ 3º Se o trabalho for executado fora do estabelecimento, o horário dos empregados constará do registro manual, mecânico ou eletrônico em seu poder, sem prejuízo do que dispõe o *caput* deste artigo.

Parágrafo com redação dada pela Lei n. 13.874, de 20.09.2019.

§ 4º Fica permitida a utilização de registro de ponto por exceção à jornada regular de trabalho, mediante acordo individual escrito, convenção coletiva ou acordo coletivo de trabalho.

Parágrafo acrescentado pela Lei n. 13.874, de 20.09.2019.

Seção VI
Das Penalidades

Art. 75. Os infratores dos dispositivos do presente Capítulo incorrerão na multa de cinquenta a cinco mil cruzeiros, segundo a natureza da infração, sua extensão e a intenção de quem a praticou, aplicada em dobro no caso de reincidência, e oposição à fiscalização ou desacato à autoridade.

Parágrafo único. São competentes para impor penalidades as Delegacias Regionais do Trabalho.

O art. 35, IV, DL n. 229, de 28.02.1967, determinou a substituição da expressão "Departamento Nacional do Trabalho" por "Delegacia Regional do Trabalho".

CAPÍTULO II-A
DO TELETRABALHO

Capítulo acrescentado pela Lei n. 13.467, de 13.07.2017.

Veja art. 7º, Lei n. 14.457, de 21.09.2023.

Art. 75-A. A prestação de serviços pelo empregado em regime de teletrabalho observará o disposto neste Capítulo.

Artigo acrescentado pela Lei n. 13.467, de 13.07.2017.

Art. 75-B. Considera-se teletrabalho ou trabalho remoto a prestação de serviços fora das dependências do empregador, de maneira preponderante ou não, com a utilização de tecnologias de informação e de comunicação, que, por sua natureza, não configure trabalho externo.

Caput com redação dada pela Lei n. 14.442, de 02.09.2022.

Veja art. 10, Lei n. 14.437, de 15.08.2022.

§ 1º O comparecimento, ainda que de modo habitual, às dependências do empregador para a realização de atividades específicas que exijam a presença do empregado no estabelecimento não descaracteriza o regime de teletrabalho ou trabalho remoto.

Antigo parágrafo único renumerado e com redação dada pela Lei n. 14.442, de 02.09.2022.

§ 2º O empregado submetido ao regime de teletrabalho ou trabalho remoto poderá prestar serviços por jornada ou por produção ou tarefa.

Parágrafo acrescentado pela Lei n. 14.442, de 02.09.2022.

§ 3º Na hipótese da prestação de serviços em regime de teletrabalho ou trabalho remoto por produção ou tarefa, não se aplicará o disposto no Capítulo II do Título II desta Consolidação.

Parágrafo acrescentado pela Lei n. 14.442, de 02.09.2022.

§ 4º O regime de teletrabalho ou trabalho remoto não se confunde nem se equipara à ocupação de operador de telemarketing ou de teleatendimento.

Parágrafo acrescentado pela Lei n. 14.442, de 02.09.2022.

§ 5º O tempo de uso de equipamentos tecnológicos e de infraestrutura necessária, bem como de *softwares*, de ferramentas digitais ou de aplicações de internet utilizados para o teletrabalho, fora da jornada de trabalho normal do empregado não constitui tempo à disposição ou regime de prontidão ou de sobreaviso, exceto se houver previsão em acordo individual ou em acordo ou convenção coletiva de trabalho.

Parágrafo acrescentado pela Lei n. 14.442, de 02.09.2022.

§ 6º Fica permitida a adoção do regime de teletrabalho ou trabalho remoto para estagiários e aprendizes.

Parágrafo acrescentado pela Lei n. 14.442, de 02.09.2022.

§ 7º Aos empregados em regime de teletrabalho aplicam-se as disposições previstas na legislação local e nas convenções e nos acordos coletivos de trabalho relativas à base territorial do estabelecimento de lotação do empregado.

Parágrafo acrescentado pela Lei n. 14.442, de 02.09.2022.

§ 8º Ao contrato de trabalho do empregado admitido no Brasil que optar pela realização de teletrabalho fora do território nacional aplica-se a legislação brasileira, excetuadas as disposições constantes da Lei n. 7.064, de 6 de dezembro de 1982, salvo disposição em contrário estipulada entre as partes.

Parágrafo acrescentado pela Lei n. 14.442, de 02.09.2022.

§ 9º Acordo individual poderá dispor sobre os horários e os meios de comunicação entre empregado e empregador, desde que assegurados os repousos legais.

Parágrafo acrescentado pela Lei n. 14.442, de 02.09.2022.

Art. 75-C. A prestação de serviços na modalidade de teletrabalho deverá constar expressamente do instrumento de contrato individual de trabalho.

Caput com redação dada pela Lei n. 14.442, de 02.09.2022.

§ 1º Poderá ser realizada a alteração entre regime presencial e de teletrabalho desde que haja mútuo acordo entre as partes, registrado em aditivo contratual.

Parágrafo acrescentado pela Lei n. 13.467, de 13.07.2017.

§ 2º Poderá ser realizada a alteração do regime de teletrabalho para o presencial por determinação do empregador, garantido prazo de transição mínimo de quinze dias, com correspondente registro em aditivo contratual.

Parágrafo acrescentado pela Lei n. 13.467, de 13.07.2017.

§ 3º O empregador não será responsável pelas despesas resultantes do retorno ao trabalho presencial, na hipótese de o empregado optar pela realização do teletrabalho ou trabalho remoto fora da localidade prevista no contrato, salvo disposição em contrário estipulada entre as partes.

Parágrafo acrescentado pela Lei n. 14.442, de 02.09.2022.

Art. 75-D. As disposições relativas à responsabilidade pela aquisição, manutenção ou fornecimento dos equipamentos tecnológicos e da infraestrutura necessária e adequada à prestação do trabalho remoto, bem como ao reembolso de despesas arcadas pelo empregado, serão previstas em contrato escrito.

Caput acrescentado pela Lei n. 13.467, de 13.07.2017.

Parágrafo único. As utilidades mencionadas no *caput* deste artigo não integram a remuneração do empregado.

Parágrafo acrescentado pela Lei n. 13.467, de 13.07.2017.

Art. 75-E. O empregador deverá instruir os empregados, de maneira expressa e ostensiva, quanto às precauções a tomar a fim de evitar doenças e acidentes de trabalho.

Caput acrescentado pela Lei n. 13.467, de 13.07.2017.

Parágrafo único. O empregado deverá assinar termo de responsabilidade comprometendo-se a seguir as instruções fornecidas pelo empregador.

Parágrafo acrescentado pela Lei n. 13.467, de 13.07.2017.

Art. 75-F. Os empregadores deverão dar prioridade aos empregados com deficiência e aos empregados com filhos ou criança sob guarda judicial até

4 (quatro) anos de idade na alocação em vagas para atividades que possam ser efetuadas por meio do teletrabalho ou trabalho remoto.

Artigo acrescentado pela Lei n. 14.442, de 02.09.2022.

CAPÍTULO III
DO SALÁRIO MÍNIMO

Seção I
Do Conceito

Art. 76. Salário mínimo é a contraprestação mínima devida e paga diretamente pelo empregador a todo trabalhador, inclusive ao trabalhador rural, sem distinção de sexo, por dia normal de serviço, e capaz de satisfazer, em determinada época e região do País, as suas necessidades normais de alimentação, habitação, vestuário, higiene e transporte.

Veja art. 7º, IV, CF.

Veja Súmula n. 203, STF.

Art. 77. (*Revogado pelo art. 23 da Lei n. 4.589, de 11.12.1964.*)

Art. 78. Quando o salário for ajustado por empreitada, ou convencionado por tarefa ou peça, será garantida ao trabalhador uma remuneração diária nunca inferior à do salário mínimo por dia normal da região, zona ou subzona.

O art. 7º, IV, CF, dispõe que o salário mínimo é nacionalmente unificado.

Parágrafo único. Quando o salário mínimo mensal do empregado à comissão ou que tenha direito à percentagem for integrado por parte fixa e parte variável, ser-lhe-á sempre garantido o salário mínimo, vedado qualquer desconto em mês subsequente a título de compensação.

Parágrafo acrescentado pelo DL n. 229, de 28.02.1967.

Art. 79. (*Revogado pelo art. 23 da Lei n. 4.589, de 11.12.1964.*)

Art. 80. (*Revogado pela Lei n. 10.097, de 19.12.2000.*)

Art. 81. O salário mínimo será determinado pela fórmula $Sm = a + b + c + d + e$, em que *a*, *b*, *c*, *d* e *e* representam, respectivamente, o valor das despesas diárias com alimentação, habitação, vestuário, higiene e transporte necessários à vida de um trabalhador adulto.

Veja art. 458, § 1º, CLT.

§ 1º A parcela correspondente à alimentação terá um valor mínimo igual aos valores da lista de provisões, constantes dos quadros devidamente aprovados e necessários à alimentação diária do trabalhador adulto.

§ 2º Poderão ser substituídos pelos equivalentes de cada grupo, também mencionados nos quadros a que alude o parágrafo anterior, os alimentos, quando as condições da região o aconselharem, respeitados os valores nutritivos determinados nos mesmos quadros.

O art. 7º, IV, CF, dispõe que o salário mínimo é nacionalmente unificado.

§ 3º O Ministério do Trabalho, Indústria e Comércio fará, periodicamente, a revisão dos quadros a que se refere o § 1º deste artigo.

Veja nota no início da CLT.

Art. 82. Quando o empregador fornecer, *in natura*, uma ou mais das parcelas do salário mínimo, o salário em dinheiro será determinado pela fórmula $Sd = Sm - P$, em que Sd representa o salário em dinheiro, Sm o salário mínimo e P a soma dos valores daquelas parcelas na região.

Veja art. 458, § 1º, CLT.

Parágrafo único. O salário mínimo pago em dinheiro não será inferior a 30% (trinta por cento) do salário mínimo fixado para a região.

Art. 83. É devido o salário mínimo ao trabalhador em domicílio, considerado este como o executado na habitação do empregado ou em oficina de família, por conta de empregador que o remunere.

Seção II
Das Regiões, Zonas e Subzonas

Art. 84. (*Revogado pela Lei n. 13.467, de 13.07.2017.*)

Art. 85. (*Revogado pelo art. 23 da Lei n. 4.589, de 11.12.1964.*)

Art. 86. (*Revogado pela Lei n. 13.467, de 13.07.2017.*)

Seção III
Da Constituição das Comissões

Arts. 87 a 100. (*Revogados pelo art. 23 da Lei n. 4.589, de 11.12.1964.*)

Seção IV
Das Atribuições das Comissões de Salário Mínimo

Arts. 101 a 111. (*Revogados pelo art. 23 da Lei n. 4.589, de 11.12.1964.*)

Seção V
Da Fixação do Salário Mínimo

Arts. 112 a 115. (*Revogados pelo art. 23 da Lei n. 4.589, de 11.12.1964.*)

Art. 116. O decreto fixando o salário mínimo, decorridos 60 (sessenta) dias de sua publicação no *Diário Oficial*, obrigará a todos que utilizem o trabalho de outrem mediante remuneração.

Veja art. 7º, IV, CF, que dispõe de modo diverso.

O art. 23, Lei n. 4.589, de 11.12.1964, revoga os artigos da CLT referentes às Comissões de Salário Mínimo.

§ 1º O salário mínimo, uma vez fixado, vigorará pelo prazo de 3 (três) anos, podendo ser modificado ou confirmado por novo período de 3 (três) anos, e assim seguidamente, por decisão da respectiva Comissão de Salário Mínimo, aprovada pelo Ministro do Trabalho, Indústria e Comércio.

Veja nota no início da CLT.

§ 2º Excepcionalmente, poderá o salário mínimo ser modificado, antes de decorridos 3 (três) anos de sua vigência, sempre que a respectiva Comissão de Salário Mínimo, pelo voto de 3/4 (três quartos) de seus componentes, reconhecer que fatores de ordem econômica tenham alterado de maneira profunda a situação econômica e financeira da região, zona ou subzona interessada.

O art. 7º, IV, CF, dispõe que o salário mínimo é nacionalmente unificado.

Seção VI
Disposições Gerais

Art. 117. Será nulo de pleno direito, sujeitando o empregador às sanções do art. 120, qualquer contrato ou convenção que estipule remuneração inferior ao salário mínimo estabelecido na região, zona ou subzona em que tiver de ser cumprido.

Art. 118. O trabalhador a quem for pago salário inferior ao mínimo terá direito, não obstante qualquer contrato ou convenção em contrário, a reclamar do empregador o complemento de seu salário mínimo estabelecido na região em que tiver de ser cumprido.

Art. 119. Prescreve em 2 (dois) anos a ação para reaver a diferença, contados, para cada pagamento, da data em que o mesmo tenha sido efetuado.

Veja art. 7º, XXIX, CF.

Veja arts. 11 e 440, CLT.

Art. 120. Aquele que infringir qualquer dispositivo concernente ao salário mínimo será passível de multa de cinquenta a dois mil cruzeiros, elevada ao dobro na reincidência.

Art. 121. (*Revogado pelo DL n. 229, de 28.02.1967.*)

Arts. 122 e 123. (*Revogados pelo art. 23 da Lei n. 4.589, de 11.12.1964.*)

Art. 124. A aplicação dos preceitos deste Capítulo não poderá, em caso algum, ser causa determinante da redução do salário.

Art. 125. (*Revogado pelo art. 23 da Lei n. 4.589, de 11.12.1964.*)

Art. 126. O Ministro do Trabalho, Indústria e Comércio expedirá as instruções necessárias à fiscalização do salário mínimo, podendo cometer essa fiscalização a qualquer dos órgãos componentes do respectivo Ministério, e, bem assim, aos fiscais dos Institutos de Aposentadoria e Pensões na forma da legislação em vigor.

Veja nota no início da CLT.

Arts. 127 e 128. (*Revogados pelo DL n. 229, de 28.02.1967.*)

CAPÍTULO IV
DAS FÉRIAS ANUAIS

Capítulo com denominação dada pelo DL n. 1.535,de 13.04.1977.

Seção I
Do Direito a Férias e da sua Duração

Art. 129. Todo empregado terá direito anualmente ao gozo de um período de férias, sem prejuízo da remuneração.

Artigo com redação dada pelo DL n. 1.535, de 13.04.1977.

Veja art. 7º, XVII, CF.

Veja Súmula n. 200, STF.

Veja Súmulas ns. 7, 14 e 261, TST.

Art. 130. Após cada período de 12 (doze) meses de vigência do contrato de trabalho, o empregado terá direito a férias, na seguinte proporção:

Caput com redação dada pelo DL n. 1.535, de 13.04.1977.

Veja art. 146, parágrafo único, CLT.

I – 30 (trinta) dias corridos, quando não houver faltado ao serviço mais de 5 (cinco) vezes;

Inciso com redação dada pelo DL n. 1.535, de 13.04.1977.

II – 24 (vinte e quatro) dias corridos, quando houver tido de 6 (seis) a 14 (quatorze) faltas;

Inciso com redação dada pelo DL n. 1.535, de 13.04.1977.

III – 18 (dezoito) dias corridos, quando houver tido de 15 (quinze) a 23 (vinte e três) faltas;

Inciso com redação dada pelo DL n. 1.535, de 13.04.1977.

IV – 12 (doze) dias corridos, quando houver tido de 24 (vinte e quatro) a 32 (trinta e duas) faltas.

Inciso com redação dada pelo DL n. 1.535, de 13.04.1977.

§ 1º É vedado descontar, do período de férias, as faltas do empregado ao serviço.

Parágrafo com redação dada pelo DL n. 1.535, de 13.04.1977.

§ 2º O período das férias será computado, para todos os efeitos, como tempo de serviço.

Parágrafo com redação dada pelo DL n. 1.535, de 13.04.1977.

Art. 130-A. (*Revogado pela Lei n. 13.467, de 13.07.2017.*)

Art. 131. Não será considerada falta ao serviço, para os efeitos do artigo anterior, a ausência do empregado:

Caput com redação dada pelo DL n. 1.535, de 13.04.1977.

I – nos casos referidos no art. 473;

Inciso com redação dada pelo DL n. 1.535, de 13.04.1977.

II – durante o licenciamento compulsório da empregada por motivo de maternidade ou aborto, observados os requisitos para percepção do salário-maternidade custeado pela Previdência Social;

Inciso com redação dada pela Lei n. 8.921, de 25.07.1994.

III – por motivo de acidente do trabalho ou enfermidade atestada pelo Instituto Nacional do Seguro Social - INSS, excetuada a hipótese do inciso IV do art. 133;

Inciso com redação dada pela Lei n. 8.726, de 05.11.1993.

Veja Súmula n. 46, TST.

IV – justificada pela empresa, entendendo-se como tal a que não tiver determinado o desconto do correspondente salário;

Inciso com redação dada pelo DL n. 1.535, de 13.04.1977.

V – durante a suspensão preventiva para responder a inquérito administrativo ou de prisão preventiva, quando for impronunciado ou absolvido; e

Inciso com redação dada pelo DL n. 1.535, de 13.04.1977.

VI – nos dias em que não tenha havido serviço, salvo na hipótese do inciso III do art. 133.

Inciso com redação dada pelo DL n. 1.535, de 13.04.1977.

Veja Súmula n. 89, TST.

Art. 132. O tempo de trabalho anterior à apresentação do empregado para serviço militar obrigatório será computado no período aquisitivo, desde que ele compareça ao estabelecimento dentro de 90 (noventa) dias da data em que se verificar a respectiva baixa.

Artigo com redação dada pelo DL n. 1.535, de 13.04.1977.

Art. 133. Não terá direito a férias o empregado que, no curso do período aquisitivo:

Caput com redação dada pelo DL n. 1.535, de 13.04.1977.

I – deixar o emprego e não for readmitido dentro de 60 (sessenta) dias subsequentes à sua saída;

Inciso com redação dada pelo DL n. 1.535, de 13.04.1977.

II – permanecer em gozo de licença, com percepção de salários, por mais de 30 (trinta) dias;

Inciso com redação dada pelo DL n. 1.535, de 13.04.1977.

III – deixar de trabalhar, com percepção do salário, por mais de 30 (trinta) dias, em virtude de paralisação parcial ou total dos serviços da empresa; e

Inciso com redação dada pelo DL n. 1.535, de 13.04.1977.

Veja art. 131, VI, CLT.

IV – tiver percebido da Previdência Social prestações de acidente de trabalho ou de auxílio-doença por mais de 6 (seis) meses, embora descontínuos.

Inciso com redação dada pelo DL n. 1.535, de 13.04.1977.

Veja art. 131, III, CLT.

§ 1º A interrupção da prestação de serviços deverá ser anotada na Carteira de Trabalho e Previdência Social.

Parágrafo com redação dada pelo DL n. 1.535, de 13.04.1977.

§ 2º Iniciar-se-á o decurso de novo período aquisitivo quando o empregado, após o implemento de qualquer das condições previstas neste artigo, retornar ao serviço.

Parágrafo com redação dada pelo DL n. 1.535, de 13.04.1977.

§ 3º Para os fins previstos no inciso III deste artigo a empresa comunicará ao órgão local do Ministério do Trabalho, com antecedência mínima de 15 (quinze) dias, as datas de início e fim da paralisação total ou parcial dos serviços da empresa, e, em igual prazo, comunicará, nos mesmos termos, ao sindicato representativo da categoria profissional, bem como afixará aviso nos respectivos locais de trabalho.

Parágrafo acrescentado pela Lei n. 9.016, de 30.03.1995.

§ 4º (*Vetado.*)

Parágrafo acrescentado pela Lei n. 9.016, de 30.03.1995.

Seção II
Da Concessão e da Época das Férias

Seção com denominação dada pelo DL n. 1.535, de 13.04.1977.

Art. 134. As férias serão concedidas por ato do empregador, em um só período, nos 12 (doze) meses subsequentes à data em que o empregado tiver adquirido o direito.

Caput com redação dada pelo DL n. 1.535, de 13.04.1977.

Veja arts. 137, *caput*, e 149, CLT.

§ 1º Desde que haja concordância do empregado, as férias poderão ser usufruídas em até três períodos, sendo que um deles não poderá ser inferior a quatorze dias corridos e os demais não poderão ser inferiores a cinco dias corridos, cada um.

Parágrafo com redação dada pela Lei n. 13.467, de 13.07.2017.

§ 2º (*Revogado pela Lei n. 13.467, de 13.07.2017.*)

§ 3º É vedado o início das férias no período de dois dias que antecede feriado ou dia de repouso semanal remunerado.

Parágrafo acrescentado pela Lei n. 13.467, de 13.07.2017.

Art. 135. A concessão das férias será participada, por escrito, ao empregado, com antecedência de, no mínimo, 30 (trinta) dias. Dessa participação o interessado dará recibo.

Caput com redação dada pela Lei n. 7.414, de 09.12.1985.

§ 1º O empregado não poderá entrar no gozo das férias sem que apresente ao empregador sua Carteira de Trabalho e Previdência Social, para que nela seja anotada a respectiva concessão.

Parágrafo com redação dada pelo DL n. 1.535, de 13.04.1977.

§ 2º A concessão das férias será, igualmente, anotada no livro ou nas fichas de registro dos empregados.

Parágrafo com redação dada pelo DL n. 1.535, de 13.04.1977.

§ 3º Nos casos em que o empregado possua a CTPS em meio digital, a anotação será feita nos sistemas a que se refere o § 7º do art. 29 desta Consolidação, na forma do regulamento, dispensadas as anotações de que tratam os §§ 1º e 2º deste artigo.

Parágrafo acrescentado pela Lei n. 13.874, de 20.09.2019.

Art. 136. A época da concessão das férias será a que melhor consulte os interesses do empregador.

Caput com redação dada pelo DL n. 1.535, de 13.04.1977.

§ 1º Os membros de uma família, que trabalharem no mesmo estabelecimento ou empresa, terão direito a gozar férias no mesmo período, se assim o desejarem e se disto não resultar prejuízo para o serviço.

Parágrafo com redação dada pelo DL n. 1.535, de 13.04.1977.

§ 2º O empregado estudante, menor de 18 (dezoito) anos, terá direito a fazer coincidir suas férias com as férias escolares.

Parágrafo com redação dada pelo DL n. 1.535, de 13.04.1977.

Art. 137. Sempre que as férias forem concedidas após o prazo de que trata o art. 134, o empregador pagará em dobro a respectiva remuneração.

Caput com redação dada pelo DL n. 1.535, de 13.04.1977.

§ 1º Vencido o mencionado prazo sem que o empregador tenha concedido as férias, o empregado poderá ajuizar reclamação pedindo a fixação, por sentença, da época de gozo das mesmas.

Parágrafo com redação dada pelo DL n. 1.535, de 13.04.1977.

§ 2º A sentença cominará pena diária de 5% (cinco por cento) do salário mínimo da região, devida ao empregado até que seja cumprida.

Parágrafo com redação dada pelo DL n. 1.535, de 13.04.1977.

§ 3º Cópia da decisão judicial transitada em julgado será remetida ao órgão local do Ministério do Trabalho, para fins de aplicação da multa de caráter administrativo.

Parágrafo com redação dada pelo DL n. 1.535, de 13.04.1977.

Art. 138. Durante as férias, o empregado não poderá prestar serviços a outro empregador, salvo se estiver obrigado a fazê-lo em virtude de contrato de trabalho regularmente mantido com aquele.

Artigo com redação dada pelo DL n. 1.535, de 13.04.1977.

Seção III
Das Férias Coletivas

Seção com denominação dada pelo DL n. 1.535, de 13.04.1977.

Art. 139. Poderão ser concedidas férias coletivas a todos os empregados de uma empresa ou de determinados estabelecimentos ou setores da empresa.

Caput com redação dada pelo DL n. 1.535, de 13.04.1977.

Veja art. 14, Lei n. 14.437, de 15.08.2022.

§ 1º As férias poderão ser gozadas em 2 (dois) períodos anuais desde que nenhum deles seja inferior a 10 (dez) dias corridos.

Parágrafo com redação dada pelo DL n. 1.535, de 13.04.1977.

§ 2º Para os fins previstos neste artigo, o empregador comunicará ao órgão local do Ministério do Trabalho, com a antecedência mínima de 15 (quinze) dias, as datas de início e fim das férias, precisando quais os estabelecimentos ou setores abrangidos pela medida.

Parágrafo com redação dada pelo DL n. 1.535, de 13.04.1977.

Veja nota no início da CLT.

§ 3º Em igual prazo, o empregador enviará cópia da aludida comunicação aos sindicatos representativos da respectiva categoria profissional, e providenciará a afixação de aviso nos locais de trabalho.

Parágrafo com redação dada pelo DL n. 1.535, de 13.04.1977.

Art. 140. Os empregados contratados há menos de 12 (doze) meses gozarão, na oportunidade, férias proporcionais, iniciando-se, então, novo período aquisitivo.

Artigo com redação dada pelo DL n. 1.535, de 13.04.1977.

Art. 141. (*Revogado pela Lei n. 13.874, de 20.09.2019.*)

Seção IV
Da Remuneração e do Abono de Férias

Seção com denominação dada pelo DL n. 1.535, de 13.04.1977.

Art. 142. O empregado perceberá, durante as férias, a remuneração que lhe for devida na data da sua concessão.

Caput com redação dada pelo DL n. 1.535, de 13.04.1977.

Veja art. 7º, XVII, CF.

Veja Súmula n. 328, TST.

§ 1º Quando o salário for pago por hora com jornadas variáveis, apurar-se-á a média do período aquisitivo, aplicando-se o valor do salário na data da concessão das férias.

Parágrafo com redação dada pelo DL n. 1.535, de 13.04.1977.

§ 2º Quando o salário for pago por tarefa tomar-se-á por base a média da produção no período aquisitivo do direito a férias, aplicando-se o valor da remuneração da tarefa na data da concessão das férias.

Parágrafo com redação dada pelo DL n. 1.535, de 13.04.1977.

§ 3º Quando o salário for pago por percentagem, comissão ou viagem, apurar-se-á a média percebida pelo empregado nos 12 (doze) meses que precederem à concessão das férias.

Parágrafo com redação dada pelo DL n. 1.535, de 13.04.1977.

§ 4º A parte do salário paga em utilidades será computada de acordo com a anotação na Carteira de Trabalho e Previdência Social.

Parágrafo com redação dada pelo DL n. 1.535, de 13.04.1977.

§ 5º Os adicionais por trabalho extraordinário, noturno, insalubre ou perigoso serão computados no salário que servirá de base ao cálculo da remuneração das férias.

Parágrafo com redação dada pelo DL n. 1.535, de 13.04.1977.

Veja art. 7º, XVI, CF.

§ 6º Se, no momento das férias, o empregado não estiver percebendo o mesmo adicional do período aquisitivo, ou quando o valor deste não tiver sido uniforme, será computada a média duodecimal recebida naquele período, após a atualização das importâncias pagas, mediante incidência dos percentuais dos reajustamentos salariais supervenientes.

Parágrafo com redação dada pelo DL n. 1.535, de 13.04.1977.

Art. 143. É facultado ao empregado converter 1/3 (um terço) do período de férias a que tiver direito em abono pecuniário, no valor da remuneração que lhe seria devida nos dias correspondentes.

Caput com redação dada pelo DL n. 1.535, de 13.04.1977.

Veja art. 2º, § 3º, XXVIII, Lei n. 7.923, de 12.12.1989.

§ 1º O abono de férias deverá ser requerido até 15 (quinze) dias antes do término do período aquisitivo.

Parágrafo com redação dada pelo DL n. 1.535, de 13.04.1977.

§ 2º Tratando-se de férias coletivas, a conversão a que se refere este artigo deverá ser objeto de acordo coletivo entre o empregador e o sindicato representativo da respectiva categoria profissional, independendo de requerimento individual a concessão do abono.

Parágrafo com redação dada pelo DL n. 1.535, de 13.04.1977.

§ 3º (*Revogado pela Lei n. 13.467, de 13.07.2017.*)

Art. 144. O abono de férias de que trata o artigo anterior, bem como o concedido em virtude de cláusula do contrato de trabalho, do regulamento da empresa, de convenção ou acordo coletivo, desde que não excedente de 20 (vinte) dias do salário, não integrarão a remuneração do empregado para os efeitos da legislação do trabalho.

Artigo com redação dada pela Lei n. 9.528, de 10.12.1997.

Art. 145. O pagamento da remuneração das férias e, se for o caso, o do abono referido no art. 143 serão efetuados até 2 (dois) dias antes do início do respectivo período.

Caput com redação dada pelo DL n. 1.535, de 13.04.1977.

Veja art. 3º, § 6º, Lei n. 14.437, de 15.08.2022.

Veja art. 12, Lei n. 14.457, de 21.09.2023.

Parágrafo único. O empregado dará quitação do pagamento, com indicação do início e do termo das férias.

Parágrafo com redação dada pelo DL n. 1.535, de 13.04.1977.

Veja art. 141, § 2º, CLT.

Seção V
Dos Efeitos da Cessação do Contrato de Trabalho

Seção com denominação dada pelo DL n. 1.535, de 13.04.1977.

Art. 146. Na cessação do contrato de trabalho, qualquer que seja a sua causa, será devida ao empregado a remuneração simples ou em dobro, conforme o caso, correspondente ao período de férias cujo direito tenha adquirido.

Caput com redação dada pelo DL n. 1.535, de 13.04.1977.

Veja art. 7º, XVII, CF.

Veja Súmula n. 386, STJ.

Parágrafo único. Na cessação do contrato de trabalho, após 12 (doze) meses de serviço, o empregado, desde que não haja sido demitido por justa causa, terá direito à remuneração relativa ao período incompleto de férias, de acordo com o art. 130, na proporção de 1/12 (um doze avos) por mês de serviço ou fração superior a 14 (quatorze) dias.

Parágrafo com redação dada pelo DL n. 1.535, de 13.04.1977.

Art. 147. O empregado que for despedido sem justa causa, ou cujo contrato de trabalho se extinguir em prazo predeterminado, antes de completar 12 (doze) meses de serviço, terá direito à remuneração relativa ao período incompleto de férias, de conformidade com o disposto no artigo anterior.

Artigo com redação dada pelo DL n. 1.535, de 13.04.1977.

Veja Súmulas ns. 171 e 261, TST.

Art. 148. A remuneração das férias, ainda quando devida após a cessação do contrato de trabalho, terá natureza salarial, para os efeitos do art. 449.

Artigo com redação dada pelo DL n. 1.535, de 13.04.1977.

Seção VI
Do Início da Prescrição

Seção com denominação dada pelo DL n. 1.535, de 13.04.1977.

Art. 149. A prescrição do direito de reclamar a concessão das férias ou o pagamento da respectiva remuneração é contada do término do prazo mencionado no art. 134 ou, se for o caso, da cessação do contrato de trabalho.

Artigo com redação dada pelo DL n. 1.535, de 13.04.1977.

Seção VII
Disposições Especiais

Seção acrescentada pelo DL n. 1.535, de 13.04.1977.

Art. 150. O tripulante que, por determinação do armador, for transferido para o serviço de outro, terá computado, para o efeito de gozo de férias, o tempo de serviço prestado ao primeiro, ficando obrigado a concedê-las o armador em cujo serviço ele se encontra na época de gozá-las.

Caput com redação dada pelo DL n. 1.535, de 13.04.1977.

§ 1º As férias poderão ser concedidas, a pedido dos interessados e com aquiescência do armador, parceladamente, nos portos de escala de grande estadia do navio, aos tripulantes ali residentes.

Parágrafo com redação dada pelo DL n. 1.535, de 13.04.1977.

§ 2º Será considerada grande estadia a permanência no porto por prazo excedente de 6 (seis) dias.

Parágrafo com redação dada pelo DL n. 1.535, de 13.04.1977.

§ 3º Os embarcadiços, para gozarem férias nas condições deste artigo, deverão pedi-las, por escrito, ao armador, antes do início da viagem, no porto de registro ou armação.

Parágrafo com redação dada pelo DL n. 1.535, de 13.04.1977.

§ 4º O tripulante, ao terminar as férias, apresentar-se-á ao armador, que deverá designá-lo para qualquer de suas embarcações ou o adir a algum dos seus serviços terrestres, respeitadas a condição pessoal e a remuneração.

Parágrafo com redação dada pelo DL n. 1.535, de 13.04.1977.

§ 5º Em caso de necessidade, determinada pelo interesse público, e comprovada pela autoridade competente, poderá o armador ordenar a suspensão das férias já iniciadas ou a iniciar-se, ressalvado ao tripulante o direito ao respectivo gozo posteriormente.

Parágrafo com redação dada pelo DL n. 1.535, de 13.04.1977.

§ 6º O Delegado do Trabalho Marítimo poderá autorizar a acumulação de 2 (dois) períodos de férias do marítimo, mediante requerimento justificado:

Parágrafo com redação dada pelo DL n. 1.535, de 13.04.1977.

I – do sindicato, quando se tratar de sindicalizado; e

Inciso com redação dada pelo DL n. 1.535, de 13.04.1977.

II – da empresa, quando o empregado não for sindicalizado.

Inciso com redação dada pelo DL n. 1.535, de 13.04.1977.

Art. 151. Enquanto não se criar um tipo especial de caderneta profissional para os marítimos, as férias serão anotadas pela Capitania do Porto na caderneta-matrícula do tripulante, na página das observações.

Artigo com redação dada pelo DL n. 1.535, de 13.04.1977.

Art. 152. A remuneração do tripulante, no gozo de férias, será acrescida da importância correspondente à etapa que estiver vencendo.

Artigo com redação dada pelo DL n. 1.535, de 13.04.1977.

Seção VIII
Das Penalidades

Seção acrescentada pelo DL n. 1.535, de 13.04.1977.

Art. 153. As infrações ao disposto neste Capítulo serão punidas com multas de valor igual a 160 BTN por empregado em situação irregular.

Caput com redação dada pela Lei n. 7.855, de 24.10.1989.

Parágrafo único. Em caso de reincidência, embaraço ou resistência à fiscalização, emprego de artifício ou simulação com o objetivo de fraudar a lei, a multa será aplicada em dobro.

Parágrafo com redação dada pela Lei n. 7.855, de 24.10.1989.

CAPÍTULO V
DA SEGURANÇA E DA MEDICINA DO TRABALHO

Capítulo com denominação dada pela Lei n. 6.514, de 22.12.1977.

Seção I
Disposições Gerais

Art. 154. A observância, em todos os locais de trabalho, do disposto neste Capítulo, não desobriga as empresas do cumprimento de outras disposições que, com relação à matéria, sejam incluídas em códigos de obras ou regulamentos sanitários dos Estados ou Municípios em que se situem os respectivos estabelecimentos, bem como daquelas oriundas de convenções coletivas de trabalho.

Artigo com redação dada pela Lei n. 6.514, de 22.12.1977.

Art. 155. Incumbe ao órgão de âmbito nacional competente em matéria de segurança e medicina do trabalho:

Caput com redação dada pela Lei n. 6.514, de 22.12.1977.

I – estabelecer, nos limites de sua competência, normas sobre a aplicação dos preceitos deste Capítulo, especialmente os referidos no art. 200;

Inciso com redação dada pela Lei n. 6.514, de 22.12.1977.

II – coordenar, orientar, controlar e supervisionar a fiscalização e as demais atividades relacionadas com a segurança e a medicina do trabalho em todo o território nacional, inclusive a Campanha Nacional de Prevenção de Acidentes do Trabalho;

Inciso com redação dada pela Lei n. 6.514, de 22.12.1977.

III – conhecer, em última instância, dos recursos, voluntários ou de ofício, das decisões proferidas pelos Delegados Regionais do Trabalho, em matéria de segurança e medicina do trabalho.

Inciso com redação dada pela Lei n. 6.514, de 22.12.1977.

Art. 156. Compete especialmente às Delegacias Regionais do Trabalho, nos limites de sua jurisdição:

Caput redação dada pela Lei n. 6.514, de 22.12.1977.

I – promover a fiscalização do cumprimento das normas de segurança e medicina do trabalho;

Inciso com redação dada pela Lei n. 6.514, de 22.12.1977.

II – adotar as medidas que se tornem exigíveis, em virtude das disposições deste Capítulo, determinando as obras e reparos que, em qualquer local de trabalho, se façam necessárias;

Inciso com redação dada pela Lei n. 6.514, de 22.12.1977.

III – impor as penalidades cabíveis por descumprimento das normas constantes deste Capítulo, nos termos do art. 201.

Inciso com redação dada pela Lei n. 6.514, de 22.12.1977.

Art. 157. Cabe às empresas:

Caput com redação dada pela Lei n. 6.514, de 22.12.1977.

I – cumprir e fazer cumprir as normas de segurança e medicina do trabalho;

Inciso com redação dada pela Lei n. 6.514, de 22.12.1977.

II – instruir os empregados, através de ordens de serviço, quanto às precauções a tomar no sentido de evitar acidentes do trabalho ou doenças ocupacionais;

Inciso com redação dada pela Lei n. 6.514, de 22.12.1977.

Veja art. 158, I e parágrafo único, *a*, CLT.

III – adotar as medidas que lhes sejam determinadas pelo órgão regional competente;

Inciso com redação dada pela Lei n. 6.514, de 22.12.1977.

IV – facilitar o exercício da fiscalização pela autoridade competente.

Inciso com redação dada pela Lei n. 6.514, de 22.12.1977.

Art. 158. Cabe aos empregados:

Caput com redação dada pela Lei n. 6.514, de 22.12.1977.

I – observar as normas de segurança e medicina do trabalho, inclusive as instruções de que trata o item II do artigo anterior;

Inciso com redação dada pela Lei n. 6.514, de 22.12.1977.

II – colaborar com a empresa na aplicação dos dispositivos deste Capítulo.

Inciso com redação dada pela Lei n. 6.514, de 22.12.1977.

Parágrafo único. Constitui ato faltoso do empregado a recusa injustificada:

Parágrafo com redação dada pela Lei n. 6.514, de 22.12.1977.

a) à observância das instruções expedidas pelo empregador na forma do item II do artigo anterior;

Alínea com redação dada pela Lei n. 6.514, de 22.12.1977.

b) ao uso dos equipamentos de proteção individual fornecidos pela empresa.

Alínea com redação dada pela Lei n. 6.514, de 22.12.1977.

Veja Súmula n. 289, TST.

Art. 159. Mediante convênio autorizado pelo Ministério do Trabalho, poderão ser delegadas a outros órgãos federais, estaduais ou municipais atribuições de fiscalização ou orientação às empresas quanto ao cumprimento das disposições constantes deste Capítulo.

Artigo com redação dada pela Lei n. 6.514, de 22.12.1977.

Seção II
Da Inspeção Prévia e do Embargo ou Interdição

Seção com denominação dada pela Lei n. 6.514, de 22.12.1977.

Art. 160. Nenhum estabelecimento poderá iniciar suas atividades sem prévia inspeção e aprovação das respectivas instalações pela autoridade regional competente em matéria de segurança e medicina do trabalho.

Caput com redação dada pela Lei n. 6.514, de 22.12.1977.

§ 1º Nova inspeção deverá ser feita quando ocorrer modificação substancial nas instalações, inclusive equipamentos, que a empresa fica obrigada a comunicar, prontamente, à Delegacia Regional do Trabalho.

Parágrafo acrescentado pela Lei n. 6.514, de 22.12.1977.

§ 2º É facultado às empresas solicitar prévia aprovação, pela Delegacia Regional do Trabalho, dos projetos de construção e respectivas instalações.

Parágrafo acrescentado pela Lei n. 6.514, de 22.12.1977.

Art. 161. O Delegado Regional do Trabalho, à vista do laudo técnico do serviço competente que demonstre grave e iminente risco para o trabalhador, poderá interditar estabelecimento, setor de serviço, máquina ou equipamento, ou embargar obra, indicando na decisão, tomada com a brevidade que a ocorrência exigir, as providências que deverão ser adotadas para prevenção de infortúnios de trabalho.

Caput com redação dada pela Lei n. 6.514, de 22.12.1977.

§ 1º As autoridades federais, estaduais e municipais darão imediato apoio às medidas determinadas pelo Delegado Regional do Trabalho.

Parágrafo com redação dada pela Lei n. 6.514, de 22.12.1977.

§ 2º A interdição ou embargo poderão ser requeridos pelo serviço competente da Delegacia Regional do Trabalho e, ainda, por agente da inspeção do trabalho ou por entidade sindical.

Parágrafo com redação dada pela Lei n. 6.514, de 22.12.1977.

§ 3º Da decisão do Delegado Regional do Trabalho poderão os interessados recorrer, no prazo de 10 (dez) dias, para o órgão de âmbito nacional competente em matéria de segurança e medicina do trabalho, ao qual será facultado dar efeito suspensivo ao recurso.

Parágrafo com redação dada pela Lei n. 6.514, de 22.12.1977.

§ 4º Responderá por desobediência, além das medidas penais cabíveis, quem, após determinada a interdição ou embargo, ordenar ou permitir o funcionamento do estabelecimento ou de um dos seus setores, a utilização de máquina ou equipamento, ou o prosseguimento de obra, se, em consequência, resultarem danos a terceiros.

Parágrafo com redação dada pela Lei n. 6.514, de 22.12.1977.

§ 5º O Delegado Regional do Trabalho, independente de recurso, e após laudo técnico do serviço competente, poderá levantar a interdição.

Parágrafo com redação dada pela Lei n. 6.514, de 22.12.1977.

§ 6º Durante a paralização dos serviços, em decorrência da interdição ou embargo, os empregados receberão os salários como se estivessem em efetivo exercício.

Parágrafo com redação dada pela Lei n. 6.514, de 22.12.1977.

Seção III
Dos Órgãos de Segurança e de Medicina do Trabalho nas Empresas

Seção com denominação dada pela Lei n. 6.514, de 22.12.1977.

Art. 162. As empresas, de acordo com normas a serem expedidas pelo Ministério do Trabalho, estarão obrigadas a manter serviços especializados em segurança e em medicina do trabalho.

Caput com redação dada pela Lei n. 6.514, de 22.12.1977.

Parágrafo único. As normas a que se refere este artigo estabelecerão:

Parágrafo com redação dada pela Lei n. 6.514, de 22.12.1977.

a) classificação das empresas segundo o número mínimo de empregados e a natureza do risco de suas atividades;

Alínea com redação dada pela Lei n. 6.514, de 22.12.1977.

b) o número mínimo de profissionais especializados exigido de cada empresa, segundo o grupo em que se classifique, na forma da alínea anterior;

Alínea com redação dada pela Lei n. 6.514, de 22.12.1977.

c) a qualificação exigida para os profissionais em questão e o seu regime de trabalho;

Alínea com redação dada pela Lei n. 6.514, de 22.12.1977.

d) as demais características e atribuições dos serviços especializados em segurança e em medicina do trabalho, nas empresas.

Alínea com redação dada pela Lei n. 6.514, de 22.12.1977.

Art. 163. Será obrigatória a constituição de Comissão Interna de Prevenção de Acidentes e de Assédio (Cipa), em conformidade com instruções expedidas pelo Ministério do Trabalho e Previdência, nos estabelecimentos ou nos locais de obra nelas especificadas.

Caput com redação dada pela Lei n. 14.457, de 21.09.2022.

Parágrafo único. O Ministério do Trabalho regulamentará as atribuições, a composição e o funcionamento das CIPAs.

Parágrafo com redação dada pela Lei n. 6.514, de 22.12.1977.

Art. 164. Cada CIPA será composta de representantes da empresa e dos empregados, de acordo com os critérios que vierem a ser adotados na regulamentação de que trata o parágrafo único do artigo anterior.

Caput com redação dada pela Lei n. 6.514, de 22.12.1977.

§ 1º Os representantes dos empregadores, titulares e suplentes, serão por eles designados.

Parágrafo com redação dada pela Lei n. 6.514, de 22.12.1977.

§ 2º Os representantes dos empregados, titulares e suplentes, serão eleitos em escrutínio secreto, do qual participem, independentemente de filiação sindical, exclusivamente os empregados interessados.

Parágrafo com redação dada pela Lei n. 6.514, de 22.12.1977.

§ 3º O mandato dos membros eleitos da CIPA terá a duração de 1 (um) ano, permitida uma reeleição.

Parágrafo com redação dada pela Lei n. 6.514, de 22.12.1977.

§ 4º O disposto no parágrafo anterior não se aplicará ao membro suplente que, durante o seu mandato, tenha participado de menos da metade do número de reuniões da CIPA.

Parágrafo com redação dada pela Lei n. 6.514, de 22.12.1977.

§ 5º O empregador designará, anualmente, dentre os seus representantes, o Presidente da CIPA, e os empregados elegerão, dentre eles, o Vice-Presidente.

Parágrafo com redação dada pela Lei n. 6.514, de 22.12.1977.

Art. 165. Os titulares da representação dos empregados nas CIPAs não poderão sofrer despedida arbitrária, entendendo-se como tal a que não se fundar em motivo disciplinar, técnico, econômico ou financeiro.

Caput com redação dada pela Lei n. 6.514, de 22.12.1977.

Veja art. 10, II, *a*, ADCT.

Veja Súmula n. 339, TST.

Parágrafo único. Ocorrendo a despedida, caberá ao empregador, em caso de reclamação à Justiça do Trabalho, comprovar a existência de qualquer dos motivos mencionados neste artigo, sob pena de ser condenado a reintegrar o empregado.

Parágrafo com redação dada pela Lei n. 6.514, de 22.12.1977.

Seção IV
Do Equipamento de Proteção Individual

Seção com denominação dada pela Lei n. 6.514, de 22.12.1977.

Art. 166. A empresa é obrigada a fornecer aos empregados, gratuitamente, equipamento de proteção individual adequado ao risco e em perfeito estado de conservação e funcionamento, sempre que as medidas de ordem geral não ofereçam completa proteção contra os riscos de acidentes e danos à saúde dos empregados.

Artigo com redação dada pela Lei n. 6.514, de 22.12.1977.

Art. 167. O equipamento de proteção só poderá ser posto à venda ou utilizado com a indicação do Certificado de Aprovação do Ministério do Trabalho.

Artigo com redação dada pela Lei n. 6.514, de 22.12.1977.

Veja arts. 1º, VI, e 30, Decreto n. 10.854, de 10.11.2021.

Seção V
Das Medidas Preventivas de Medicina do Trabalho

Seção com denominação dada pela Lei n. 6.514, de 22.12.1977.

Art. 168. Será obrigatório exame médico, por conta do empregador, nas condições estabelecidas neste artigo e nas instruções complementares a serem expedidas pelo Ministério do Trabalho:

Caput e incisos com redação dada pela Lei n. 7.855, de 24.10.1989.

I – na admissão;

II – na demissão;

III – periodicamente.

§ 1º O Ministério do Trabalho baixará instruções relativas aos casos em que serão exigíveis exames:

Parágrafo com redação dada pela Lei n. 7.855, de 24.10.1989.

a) por ocasião da demissão;

Alínea com redação dada pela Lei n. 7.855, de 24.10.1989.

b) complementares.

Alínea com redação dada pela Lei n. 7.855, de 24.10.1989.

§ 2º Outros exames complementares poderão ser exigidos, a critério médico, para apuração da capacidade ou aptidão física e mental do empregado para a função que deva exercer.

Parágrafo com redação dada pela Lei n. 7.855, de 24.10.1989.

§ 3º O Ministério do Trabalho estabelecerá, de acordo com o risco da atividade e o tempo de exposição, a periodicidade dos exames médicos.

Parágrafo com redação dada pela Lei n. 7.855, de 24.10.1989.

§ 4º O empregador manterá, no estabelecimento, o material necessário à prestação de primeiros socorros médicos, de acordo com o risco da atividade.

Parágrafo com redação dada pela Lei n. 7.855, de 24.10.1989.

§ 5º O resultado dos exames médicos, inclusive o exame complementar, será comunicado ao trabalhador, observados os preceitos da ética médica.

Parágrafo com redação dada pela Lei n. 7.855, de 24.10.1989.

§ 6º Serão exigidos exames toxicológicos, previamente à admissão e por ocasião do desligamento, quando se tratar de motorista profissional, assegurados o direito à contraprova em caso de resultado positivo e a confidencialidade dos resultados dos respectivos exames.

Parágrafo acrescentado pela Lei n. 13.103, de 02.03.2015.

Veja art. 13, Lei n. 13.103, de 02.03.2015.

Veja Portaria n. 672, de 08.11.2021, Ministério do Trabalho e Emprego (regulamentação).

§ 7º Para os fins do disposto no § 6º, será obrigatório exame toxicológico com janela de detecção mínima de 90 (noventa) dias, específico para substâncias psicoativas que causem dependência ou, comprovadamente, comprometam a capacidade de direção, podendo ser utilizado para essa finalidade o exame toxicológico previsto na Lei n. 9.503, de 23 de setembro de 1997 – Código de Trânsito Brasileiro, desde que realizado nos últimos 60 (sessenta) dias.

Parágrafo acrescentado pela Lei n. 13.103, de 02.03.2015.

Veja art. 13, Lei n. 13.103, de 02.03.2015.

Veja Portaria n. 672, de 08.11.2021, Ministério do Trabalho e Emprego (regulamentação).

Art. 169. Será obrigatória a notificação das doenças profissionais e das produzidas em virtude de condições especiais de trabalho, comprovadas ou objeto de suspeita, de conformidade com as instruções expedidas pelo Ministério do Trabalho.

Artigo com redação dada pela Lei n. 6.514, de 22.12.1977.

Seção VI
Das Edificações

Seção com denominação dada pela Lei n. 6.514, de 22.12.1977.

Art. 170. As edificações deverão obedecer aos requisitos técnicos que garantam perfeita segurança aos que nelas trabalhem.

Artigo com redação dada pela Lei n. 6.514, de 22.12.1977.

Art. 171. Os locais de trabalho deverão ter, no mínimo, 3 (três) metros de pé-direito, assim considerada a altura livre do piso ao teto.

Caput com redação dada pela Lei n. 6.514, de 22.12.1977.

Parágrafo único. Poderá ser reduzido esse mínimo desde que atendidas as condições de iluminação e conforto térmico compatíveis com a natureza do trabalho, sujeitando-se tal redução ao controle do órgão competente em matéria de segurança e medicina do trabalho.

Parágrafo com redação dada pela Lei n. 6.514, de 22.12.1977.

Art. 172. Os pisos dos locais de trabalho não deverão apresentar saliências nem depressões que prejudiquem a circulação de pessoas ou a movimentação de materiais.

Artigo com redação dada pela Lei n. 6.514, de 22.12.1977.

Art. 173. As aberturas nos pisos e paredes serão protegidas de forma que impeçam a queda de pessoas ou de objetos.

Artigo com redação dada pela Lei n. 6.514, de 22.12.1977.

Art. 174. As paredes, escadas, rampas de acesso, passarelas, pisos, corredores, coberturas e passagens dos locais de trabalho deverão obedecer às condições de segurança e de higiene do trabalho estabelecidas pelo Ministério do Trabalho e manter-se em perfeito estado de conservação e limpeza.

Artigo com redação dada pela Lei n. 6.514, de 22.12.1977.

Seção VII
Da Iluminação

Seção com denominação dada pela Lei n. 6.514, de 22.12.1977.

Art. 175. Em todos os locais de trabalho deverá haver iluminação adequada, natural ou artificial, apropriada à natureza da atividade.

Caput com redação dada pela Lei n. 6.514, de 22.12.1977.

§ 1º A iluminação deverá ser uniformemente distribuída, geral e difusa, a fim de evitar ofuscamento, reflexos incômodos, sombras e contrastes excessivos.

Parágrafo com redação dada pela Lei n. 6.514, de 22.12.1977.

§ 2º O Ministério do Trabalho estabelecerá os níveis mínimos de iluminamento a serem observados.

Parágrafo com redação dada pela Lei n. 6.514, de 22.12.1977.

Seção VIII
Do Conforto Térmico

Seção com denominação dada pela Lei n. 6.514, de 22.12.1977.

Art. 176. Os locais de trabalho deverão ter ventilação natural, compatível com o serviço realizado.

Caput com redação dada pela Lei n. 6.514, de 22.12.1977.

Parágrafo único. A ventilação artificial será obrigatória sempre que a natural não preencha as condições de conforto térmico.

Parágrafo com redação dada pela Lei n. 6.514, de 22.12.1977.

Art. 177. Se as condições de ambiente se tornarem desconfortáveis, em virtude de instalações geradoras de frio ou de calor, será obrigatório o uso de vestimenta adequada para o trabalho em tais condições ou de capelas, anteparos, paredes duplas, isolamento térmico e recursos similares, de forma que os empregados fiquem protegidos contra as radiações térmicas.

Artigo com redação dada pela Lei n. 6.514, de 22.12.1977.

Art. 178. As condições de conforto térmico dos locais de trabalho devem ser mantidas dentro dos limites fixados pelo Ministério do Trabalho.

Artigo com redação dada pela Lei n. 6.514, de 22.12.1977.

Seção IX
Das Instalações Elétricas

Seção com denominação dada pela Lei n. 6.514, de 22.12.1977.

Art. 179. O Ministério do Trabalho disporá sobre as condições de segurança e as medidas especiais a serem observadas relativamente a instalações elétricas, em qualquer das fases de produção, transmissão, distribuição ou consumo de energia.

Artigo com redação dada pela Lei n. 6.514, de 22.12.1977.

Art. 180. Somente profissional qualificado poderá instalar, operar, inspecionar ou reparar instalações elétricas.

Artigo com redação dada pela Lei n. 6.514, de 22.12.1977.

Art. 181. Os que trabalharem em serviços de eletricidade ou instalações elétricas devem estar familiarizados com os métodos de socorro a acidentados por choque elétrico.

Artigo com redação dada pela Lei n. 6.514, de 22.12.1977.

Seção X
Da Movimentação, Armazenagem e Manuseio de Materiais

Seção com denominação dada pela Lei n. 6.514, de 22.12.1977.

Art. 182. O Ministério do Trabalho estabelecerá normas sobre:

Caput com redação dada pela Lei n. 6.514, de 22.12.1977.

I – as precauções de segurança na movimentação de materiais nos locais de trabalho, os equipamentos a serem obrigatoriamente utilizados e as condições especiais a que estão sujeitas a operação e a manutenção desses equipamentos, inclusive exigências de pessoal habilitado;

Inciso com redação dada pela Lei n. 6.514, de 22.12.1977.

II – as exigências similares relativas ao manuseio e à armazenagem de materiais, inclusive quanto às condições de segurança e higiene relativas aos recipientes e locais de armazenagem e os equipamentos de proteção individual;

Inciso com redação dada pela Lei n. 6.514, de 22.12.1977.

III – a obrigatoriedade de indicação de carga máxima permitida nos equipamentos de transporte, dos avisos de proibição de fumar e de advertência quanto à natureza perigosa ou nociva à saúde das substâncias em movimentação ou em depósito, bem como das recomendações de primeiros socorros e de atendimento médico e símbolo de perigo, segundo padronização internacional, nos rótulos dos materiais ou substâncias armazenados ou transportados.

Inciso com redação dada pela Lei n. 6.514, de 22.12.1977.

Parágrafo único. As disposições relativas ao transporte de materiais aplicam-se, também, no que couber, ao transporte de pessoas nos locais de trabalho.

Parágrafo com redação dada pela Lei n. 6.514, de 22.12.1977.

Art. 183. As pessoas que trabalharem na movimentação de materiais deverão estar familiarizadas com os métodos racionais de levantamento de cargas.

Artigo com redação dada pela Lei n. 6.514, de 22.12.1977.

Seção XI
Das Máquinas e Equipamentos

Seção com denominação dada pela Lei n. 6.514, de 22.12.1977.

Art. 184. As máquinas e os equipamentos deverão ser dotados de dispositivos de partida e parada e outros que se fizerem necessários para a prevenção de acidentes do trabalho, especialmente quanto ao risco de acionamento acidental.

Caput com redação dada pela Lei n. 6.514, de 22.12.1977.

Parágrafo único. É proibida a fabricação, a importação, a venda, a locação e o uso de máquinas e equipamentos que não atendam ao disposto neste artigo.

Parágrafo com redação dada pela Lei n. 6.514, de 22.12.1977.

Art. 185. Os reparos, limpeza e ajustes somente poderão ser executados com as máquinas paradas, salvo se o movimento for indispensável à realização do ajuste.

Artigo com redação dada pela Lei n. 6.514, de 22.12.1977.

Art. 186. O Ministério do Trabalho estabelecerá normas adicionais sobre proteção e medidas de segurança na operação de máquinas e equipamentos, especialmente quanto à proteção das partes móveis, distância entre estas, vias de acesso às máquinas e equipamentos de grandes dimensões, emprego de ferramentas, sua adequação e medidas de proteção exigidas quando motorizadas ou elétricas.

Artigo com redação dada pela Lei n. 6.514, de 22.12.1977.

Seção XII
Das Caldeiras, Fornos e Recipientes sob Pressão

Seção com denominação dada pela Lei n. 6.514, de 22.12.1977.

Art. 187. As caldeiras, equipamentos e recipientes em geral que operam sob pressão deverão dispor de válvulas e outros dispositivos de segurança, que evitem seja ultrapassada a pressão interna de trabalho compatível com a sua resistência.

Caput com redação dada pela Lei n. 6.514, de 22.12.1977.

Parágrafo único. O Ministério do Trabalho expedirá normas complementares quanto à segurança das caldeiras, fornos e recipientes sob pressão, especialmente quanto ao revestimento interno, à localização, à ventilação dos locais e outros meios de eliminação de gases ou vapores prejudiciais à saúde, e demais instalações ou equipamentos necessários à execução segura das tarefas de cada empregado.

Parágrafo com redação dada pela Lei n. 6.514, de 22.12.1977.

Art. 188. As caldeiras serão periodicamente submetidas a inspeções de segurança, por engenheiro ou empresa especializada, inscritos no Ministério do Trabalho, de conformidade com as instruções que, para esse fim, forem expedidas.

Caput com redação dada pela Lei n. 6.514, de 22.12.1977.

§ 1º Toda caldeira será acompanhada de "Prontuário", com documentação original do fabricante, abrangendo, no mínimo: especificação técnica, desenhos, detalhes, provas e testes realizados durante a fabricação e a montagem, características funcionais e a pressão máxima de trabalho permitida (PMTP), esta última indicada, em local visível, na própria caldeira.

Parágrafo com redação dada pela Lei n. 6.514, de 22.12.1977.

§ 2º O proprietário da caldeira deverá organizar, manter atualizado e apresentar, quando exigido pela autoridade competente, o Registro de Segurança, no qual serão anotadas, sistematicamente, as indicações das provas efetuadas, inspeções, reparos e quaisquer outras ocorrências.

Parágrafo com redação dada pela Lei n. 6.514, de 22.12.1977.

§ 3º Os projetos de instalação de caldeiras, fornos e recipientes sob pressão deverão ser submetidos à aprovação prévia do órgão regional competente em matéria de segurança do trabalho.

Parágrafo com redação dada pela Lei n. 6.514, de 22.12.1977.

Seção XIII
Das Atividades Insalubres ou Perigosas

Seção com denominação dada pela Lei n. 6.514, de 22.12.1977.

Veja art. 7º, XXII e XXIII, CF.

Art. 189. Serão consideradas atividades ou operações insalubres aquelas que, por sua natureza, condições ou métodos de trabalho, exponham os empregados a agentes nocivos à saúde, acima dos limites de tolerância fixados em razão da natureza e da intensidade do agente e do tempo de exposição aos seus efeitos.

Artigo com redação dada pela Lei n. 6.514, de 22.12.1977.

Veja art. 7º, XXIII, CF.

Art. 190. O Ministério do Trabalho aprovará o quadro das atividades e operações insalubres e adotará normas sobre os critérios de caracterização da insalubridade, os limites de tolerância aos agentes agressivos, meios de proteção e o tempo máximo de exposição do empregado a esses agentes.

Caput e parágrafo com redação dada pela Lei n. 6.514, de 22.12.1977.

Parágrafo único. As normas referidas neste artigo incluirão medidas de proteção do organismo do trabalhador nas operações que produzem aerodispersoides tóxicos, irritantes, alergênicos ou incômodos.

Art. 191. A eliminação ou a neutralização da insalubridade ocorrerá:

Caput e incisos com redação dada pela Lei n. 6.514, de 22.12.1977.

I – com a adoção de medidas que conservem o ambiente de trabalho dentro dos limites de tolerância;

II – com a utilização de equipamentos de proteção individual ao trabalhador, que diminuam a intensidade do agente agressivo a limites de tolerância.

Parágrafo único. Caberá às Delegacias Regionais do Trabalho, comprovada a insalubridade, notificar as empresas, estipulando prazos para sua eliminação ou neutralização, na forma deste artigo.

Parágrafo com redação dada pela Lei n. 6.514, de 22.12.1977.

Art. 192. O exercício de trabalho em condições insalubres, acima dos limites de tolerância estabelecidos pelo Ministério do Trabalho, assegura a percepção de adicional respectivamente de 40% (quarenta por cento), 20% (vinte por cento) e 10% (dez por cento) do salário mínimo da região, segundo se classifiquem nos graus máximo, médio e mínimo.

Artigo com redação dada pela Lei n. 6.514, de 22.12.1977.

Veja art. 7º, IV e XXIII, CF.

Veja Súmula vinculante n. 4, STF.

Veja Súmula n. 228, TST.

Art. 193. São consideradas atividades ou operações perigosas, na forma da regulamentação aprovada pelo Ministério do Trabalho e Emprego, aquelas que, por sua natureza ou métodos de trabalho, impliquem risco acentuado em virtude de exposição permanente do trabalhador a:

Caput com redação dada pela Lei n. 12.740, de 08.12.2012.

I – inflamáveis, explosivos ou energia elétrica;

Inciso acrescentado pela Lei n. 12.740, de 08.12.2012.

II – roubos ou outras espécies de violência física nas atividades profissionais de segurança pessoal ou patrimonial;

Inciso acrescentado pela Lei n. 12.740, de 08.12.2012.

III – colisões, atropelamentos ou outras espécies de acidentes ou violências nas atividades profissionais dos agentes das autoridades de trânsito.

Inciso acrescentado pela Lei n. 14.684, de 20.09.2023.

§ 1º O trabalho em condições de periculosidade assegura ao empregado um adicional de 30% (trinta por cento) sobre o salário sem os acréscimos resultantes de gratificações, prêmios ou participações nos lucros da empresa.

Parágrafo com redação dada pela Lei n. 6.514, de 22.12.1977.

Veja art. 7º, XXIII, CF.

§ 2º O empregado poderá optar pelo adicional de insalubridade que porventura lhe seja devido.

Parágrafo com redação dada pela Lei n. 6.514, de 22.12.1977.

§ 3º Serão descontados ou compensados do adicional outros da mesma natureza eventualmente já concedidos ao vigilante por meio de acordo coletivo.

Parágrafo acrescentado pela Lei n. 12.740, de 08.12.2012.

§ 4º São também consideradas perigosas as atividades de trabalhador em motocicleta.

Parágrafo acrescentado pela Lei n. 12.997, de 18.06.2014.

§ 5º O disposto no inciso I do *caput* deste artigo não se aplica às quantidades de inflamáveis contidas nos tanques de combustíveis originais de fábrica e suplementares, para consumo próprio de veículos de carga e de transporte coletivo de passageiros, de máquinas e de equipamentos, certificados pelo órgão competente, e nos equipamentos de refrigeração de carga.

Parágrafo acrescentado pela Lei n. 14.766, de 22.12.2023.

Art. 194. O direito do empregado ao adicional de insalubridade ou de periculosidade cessará com a eliminação do risco à sua saúde ou integridade física, nos termos desta Seção e das normas expedidas pelo Ministério do Trabalho.

Artigo com redação dada pela Lei n. 6.514, de 22.12.1977.

Art. 195. A caracterização e a classificação da insalubridade e da periculosidade, segundo as normas do Ministério do Trabalho, far-se-ão através de perícia a cargo de Médico do Trabalho ou Engenheiro do Trabalho, registrados no Ministério do Trabalho.

Caput com redação dada pela Lei n. 6.514, de 22.12.1977.

Veja Súmula n. 453, TST.

§ 1º É facultado às empresas e aos sindicatos das categorias profissionais interessadas requererem ao Ministério do Trabalho a realização de perícia em estabelecimento ou setor deste, com o objetivo de caracterizar e classificar ou delimitar as atividades insalubres ou perigosas.

Parágrafo com redação dada pela Lei n. 6.514, de 22.12.1977.

§ 2º Arguida em juízo insalubridade ou periculosidade, seja por empregado, seja por sindicato em favor de grupo de associados, o juiz designará perito habilitado na forma deste artigo, e, onde não houver, requisitará perícia ao órgão competente do Ministério do Trabalho.

Parágrafo com redação dada pela Lei n. 6.514, de 22.12.1977.

§ 3º O disposto nos parágrafos anteriores não prejudica a ação fiscalizadora do Ministério do Trabalho, nem a realização *ex officio* da perícia.

Parágrafo com redação dada pela Lei n. 6.514, de 22.12.1977.

Art. 196. Os efeitos pecuniários decorrentes do trabalho em condições de insalubridade ou periculosidade serão devidos a contar da data da inclusão da respectiva atividade nos quadros aprovados pelo Ministério do Trabalho, respeitadas as normas do art. 11.

Artigo com redação dada pela Lei n. 6.514, de 22.12.1977.

Art. 197. Os materiais e substâncias empregados, manipulados ou transportados nos locais de trabalho, quando perigosos ou nocivos à saúde, devem conter, no rótulo, sua composição, recomendações de socorro imediato e o símbolo de perigo correspondente, segundo a padronização internacional.

Caput e parágrafo com redação dada pela Lei n. 6.514, de 22.12.1977.

Parágrafo único. Os estabelecimentos que mantenham as atividades previstas neste artigo afixarão, nos setores de trabalho atingidos, avisos ou cartazes, com advertência quanto aos materiais e substâncias perigosos ou nocivos à saúde.

Seção XIV
Da Prevenção da Fadiga

Seção com denominação dada pela Lei n. 6.514, de 22.12.1977.

Art. 198. É de 60 (sessenta) quilogramas o peso máximo que um empregado pode remover individualmente, ressalvadas as disposições especiais relativas ao trabalho do menor e da mulher.

Caput com redação dada pela Lei n. 6.514, de 22.12.1977.

Parágrafo único. Não está compreendida na proibição deste artigo a remoção de material feita por impulsão ou tração de vagonetes sobre trilhos, carros de mão ou quaisquer outros aparelhos mecânicos, podendo o Ministério do Trabalho, em tais casos, fixar limites diversos, que evitem sejam exigidos do empregado serviços superiores às suas forças.

Parágrafo com redação dada pela Lei n. 6.514, de 22.12.1977.

Art. 199. Será obrigatória a colocação de assentos que assegurem postura correta ao trabalhador, capazes de evitar posições incômodas ou forçadas, sempre que a execução da tarefa exija que trabalhe sentado.

Caput com redação dada pela Lei n. 6.514, de 22.12.1977.

Parágrafo único. Quando o trabalho deva ser executado de pé, os empregados terão à sua disposição assentos para serem utilizados nas pausas que o serviço permitir.

Parágrafo com redação dada pela Lei n. 6.514, de 22.12.1977.

Seção XV
Das Outras Medidas Especiais de Proteção

Seção com denominação dada pela Lei n. 6.514, de 22.12.1977.

Art. 200. Cabe ao Ministério do Trabalho estabelecer disposições complementares às normas de que trata este Capítulo, tendo em vista as peculiaridades de cada atividade ou setor de trabalho, especialmente sobre:

Caput com redação dada pela Lei n. 6.514, de 22.12.1977.

Veja art. 155, I, CLT.

Veja art. 24, *caput*, Decreto n. 10.854, de 10.11.2021.

I – medidas de prevenção de acidentes e os equipamentos de proteção individual em obras de construção, demolição ou reparos;

Inciso com redação dada pela Lei n. 6.514, de 22.12.1977.

II – depósitos, armazenagem e manuseio de combustíveis, inflamáveis e explosivos, bem como trânsito e permanência nas áreas respectivas;

Inciso com redação dada pela Lei n. 6.514, de 22.12.1977.

III – trabalho em escavações, túneis, galerias, minas e pedreiras, sobretudo quanto à prevenção de explosões, incêndios, desmoronamentos e soterramentos, eliminação de poeiras, gases etc., e facilidades de rápida saída dos empregados;

Inciso com redação dada pela Lei n. 6.514, de 22.12.1977.

IV – proteção contra incêndio em geral e as medidas preventivas adequadas, com exigências ao especial revestimento de portas e paredes, construção de paredes contra fogo, diques e outros anteparos, assim como garantia geral de fácil circulação, corredores de acesso e saídas amplas e protegidas, com suficiente sinalização;

Inciso com redação dada pela Lei n. 6.514, de 22.12.1977.

V – proteção contra insolação, calor, frio, umidade e ventos, sobretudo no trabalho a céu aberto, com provisão, quanto a este, de água potável, alojamento e profilaxia de endemias;

Inciso com redação dada pela Lei n. 6.514, de 22.12.1977.

VI – proteção do trabalhador exposto a substâncias químicas nocivas, radiações ionizantes e não ionizantes, ruídos, vibrações e trepidações ou pressões anormais ao ambiente de trabalho, com especificação das medidas cabíveis para eliminação ou atenuação desses efeitos, limites máximos quanto ao tempo de exposição, à intensidade da ação ou de seus efeitos sobre o organismo do trabalhador, exames médicos obrigatórios, limites de idade, controle permanente dos locais de trabalho e das demais exigências que se façam necessárias;

Inciso com redação dada pela Lei n. 6.514, de 22.12.1977.

VII – higiene nos locais de trabalho, com discriminação das exigências, instalações sanitárias, com separação de sexos, chuveiros, lavatórios, vestiários e armários individuais, refeitórios ou condições de conforto por ocasião das refeições, fornecimento de água potável, condições de limpeza dos locais de trabalho e modo de sua execução, tratamento de resíduos industriais;

Inciso com redação dada pela Lei n. 6.514, de 22.12.1977.

VIII – emprego das cores nos locais de trabalho, inclusive nas sinalizações de perigo;

Inciso com redação dada pela Lei n. 6.514, de 22.12.1977.

IX – trabalho realizado em arquivos, em bibliotecas, em museus e em centros de documentação e memória, exposto a agentes patogênicos.

Inciso acrescentado pela Lei n. 14.846, de 24.04.2024.

Parágrafo único. Tratando-se de radiações ionizantes e explosivos, as normas a que se refere este artigo serão expedidas de acordo com as resoluções a respeito adotadas pelo órgão técnico.

Parágrafo com redação dada pela Lei n. 6.514, de 22.12.1977.

Seção XVI
Das Penalidades

Seção com denominação dada pela Lei n. 6.514, de 22.12.1977.

Art. 201. As infrações ao disposto neste Capítulo relativas à medicina do trabalho serão punidas com multa de 3 (três) a 30 (trinta) vezes o valor de referência previsto no art. 2º, parágrafo único, da Lei n. 6.205, de 29 de abril de 1975, e as concernentes à segurança do trabalho com multa de 5 (cinco) a 50 (cinquenta) vezes o mesmo valor.

Caput com redação dada pela Lei n. 6.514, de 22.12.1977.

Veja art. 156, III, CLT.

Veja art. 7º, parágrafo único, Lei n. 12.009, de 29.07.2009.

Parágrafo único. Em caso de reincidência, embaraço ou resistência à fiscalização, emprego de artifício ou simulação com o objetivo de fraudar a lei, a multa será aplicada em seu valor máximo.

Parágrafo com redação dada pela Lei n. 6.514, de 22.12.1977.

Arts. 202 a 223. (*Revogados pela Lei n. 6.514, de 22.12.1977.*)

TÍTULO II-A
DO DANO EXTRAPATRIMONIAL

Título acrescentado pela Lei n. 13.467, de 13.07.2017.

Art. 223-A. Aplicam-se à reparação de danos de natureza extrapatrimonial decorrentes da relação de trabalho apenas os dispositivos deste Título.

Artigo acrescentado pela Lei n. 13.467, de 13.07.2017.

Veja ADI ns. 6.050, 6.069 e 6.082.

Art. 223-B. Causa dano de natureza extrapatrimonial a ação ou omissão que ofenda a esfera moral ou existencial da pessoa física ou jurídica, as quais são as titulares exclusivas do direito à reparação.

Artigo acrescentado pela Lei n. 13.467, de 13.07.2017.

Veja ADI ns. 6.050, 6.069 e 6.082.

Art. 223-C. A honra, a imagem, a intimidade, a liberdade de ação, a autoestima, a sexualidade, a saúde, o lazer e a integridade física são os bens juridicamente tutelados inerentes à pessoa física.

Artigo acrescentado pela Lei n. 13.467, de 13.07.2017.

Veja ADI ns. 6.050, 6.069 e 6.082.

Art. 223-D. A imagem, a marca, o nome, o segredo empresarial e o sigilo da correspondência são bens juridicamente tutelados inerentes à pessoa jurídica.

Artigo acrescentado pela Lei n. 13.467, de 13.07.2017.

Art. 223-E. São responsáveis pelo dano extrapatrimonial todos os que tenham colaborado para a ofensa ao bem jurídico tutelado, na proporção da ação ou da omissão.

Artigo acrescentado pela Lei n. 13.467, de 13.07.2017.

Art. 223-F. A reparação por danos extrapatrimoniais pode ser pedida cumulativamente com a indenização por danos materiais decorrentes do mesmo ato lesivo.

Artigo acrescentado pela Lei n. 13.467, de 13.07.2017.

§ 1º Se houver cumulação de pedidos, o juízo, ao proferir a decisão, discriminará os valores das indenizações a título de danos patrimoniais e das reparações por danos de natureza extrapatrimonial.

§ 2º A composição das perdas e danos, assim compreendidos os lucros cessantes e os danos emergentes, não interfere na avaliação dos danos extrapatrimoniais.

Art. 223-G. Ao apreciar o pedido, o juízo considerará:

Caput acrescentado pela Lei n. 13.467, de 13.07.2017.

Veja ADI ns. 6.050, 6.069 e 6.082.

I – a natureza do bem jurídico tutelado;

Inciso acrescentado pela Lei n. 13.467, de 13.07.2017.

II – a intensidade do sofrimento ou da humilhação;

Inciso acrescentado pela Lei n. 13.467, de 13.07.2017.

III – a possibilidade de superação física ou psicológica;

Inciso acrescentado pela Lei n. 13.467, de 13.07.2017.

IV – os reflexos pessoais e sociais da ação ou da omissão;

Inciso acrescentado pela Lei n. 13.467, de 13.07.2017.

V – a extensão e a duração dos efeitos da ofensa;

Inciso acrescentado pela Lei n. 13.467, de 13.07.2017.

VI – as condições em que ocorreu a ofensa ou o prejuízo moral;

Inciso acrescentado pela Lei n. 13.467, de 13.07.2017.

VII – o grau de dolo ou culpa;

Inciso acrescentado pela Lei n. 13.467, de 13.07.2017.

VIII – a ocorrência de retratação espontânea;

Inciso acrescentado pela Lei n. 13.467, de 13.07.2017.

IX – o esforço efetivo para minimizar a ofensa;

Inciso acrescentado pela Lei n. 13.467, de 13.07.2017.

X – o perdão, tácito ou expresso;

Inciso acrescentado pela Lei n. 13.467, de 13.07.2017.

XI – a situação social e econômica das partes envolvidas;

Inciso acrescentado pela Lei n. 13.467, de 13.07.2017.

XII – o grau de publicidade da ofensa.

Inciso acrescentado pela Lei n. 13.467, de 13.07.2017.

§ 1º Se julgar procedente o pedido, o juízo fixará a indenização a ser paga, a cada um dos ofendidos, em um dos seguintes parâmetros, vedada a acumulação:

Parágrafo e incisos acrescentados pela Lei n. 13.467, de 13.07.2017.

Veja ADI ns. 6.050, 6.069 e 6.082.

I – ofensa de natureza leve, até três vezes o último salário contratual do ofendido;

Veja ADI ns. 6.050, 6.069 e 6.082.

II – ofensa de natureza média, até cinco vezes o último salário contratual do ofendido;

Veja ADI ns. 6.050, 6.069 e 6.082.

III – ofensa de natureza grave, até vinte vezes o último salário contratual do ofendido;

Veja ADI ns. 6.050, 6.069 e 6.082.

IV – ofensa de natureza gravíssima, até cinquenta vezes o último salário contratual do ofendido.

Veja ADI ns. 6.050, 6.069 e 6.082.

§ 2º Se o ofendido for pessoa jurídica, a indenização será fixada com observância dos mesmos parâmetros estabelecidos no § 1º deste artigo, mas em relação ao salário contratual do ofensor.

Parágrafo acrescentado pela Lei n. 13.467, de 13.07.2017.

§ 3º Na reincidência entre partes idênticas, o juízo poderá elevar ao dobro o valor da indenização.

Parágrafo acrescentado pela Lei n. 13.467, de 13.07.2017.

TÍTULO III
DAS NORMAS ESPECIAIS DE TUTELA DO TRABALHO

CAPÍTULO I
DAS DISPOSIÇÕES ESPECIAIS SOBRE DURAÇÃO E CONDIÇÕES DE TRABALHO

Veja art. 57, CLT.

Seção I
Dos Bancários

Art. 224. A duração normal do trabalho dos empregados em bancos, casas bancárias e Caixa Econômica Federal será de 6 (seis) horas contínuas nos dias úteis, com exceção dos sábados, perfazendo um total de 30 (trinta) horas de trabalho por semana.

Caput com redação dada pela Lei n. 7.430, de 17.12.1985.

Veja Súmulas ns. 55, 102, 113, 124 e 287, TST.

Veja OJ n. 379, SDI-1.

§ 1º A duração normal do trabalho estabelecida neste artigo ficará compreendida entre 7 (sete) e 22 (vinte e duas) horas, assegurando-se ao empregado, no horário diário, um intervalo de 15 (quinze) minutos para alimentação.

Antigo parágrafo único renumerado pela Lei n. 1.540, de 03.01.1952, e com redação dada pelo DL n. 229, de 28.02.1967.

§ 2º As disposições deste artigo não se aplicam aos que exercem funções de direção, gerência, fiscalização, chefia e equivalentes, ou que desempenhem outros cargos de confiança, desde que o valor da gratificação não seja inferior a 1/3 (um terço) do salário do cargo efetivo.

Parágrafo acrescentado pela Lei n. 1.540, de 03.01.1952, e com redação dada pelo DL n. 754, de 11.08.1969.

Veja Súmulas ns. 124 e 287, TST.

Art. 225. A duração normal de trabalho dos bancários poderá ser excepcionalmente prorrogada até 8 (oito) horas diárias, não excedendo de 40 (quarenta) horas semanais, observados os preceitos gerais sobre a duração do trabalho.

Artigo com redação dada pela Lei n. 6.637, de 08.05.1979.

Veja Súmula n. 199, TST.

Art. 226. O regime especial de 6 (seis) horas de trabalho também se aplica aos empregados de portaria e de limpeza, tais como porteiros, telefonistas de mesa, contínuos e serventes, empregados em bancos e casas bancárias.

Caput com redação dada pela Lei n. 3.488, de 12.12.1958.

Parágrafo único. A direção de cada banco organizará a escala de serviço do estabelecimento de maneira a haver empregados do quadro da portaria em função, meia hora antes e até meia hora após o encerramento dos trabalhos, respeitado o limite de 6 (seis) horas diárias.

Parágrafo com redação dada pela Lei n. 3.488, de 12.12.1958.

Seção II
Dos Empregados nos Serviços de Telefonia, de Telegrafia Submarina e Subfluvial, de Radiotelegrafia e Radiotelefonia

Art. 227. Nas empresas que explorem o serviço de telefonia, telegrafia submarina ou subfluvial, de radiotelegrafia ou de radiotelefonia, fica estabelecida para os respectivos operadores a duração máxima de 6 (seis) horas contínuas de trabalho por dia ou 36 (trinta e seis) horas semanais.

Caput com redação dada pelo DL n. 6.353, de 20.03.1944.

Veja Súmula n. 178, TST.

§ 1º Quando, em caso de indeclinável necessidade, forem os operadores obrigados a permanecer em serviço além do período normal fixado neste artigo, a empresa pagar-lhes-á extraordinariamente o tempo excedente com acréscimo de 50% (cinquenta por cento) sobre o seu salário-hora normal.

Veja art. 229, § 2º, CLT.

§ 2º O trabalho aos domingos, feriados e dias santos de guarda será considerado extraordinário e obedecerá, quanto à sua execução e remuneração, ao que dispuserem empregadores e empregados em acordo, ou os respectivos sindicatos em contrato coletivo de trabalho.

Parágrafo com redação dada pelo DL n. 6.353, de 20.03.1944.

Art. 228. Os operadores não poderão trabalhar, de modo ininterrupto, na transmissão manual, bem como na recepção visual, auditiva, com escrita manual ou datilográfica, quando a velocidade for superior a 25 (vinte e cinco) palavras por minuto.

Art. 229. Para os empregados sujeitos a horários variáveis, fica estabelecida a duração máxima de 7 (sete) horas diárias de trabalho e 17 (dezessete) horas de folga, deduzindo-se desse tempo 20 (vinte) minutos para descanso, de cada um dos empregados, sempre que se verificar um esforço contínuo de mais de 3 (três) horas.

§ 1º São considerados empregados sujeitos a horários variáveis, além dos operadores, cujas funções exijam classificação distinta, os que pertençam a seções de técnica, telefones, revisão, expedição, entrega e balcão.

Parágrafo com redação dada pelo DL n. 6.353, de 20.03.1944.

§ 2º Quanto à execução e remuneração aos domingos, feriados e dias santos de guarda e às prorrogações de expediente, o trabalho dos empregados a que se refere o parágrafo anterior será regido pelo que se contém no § 1º do art. 227 desta Seção.

Parágrafo com redação dada pelo DL n. 6.353, de 20.03.1944.

Art. 230. A direção das empresas deverá organizar as turmas de empregados, para a execução dos seus serviços, de maneira que prevaleça sempre o revezamento entre os que exercem a mesma função, quer em escalas diurnas, quer em noturnas.

§ 1º Aos empregados que exerçam a mesma função será permitida, entre si, a troca de turmas, desde que isso não importe em prejuízo dos serviços, cujo chefe ou encarregado resolverá sobre a oportunidade ou possibilidade dessa medida, dentro das prescrições desta Seção.

§ 2º As empresas não poderão organizar horários que obriguem os empregados a fazer a refeição do almoço antes das 10 (dez) e depois das 13 (treze) horas e a de jantar antes das 16 (dezesseis) e depois das 19:30 (dezenove e trinta) horas.

Art. 231. As disposições desta Seção não abrangem o trabalho dos operadores de radiotelegrafia embarcados em navios ou aeronaves.

Seção III
Dos Músicos Profissionais

Arts. 232 e 233. (*Revogados pela Lei n. 3.857, de 22.12.1960.*)

Seção IV
Dos Operadores Cinematográficos

Art. 234. A duração normal do trabalho dos operadores cinematográficos e seus ajudantes não excederá de 6 (seis) horas diárias, assim distribuídas:

Caput com redação dada pelo DL n. 6.353, de 20.03.1944.

a) 5 (cinco) horas consecutivas de trabalho em cabina, durante o funcionamento cinematográfico;

b) 1 (um) período suplementar, até o máximo de 1 (uma) hora para limpeza, lubrificação dos aparelhos de projeção, ou revisão de filmes.

Parágrafo único. Mediante remuneração adicional de 25% (vinte e cinco por cento) sobre o salário da hora normal e observado um intervalo de 2 (duas) horas para folga, entre o período a que se refere a alínea *b* deste artigo e o trabalho em cabina de que trata a alínea *a*, poderá o trabalho dos operadores cinematográficos e seus ajudantes ter a duração prorrogada por 2 (duas) horas diárias, para exibições extraordinárias.

O art. 7º, XVI, CF, dispõe que a remuneração do serviço extraordinário será superior, no mínimo, em 50% à do normal.

Art. 235. Nos estabelecimentos cujo funcionamento normal seja noturno, será facultado aos operadores cinematográficos e seus ajudantes, mediante acordo ou contrato coletivo de trabalho e com um acréscimo de 25% (vinte e cinco por cento) sobre o salário da hora normal, executar o trabalho em sessões diurnas extraordinárias e, cumulativamente, nas noturnas, desde que isso se verifique até 3 (três) vezes por semana e entre as sessões diurnas e as noturnas haja o intervalo de 1 (uma) hora, no mínimo, de descanso.

Veja nota ao art. 234, parágrafo único, CLT.

§ 1º A duração de trabalho cumulativo a que alude o presente artigo não poderá exceder de 10 (dez) horas.

§ 2º Em seguida a cada período de trabalho haverá um intervalo de repouso no mínimo de 12 (doze) horas.

Seção IV-A
Do Serviço do Motorista Profissional Empregado

Seção com denominação dada pela Lei n. 13.103, de 02.03.2015.

Veja Lei n. 13.103, de 02.03.2015.

Art. 235-A. Os preceitos especiais desta Seção aplicam-se ao motorista profissional empregado:

Caput com redação dada pela Lei n. 13.103, de 02.03.2015.

Veja art. 9º, Lei n. 13.103, de 02.03.2015.

I – de transporte rodoviário coletivo de passageiros;

Inciso com redação dada pela Lei n. 13.103, de 02.03.2015.

II – de transporte rodoviário de cargas.

Inciso com redação dada pela Lei n. 13.103, de 02.03.2015.

Art. 235-B. São deveres do motorista profissional empregado:

Caput com redação dada pela Lei n. 13.103, de 02.03.2015.

I – estar atento às condições de segurança do veículo;

Inciso acrescentado pela Lei n. 12.619, de 30.04.2012.

II – conduzir o veículo com perícia, prudência, zelo e com observância aos princípios de direção defensiva;

Inciso acrescentado pela Lei n. 12.619, de 30.04.2012.

III – respeitar a legislação de trânsito e, em especial, as normas relativas ao tempo de direção e de descanso controlado e registrado na forma do previsto no art. 67-E da Lei n. 9.503, de 23 de setembro de 1997 - Código de Trânsito Brasileiro;

Inciso com redação dada pela Lei n. 13.103, de 02.03.2015.

IV – zelar pela carga transportada e pelo veículo;

Inciso acrescentado pela Lei n. 12.619, de 30.04.2012.

V – colocar-se à disposição dos órgãos públicos de fiscalização na via pública;

Inciso acrescentado pela Lei n. 12.619, de 30.04.2012.

VI – (*vetado*)

Inciso acrescentado pela Lei n. 12.619, de 30.04.2012.

VII – submeter-se a exames toxicológicos com janela de detecção mínima de 90 (noventa) dias e a programa de controle de uso de droga e de bebida alcoólica, instituído pelo empregador, com sua ampla ciência, pelo menos uma vez a cada 2 (dois) anos e 6 (seis) meses, podendo ser utilizado para esse fim o exame obrigatório previsto na Lei n. 9.503, de 23 de setembro de 1997 - Código de Trânsito Brasileiro, desde que realizado nos últimos 60 (sessenta) dias.

Inciso com redação dada pela Lei n. 13.103, de 02.03.2015.

Veja art. 13, Lei n. 13.103, de 02.03.2015.

Veja art. 5º, Lei n. 14.599, de 19.06.2023.

Parágrafo único. A recusa do empregado em submeter-se ao teste ou ao programa de controle de uso de droga e de bebida alcoólica previstos no inciso VII será considerada infração disciplinar, passível de penalização nos termos da lei.

Parágrafo com redação dada pela Lei n. 13.103, de 02.03.2015.

Art. 235-C. A jornada diária de trabalho do motorista profissional será de 8 (oito) horas, admitindo-se a sua prorrogação por até 2 (duas) horas extraordinárias ou, mediante previsão em convenção ou acordo coletivo, por até 4 (quatro) horas extraordinárias.

Caput com redação dada pela Lei n. 13.103, de 02.03.2015.

Veja art. 235-D, § 6º, CLT.

§ 1º Será considerado como trabalho efetivo o tempo em que o motorista empregado estiver à disposição do empregador, excluídos os intervalos para refeição, repouso e descanso e o tempo de espera.

Parágrafo com redação dada pela Lei n. 13.103, de 02.03.2015.

Veja ADI n. 5.322.

§ 2º Será assegurado ao motorista profissional empregado intervalo mínimo de 1 (uma) hora para refeição, podendo esse período coincidir com o tempo de parada obrigatória na condução do veículo estabelecido pela Lei n. 9.503, de 23 de setembro de 1997 – Código de Trânsito Brasileiro, exceto quando se tratar do motorista profissional enquadrado no § 5º do art. 71 desta Consolidação.

Parágrafo com redação dada pela Lei n. 13.103, de 02.03.2015.

Veja art. 12, Lei n. 13.103, de 02.03.2015.

§ 3º Dentro do período de 24 (vinte e quatro) horas, são asseguradas 11 (onze) horas de descanso, sendo facultados o seu fracionamento e a coincidência com os períodos de parada obrigatória na condução do veículo estabelecida pela Lei n. 9.503, de 23 de setembro de 1997 – Código de Trânsito Brasileiro, garantidos o mínimo de 8 (oito) horas ininterruptas no primeiro período e o gozo do remanescente dentro das 16 (dezesseis) horas seguintes ao fim do primeiro período.

Parágrafo com redação dada pela Lei n. 13.103, de 02.03.2015.

Veja ADI n. 5.322.

Veja art. 235-D, § 7º, CLT.

Veja art. 12, Lei n. 13.103, de 02.03.2015.

§ 4º Nas viagens de longa distância, assim consideradas aquelas em que o motorista profissional empregado permanece fora da base da empresa, matriz ou filial e de sua residência por mais de 24 (vinte e quatro) horas, o repouso diário pode ser feito no veículo ou em alojamento do empregador, do contratante do transporte, do embarcador ou do destinatário ou em outro local que ofereça condições adequadas.

Parágrafo com redação dada pela Lei n. 13.103, de 02.03.2015.

§ 5º As horas consideradas extraordinárias serão pagas com o acréscimo estabelecido na Constituição Federal ou compensadas na forma do § 2º do art. 59 desta Consolidação.

Parágrafo com redação dada pela Lei n. 13.103, de 02.03.2015.

§ 6º À hora de trabalho noturno aplica-se o disposto no art. 73 desta Consolidação.

Parágrafo com redação dada pela Lei n. 13.103, de 02.03.2015.

§ 7º (*Vetado.*)

Parágrafo acrescentado pela Lei n. 12.619, de 30.04.2012.

§ 8º São considerados tempo de espera as horas em que o motorista profissional empregado ficar aguardando carga ou descarga do veículo nas dependências do embarcador ou do destinatário e o período gasto com a fiscalização da mercadoria transportada em barreiras fiscais ou alfandegárias, não sendo computados como jornada de trabalho e nem como horas extraordinárias.

Parágrafo com redação dada pela Lei n. 13.103, de 02.03.2015.

Veja ADI n. 5.322.

§ 9º As horas relativas ao tempo de espera serão indenizadas na proporção de 30% (trinta por cento) do salário-hora normal.

Parágrafo com redação dada pela Lei n. 13.103, de 02.03.2015.

Veja ADI n. 5.322.

§ 10. Em nenhuma hipótese, o tempo de espera do motorista empregado prejudicará o direito ao recebimento da remuneração correspondente ao salário-base diário.

Parágrafo acrescentado pela Lei n. 13.103, de 02.03.2015.

§ 11. Quando a espera de que trata o § 8º for superior a 2 (duas) horas ininterruptas e for exigida a permanência do motorista empregado junto ao veículo, caso o local ofereça condições adequadas, o tempo será considerado como de repouso para os fins do intervalo de que tratam os §§ 2º e 3º, sem prejuízo do disposto no § 9º.

Parágrafo acrescentado pela Lei n. 13.103, de 02.03.2015.

§ 12. Durante o tempo de espera, o motorista poderá realizar movimentações necessárias do veículo, as quais não serão consideradas como parte da jornada de trabalho, ficando garantido, porém, o gozo do descanso de 8 (oito) horas ininterruptas aludido no § 3º.

Parágrafo acrescentado pela Lei n. 13.103, de 02.03.2015.

Veja ADI n. 5.322.

§ 13. Salvo previsão contratual, a jornada de trabalho do motorista empregado não tem horário fixo de início, de final ou de intervalos.

Parágrafo acrescentado pela Lei n. 13.103, de 02.03.2015.

§ 14. O empregado é responsável pela guarda, preservação e exatidão das informações contidas nas anotações em diário de bordo, papeleta ou ficha de trabalho externo, ou no registrador instantâneo inalterável de velocidade e tempo, ou nos rastreadores ou sistemas e meios eletrônicos, instalados nos veículos, normatizados pelo Contran, até que o veículo seja entregue à empresa.

Parágrafo acrescentado pela Lei n. 13.103, de 02.03.2015.

§ 15. Os dados referidos no § 14 poderão ser enviados a distância, a critério do empregador, facultando-se a anexação do documento original posteriormente.

Parágrafo acrescentado pela Lei n. 13.103, de 02.03.2015.

§ 16. Aplicam-se as disposições deste artigo ao ajudante empregado nas operações em que acompanhe o motorista.

Parágrafo acrescentado pela Lei n. 13.103, de 02.03.2015.

§ 17. O disposto no *caput* deste artigo aplica-se também aos operadores de automotores destinados a puxar ou a arrastar maquinaria de qualquer natureza ou a executar trabalhos de construção ou pavimentação e aos operadores de tratores, colheitadeiras, autopropelidos e demais aparelhos automotores destinados a puxar ou a arrastar maquinaria agrícola ou a executar trabalhos agrícolas.

Parágrafo acrescentado pela Lei n. 13.154, de 30.07.2015.

Art. 235-D. Nas viagens de longa distância com duração superior a 7 (sete) dias, o repouso semanal será de 24 (vinte e quatro) horas por semana ou fração trabalhada, sem prejuízo do intervalo de repouso diário de 11 (onze) horas, totalizando 35 (trinta e cinco) horas, usufruído no retorno do motorista à base (matriz ou filial) ou ao seu domicílio, salvo se a empresa oferecer condições adequadas para o efetivo gozo do referido repouso.

Caput com redação dada pela Lei n. 13.103, de 02.03.2015.

Veja ADI n. 5.322.

I a III – (*Revogados pela Lei n. 13.103, de 02.03.2015.*)

§ 1º É permitido o fracionamento do repouso semanal em 2 (dois) períodos, sendo um destes de, no mínimo, 30 (trinta) horas ininterruptas, a serem cumpridos na mesma semana e em continuidade a um período de repouso diário, que deverão ser usufruídos no retorno da viagem.

Parágrafo acrescentado pela Lei n. 13.103, de 02.03.2015.

Veja ADI n. 5.322.

§ 2º A cumulatividade de descansos semanais em viagens de longa distância de que trata o *caput* fica limitada ao número de 3 (três) descansos consecutivos.

Parágrafo acrescentado pela Lei n. 13.103, de 02.03.2015.

Veja ADI n. 5.322.

§ 3º O motorista empregado, em viagem de longa distância, que ficar com o veículo parado após o cumprimento da jornada normal ou das horas extraordinárias fica dispensado do serviço, exceto se for expressamente autorizada a sua permanência junto ao veículo pelo empregador, hipótese em que o tempo será considerado de espera.

Parágrafo acrescentado pela Lei n. 13.103, de 02.03.2015.

§ 4º Não será considerado como jornada de trabalho, nem ensejará o pagamento de qualquer remuneração, o período em que o motorista empregado ou o ajudante ficarem espontaneamente no veículo usufruindo dos intervalos de repouso.

Parágrafo acrescentado pela Lei n. 13.103, de 02.03.2015.

§ 5º Nos casos em que o empregador adotar 2 (dois) motoristas trabalhando no mesmo veículo, o tempo de repouso poderá ser feito com o veículo em movimento, assegurado o repouso mínimo de 6 (seis) horas consecutivas fora do veículo em alojamento externo ou, se na cabine leito, com o veículo estacionado, a cada 72 (setenta e duas) horas.

Parágrafo acrescentado pela Lei n. 13.103, de 02.03.2015.

Veja ADI n. 5.322.

§ 6º Em situações excepcionais de inobservância justificada do limite de jornada de que trata o art. 235-C, devidamente registradas, e desde que não se comprometa a segurança rodoviária, a duração da jornada de trabalho do motorista profissional empregado poderá ser elevada pelo tempo necessário até o veículo chegar a um local seguro ou ao seu destino.

Parágrafo acrescentado pela Lei n. 13.103, de 02.03.2015.

§ 7º Nos casos em que o motorista tenha que acompanhar o veículo transportado por qualquer meio onde ele siga embarcado e em que o veículo disponha de cabine leito ou a embarcação disponha de alojamento para gozo do intervalo de repouso diário previsto no § 3º do art. 235-C, esse tempo será considerado como tempo de descanso.

Parágrafo acrescentado pela Lei n. 13.103, de 02.03.2015.

§ 8º Para o transporte de cargas vivas, perecíveis e especiais em longa distância ou em território estrangeiro poderão ser aplicadas regras conforme a especificidade da operação de transporte realizada, cujas condições de trabalho serão fixadas em convenção ou acordo coletivo de modo a assegurar as adequadas condições de viagem e entrega ao destino final.

Parágrafo acrescentado pela Lei n. 13.103, de 02.03.2015.

Art. 235-E. Para o transporte de passageiros, serão observados os seguintes dispositivos:

Caput com redação dada pela Lei n. 13.103, de 02.03.2015.

I – é facultado o fracionamento do intervalo de condução do veículo previsto na Lei n. 9.503, de 23 de setembro de 1997 – Código de Trânsito Brasileiro, em períodos de no mínimo 5 (cinco) minutos;

Inciso acrescentado pela Lei n. 13.103, de 02.03.2015.

II – será assegurado ao motorista intervalo mínimo de 1 (uma) hora para refeição, podendo ser fracionado em 2 (dois) períodos e coincidir com o tempo de parada obrigatória na condução do veículo estabelecido pela Lei n. 9.503, de 23 de setembro de 1997 – Código de Trânsito Brasileiro, exceto quando se tratar do motorista profissional enquadrado no § 5º do art. 71 desta Consolidação;

Inciso acrescentado pela Lei n. 13.103, de 02.03.2015.

III – nos casos em que o empregador adotar 2 (dois) motoristas no curso da mesma viagem, o descanso poderá ser feito com o veículo em movimento, respeitando-se os horários de jornada de trabalho, assegurado, após 72 (setenta e duas) horas, o repouso em alojamento externo ou, se em poltrona correspondente ao serviço de leito, com o veículo estacionado.

Inciso acrescentado pela Lei n. 13.103, de 02.03.2015.

Veja ADI n. 5.322.

§ 1º (*Revogado pela Lei n. 13.103, de 02.03.2015.*)

§ 2º (*Vetado.*)

Parágrafo acrescentado pela Lei n. 12.619, de 30.04.2012.

§§ 3º a 7º (*Revogados pela Lei n. 13.103, de 02.03.2015.*)

§ 8º (*Vetado.*)

Parágrafo acrescentado pela Lei n. 12.619, de 30.04.2012.

§§ 9º a 12. (*Revogados pela Lei n. 13.103, de 02.03.2015.*)

Art. 235-F. Convenção e acordo coletivo poderão prever jornada especial de 12 (doze) horas de trabalho por 36 (trinta e seis) horas de descanso para o trabalho do motorista profissional empregado em regime de compensação.

Artigo acrescentado pela Lei n. 12.619, de 30.04.2012, e com redação dada pela Lei n. 13.103, de 02.03.2015.

Art. 235-G. É permitida a remuneração do motorista em função da distância percorrida, do tempo de viagem ou da natureza e quantidade de produtos transportados, inclusive mediante oferta de comissão ou qualquer outro tipo de vantagem, desde que essa remuneração ou comissionamento não comprometa a segurança da rodovia e da coletividade ou possibilite a violação das normas previstas nesta Lei.

Artigo acrescentado pela Lei n. 12.619, de 30.04.2012, e com redação dada pela Lei n. 13.103, de 02.03.2015.

Art. 235-H. (*Revogado pela Lei n. 13.103, de 02.03.2015.*)

Seção V
Do Serviço Ferroviário

Art. 236. No serviço ferroviário – considerado este o de transporte em estradas de ferro abertas ao tráfego público, compreendendo a administração, construção, conservação e remoção das vias férreas e seus edifícios, obras de arte, material rodante, instalações complementares e acessórias, bem como o serviço de tráfego, de telegrafia, telefonia e funcionamento de todas as instalações ferroviárias – aplicam-se os preceitos especiais constantes desta Seção.

Art. 237. O pessoal a que se refere o artigo antecedente fica dividido nas seguintes categorias:

a) funcionários de alta administração, chefes e ajudantes de departamentos e seções, engenheiros residentes, chefes de depósitos, inspetores e demais empregados que exercem funções administrativas ou fiscalizadoras;

b) pessoal que trabalhe em lugares ou trechos determinados e cujas tarefas requeiram atenção constante; pessoal de escritório, turmas de conservação e construção da via permanente, oficinas e estações principais, inclusive os respectivos telegrafistas; pessoal de tração, lastro e revistadores;

c) das equipagens de trens em geral;

d) pessoal cujo serviço é de natureza intermitente ou de pouca intensidade, embora com permanência prolongada nos locais de trabalho; vigias e pessoal das estações do interior, inclusive os respectivos telegrafistas.

Art. 238. Será computado como de trabalho efetivo todo o tempo em que o empregado estiver à disposição da Estrada.

Caput com redação dada pela Lei n. 3.970, de 13.10.1961, que foi posteriormente revogada e restaurada pelo art. 36, DL n. 5, de 04.04.1966.

§ 1º Nos serviços efetuados pelo pessoal da categoria *c*, não será considerado como de trabalho efetivo o tempo gasto em viagens do local ou para o local de terminação e início dos mesmos serviços.

Parágrafo com redação dada pela Lei n. 3.970, de 13.10.1961, que foi posteriormente revogada e restaurada pelo art. 36, DL n. 5, de 04.04.1966.

§ 2º Ao pessoal removido ou comissionado fora da sede será contado como de trabalho normal e efetivo o tempo gasto em viagens, sem direito à percepção de horas extraordinárias.

Parágrafo com redação dada pela Lei n. 3.970, de 13.10.1961, que foi posteriormente revogada e restaurada pelo art. 36, DL n. 5, de 04.04.1966.

§ 3º No caso das turmas de conservação da via permanente, o tempo efetivo do trabalho será contado desde a hora da saída da casa da turma até a hora em que cessar o serviço em qualquer ponto compreendido dentro dos limites da respectiva turma. Quando o empregado trabalhar fora dos limites da sua turma, ser-lhe-á também computado como de trabalho efetivo o tempo gasto no percurso da volta a esses limites.

Parágrafo com redação dada pela Lei n. 3.970, de 13.10.1961, que foi posteriormente revogada e restaurada pelo art. 36, DL n. 5, de 04.04.1966.

§ 4º Para o pessoal da equipagem de trens, só será considerado esse trabalho efetivo, depois de chegado ao destino, o tempo em que o ferroviário estiver ocupado ou retido à disposição da Estrada. Quando, entre dois períodos de trabalho, não mediar intervalo superior a 1 (uma) hora, será esse intervalo computado como de trabalho efetivo.

Parágrafo com redação dada pela Lei n. 3.970, de 13.10.1961, que foi posteriormente revogada e restaurada pelo art. 36, DL n. 5, de 04.04.1966.

§ 5º O tempo concedido para refeição não se computa como de trabalho efetivo, senão para o pessoal da categoria *c*, quando as refeições forem tomadas em viagem ou nas estações durante as paradas. Esse tempo não será inferior a 1 (uma) hora, exceto para o pessoal da referida categoria em serviço de trens.

Parágrafo com redação dada pela Lei n. 3.970, de 13.10.1961, que foi posteriormente revogada e restaurada pelo art. 36, DL n. 5, de 04.04.1966.

§ 6º No trabalho das turmas encarregadas da conservação de obras de arte, linhas telegráficas ou telefônicas e edifícios, não será contado como de trabalho efetivo o tempo de viagem para o local do serviço, sempre que não exceder de 1 (uma) hora, seja para ida ou para volta, e a Estrada fornecer os meios de locomoção, computando-se sempre o tempo excedente a esse limite.

Parágrafo com redação dada pela Lei n. 3.970, de 13.10.1961, que foi posteriormente revogada e restaurada pelo art. 36, DL n. 5, de 04.04.1966.

Art. 239. Para o pessoal da categoria c, a prorrogação do trabalho independe de acordo ou contrato coletivo, não podendo, entretanto, exceder de 12 (doze) horas, pelo que as empresas organizarão, sempre que possível, os serviços de equipagens de trens com destacamentos nos trechos das linhas de modo a ser observada a duração normal de 8 (oito) horas de trabalho.

§ 1º Para o pessoal sujeito ao regime do presente artigo, depois de cada jornada de trabalho haverá um repouso de 10 (dez) horas contínuas, no mínimo, observando-se, outrossim, o descanso semanal.

§ 2º Para o pessoal da equipagem de trens, a que se refere o presente artigo, quando a empresa não fornecer alimentação, em viagem, e hospedagem, no destino, concederá uma ajuda de custo para atender a tais despesas.

§ 3º As escalas do pessoal abrangido pelo presente artigo serão organizadas de modo que não caiba a qualquer empregado, quinzenalmente, um total de horas de serviço noturno superior às de serviço diurno.

§ 4º Os períodos de trabalho do pessoal a que alude o presente artigo serão registrados em cadernetas especiais, que ficarão sempre em poder do empregado, de acordo com o modelo aprovado pelo ministro do Trabalho, Indústria e Comércio.

Veja nota no início da CLT.

Art. 240. Nos casos de urgência ou de acidente, capazes de afetar a segurança ou regularidade do serviço, poderá a duração do trabalho ser excepcionalmente elevada a qualquer número de horas, incumbindo à Estrada zelar pela incolumidade dos seus empregados e pela possibilidade de revezamento de turmas, assegurando ao pessoal um repouso correspondente e comunicando a ocorrência ao Ministério do Trabalho, Indústria e Comércio, dentro de 10 (dez) dias da sua verificação.

Veja nota no início da CLT.

Parágrafo único. Nos casos previstos neste artigo, a recusa, sem causa justificada, por parte de qualquer empregado, à execução de serviço extraordinário será considerada falta grave.

Art. 241. As horas excedentes das do horário normal de 8 (oito) horas serão pagas como serviço extraordinário na seguinte base: as 2 (duas) primeiras com o acréscimo de 25% (vinte e cinco por cento) sobre o salário-hora normal; as 2 (duas) subsequentes com um adicional de 50% (cinquenta por cento) e as restantes com um adicional de 75% (setenta e cinco por cento).

O art. 7º, XVI, CF, dispõe que a remuneração do serviço extraordinário será superior, no mínimo, em 50% à do normal.

Parágrafo único. Para o pessoal da categoria *c*, a primeira hora será majorada de 25% (vinte e cinco por cento), a segunda hora será paga com o acréscimo de 50% (cinquenta por cento) e as 2 (duas) subsequentes com o de 60% (sessenta por cento), salvo caso de negligência comprovada.

Veja nota ao *caput* deste artigo.

Art. 242. As frações de meia hora superiores a 10 (dez) minutos serão computadas como meia hora.

Art. 243. Para os empregados de estações do interior, cujo serviço for de natureza intermitente ou de pouca intensidade, não se aplicam os preceitos gerais sobre duração do trabalho, sendo-lhes, entretanto, assegurado o repouso contínuo de 10 (dez) horas, no mínimo, entre 2 (dois) períodos de trabalho e descanso semanal.

Veja Súmulas ns. 61 e 67, TST.

Art. 244. As estradas de ferro poderão ter empregados extranumerários, de sobreaviso e de prontidão, para executarem serviços imprevistos ou para substituições de outros empregados que faltem à escala organizada.

Caput revogado pela Lei n. 3.970, de 13.10.1961, e restaurado pelo art. 36, DL n. 5, de 04.04.1966.

§ 1º Considera-se "extranumerário" o empregado não efetivo, candidato à efetivação, que se apresentar normalmente ao serviço, embora só trabalhe quando for necessário. O extranumerário só receberá os dias de trabalho efetivo.

Parágrafo revogado pela Lei n. 3.970, de 13.10.1961, e restaurado pelo art. 36, DL n. 5, de 04.04.1966.

§ 2º Considera-se de "sobreaviso" o empregado efetivo, que permanecer em sua própria casa, aguardando a qualquer momento o chamado para o serviço. Cada escala de "sobreaviso" será, no máximo, de 24 (vinte e quatro) horas. As horas de "sobreaviso", para todos os efeitos, serão contadas à razão de 1/3 (um terço) do salário normal.

Parágrafo revogado pela Lei n. 3.970, de 13.10.1961, e restaurado pelo art. 36, DL n. 5, de 04.04.1966.

Veja Súmulas ns. 229 e 428, TST.

§ 3º Considera-se de "prontidão" o empregado que ficar nas dependências da Estrada, aguardando ordens. A escala de prontidão será, no máximo, de 12 (doze) horas. As horas de prontidão serão, para todos os efeitos, contadas à razão de 2/3 (dois terços) do salário-hora normal.

Parágrafo revogado pela Lei n. 3.970, de 13.10.1961, e restaurado pelo art. 36, DL n. 5, de 04.04.1966.

§ 4º Quando, no estabelecimento ou dependência em que se achar o empregado, houver facilidade de alimentação, as 12 (doze) horas de prontidão, a que se refere o parágrafo anterior, poderão ser contínuas. Quando não existir essa facilidade, depois de 6 (seis) horas de prontidão, haverá sempre um intervalo de 1 (uma) hora para cada refeição, que não será, nesse caso, computada como de serviço.

Parágrafo revogado pela Lei n. 3.970, de 13.10.1961, e restaurado pelo art. 36, DL n. 5, de 04.04.1966.

Art. 245. O horário normal de trabalho dos cabineiros nas estações de tráfego intenso não excederá de 8 (oito) horas e deverá ser dividido em 2 (dois) turnos com intervalo não inferior a 1 (uma) hora de repouso, não podendo nenhum turno ter duração superior a 5 (cinco) horas, com um período de descanso entre 2 (duas) jornadas de trabalho de 14 (quatorze) horas consecutivas.

Art. 246. O horário de trabalho dos operadores telegrafistas nas estações de tráfego intenso não excederá de 6 (seis) horas diárias.

Art. 247. As estações principais, estações de tráfego intenso e estações do interior serão classificadas para cada empresa pelo Departamento Nacional de Estradas de Ferro.

Seção VI
Das Equipagens das Embarcações da Marinha Mercante Nacional, de Navegação Fluvial e Lacustre, do Tráfego nos Portos e da Pesca

Art. 248. Entre as horas zero e 24 (vinte e quatro) de cada dia civil, o tripulante poderá ser conservado em seu posto durante 8 (oito) horas, quer de modo contínuo, quer de modo intermitente.

Veja art. 249, *caput*, CLT.

§ 1º A exigência do serviço contínuo ou intermitente ficará a critério do comandante e, neste último caso, nunca por período menor que 1 (uma) hora.

§ 2º Os serviços de quarto nas máquinas, passadiço, vigilância e outros que, consoante parecer médico, possam prejudicar a saúde do tripulante serão executados por períodos não maiores e com intervalos não menores de 4 (quatro) horas.

Art. 249. Todo o tempo de serviço efetivo, excedente de 8 (oito) horas, ocupado na forma do artigo anterior, será considerado de trabalho extraordinário, sujeito à compensação a que se refere o art. 250, exceto se se tratar de trabalho executado:

Veja art. 7º, XVI, CF.

a) em virtude de responsabilidade pessoal do tripulante e no desempenho de funções de direção, sendo consideradas como tais todas aquelas que a bordo se achem constituídas em um único indivíduo com responsabilidade exclusiva e pessoal;

b) na iminência de perigo, para salvaguarda ou defesa da embarcação, dos passageiros, ou da carga, a juízo exclusivo do comandante ou do responsável pela segurança a bordo;

c) por motivo de manobras ou fainas gerais que reclamem a presença, em seus postos, de todo o pessoal de bordo;

d) na navegação lacustre e fluvial, quando se destina ao abastecimento do navio ou embarcação de combustível e rancho, ou por efeito das contingências da natureza da navegação, na transposição de passos ou pontos difíceis, inclusive operações de alívio ou transbordo de carga, para obtenção de calado menor para essa transposição.

§ 1º O trabalho executado aos domingos e feriados será considerado extraordinário, salvo se se destinar:

a) ao serviço de quartos e vigilância, movimentação das máquinas e aparelhos de bordo, limpeza e higiene da embarcação, preparo de alimentação da equipagem e dos passageiros, serviço pessoal destes e, bem assim, aos socorros de urgência ao navio ou ao pessoal;

b) ao fim da navegação ou das manobras para a entrada ou saída de portos, atracação, desatracação, embarque ou desembarque de carga e passageiros.

§ 2º Não excederá de 30 (trinta) horas semanais o serviço extraordinário prestado para o tráfego nos portos.

Art. 250. As horas de trabalho extraordinário serão compensadas, segundo a conveniência do serviço, por descanso em período equivalente no dia seguinte ou no subsequente dentro das do trabalho normal, ou no fim da viagem, ou pelo pagamento do salário correspondente.

Veja art. 249, *caput*, CLT.

Parágrafo único. As horas extraordinárias de trabalho são indivisíveis, computando-se a fração de hora como hora inteira.

Art. 251. Em cada embarcação haverá um livro em que serão anotadas as horas extraordinárias de trabalho de cada tripulante, e outro, do qual constarão, devidamente circunstanciadas, as transgressões dos mesmos tripulantes.

Parágrafo único. Os livros de que trata este artigo obedecerão a modelos organizados pelo Ministério do Trabalho, Indústria e Comércio, serão escriturados em dia pelo comandante da embarcação e ficam sujeitos às formalidades instituídas para os livros de registro de empregados em geral.

Veja nota no início da CLT.

Veja art. 239, CLT.

Art. 252. Qualquer tripulante que se julgue prejudicado por ordem emanada de superior hierárquico poderá interpor recurso, em termos, perante a Delegacia do Trabalho Marítimo, por intermédio do respectivo comandante, o qual deverá encaminhá-lo com a respectiva informação dentro de 5 (cinco) dias, contados de sua chegada ao porto.

Veja Súmula n. 96, TST.

Seção VII
Dos Serviços Frigoríficos

Art. 253. Para os empregados que trabalham no interior das câmaras frigoríficas e para os que movimentam mercadorias do ambiente quente ou normal para o frio e vice-versa, depois de 1 (uma) hora e 40 (quarenta) minutos de trabalho contínuo, será assegurado um período de 20 (vinte) minutos de repouso, computado esse intervalo como de trabalho efetivo.

Veja Súmula n. 438, TST.

Parágrafo único. Considera-se artificialmente frio, para os fins do presente artigo, o que for inferior, nas primeira, segunda e terceira zonas climáticas do mapa oficial do Ministério do Trabalho, Indústria e Comércio, a 15º (quinze graus), na quarta zona a 12º (doze graus), e nas quinta, sexta e sétima zonas a 10º (dez graus).

Veja nota no início da CLT.

Seção VIII
Dos Serviços de Estiva

Arts. 254 a 284. (*Revogados pela Lei n. 8.630, de 25.02.1993.*)

Seção IX
Dos Serviços de Capatazias nos Portos

Arts. 285 a 292. (*Revogados pela Lei n. 8.630, de 25.02.1993.*)

Seção X
Do Trabalho em Minas de Subsolo

Art. 293. A duração normal do trabalho efetivo para os empregados em minas no subsolo não excederá de 6 (seis) horas diárias ou de 36 (trinta e seis) semanais.

Art. 294. O tempo despendido pelo empregado da boca da mina ao local do trabalho e vice-versa será computado para o efeito de pagamento do salário.

Art. 295. A duração normal do trabalho efetivo no subsolo poderá ser elevada até 8 (oito) horas diárias ou 48 (quarenta e oito) semanais, mediante acordo escrito entre empregado e empregador ou contrato coletivo de trabalho, sujeita essa prorrogação à prévia licença da autoridade competente em matéria de higiene do trabalho.

Veja art. 7º, XIII, CF, que dispõe o limite máximo de 44 horas semanais para jornada de trabalho.

Parágrafo único. A duração normal do trabalho efetivo no subsolo poderá ser inferior a 6 (seis) horas diárias, por determinação da autoridade de que trata este artigo, tendo em vista condições locais de insalubridade e os métodos e processos do trabalho adotado.

Art. 296. A remuneração da hora prorrogada será no mínimo de 25% (vinte e cinco por cento) superior à da hora normal e deverá constar do acordo ou contrato coletivo de trabalho.

O art. 7º, XVI, CF, dispõe que a remuneração do serviço extraordinário será superior, no mínimo, em 50% à do normal.

Art. 297. Ao empregado no subsolo será fornecida, pelas empresas exploradoras de minas, alimentação adequada à natureza do trabalho, de acordo com as instruções estabelecidas pela Secretaria da Segurança e Medicina do Trabalho e aprovadas pelo Ministério do Trabalho, Indústria e Comércio.

Veja nota no início da CLT.

Art. 298. Em cada período de 3 (três) horas consecutivas de trabalho, será obrigatória uma pausa de 15 (quinze) minutos para repouso, a qual será computada na duração normal de trabalho efetivo.

Art. 299. Quando nos trabalhos de subsolo ocorrerem acontecimentos que possam comprometer a vida ou saúde do empregado, deverá a empresa comunicar o fato imediatamente à autoridade Regional do Trabalho, do Ministério do Trabalho, Indústria e Comércio.

Veja nota no início da CLT.

Art. 300. Sempre que, por motivo de saúde, for necessária a transferência do empregado, a juízo da autoridade competente em matéria de segurança e medicina do trabalho, dos serviços no subsolo para os de superfície, é a empresa obrigada a realizar essa transferência, assegurando ao transferido a remuneração atribuída ao trabalhador de superfície em serviço equivalente, respeitada a capacidade profissional do interessado.

Caput com redação dada pela Lei n. 2.924, de 21.10.1956.

Parágrafo único. No caso de recusa do empregado em atender a essa transferência, será ouvida a autoridade competente em matéria de segurança e medicina do trabalho, que decidirá a respeito.

Parágrafo com redação dada pela Lei n. 2.924, de 21.10.1956.

Art. 301. O trabalho no subsolo somente será permitido a homens, com idade compreendida entre 21 (vinte e um) e 50 (cinquenta) anos, assegurada a transferência para a superfície nos termos previstos no artigo anterior.

Veja art. 7º, XXX, CF.

Seção XI
Dos Jornalistas Profissionais

Art. 302. Os dispositivos da presente Seção se aplicam aos que nas empresas jornalísticas prestem serviços como jornalistas, revisores, fotógrafos, ou na ilustração, com as exceções nela previstas.

§ 1º Entende-se como jornalista o trabalhador intelectual cuja função se estende desde a busca de informações até a redação de notícias e artigos e a organização, orientação e direção desse trabalho.

§ 2º Consideram-se empresas jornalísticas, para os fins desta Seção, aquelas que têm a seu cargo a edição de jornais, revistas, boletins e periódicos, ou a distribuição de noticiário, e, ainda, a radiodifusão em suas seções destinadas à transmissão de notícias e comentários.

Veja art. 5º, IX e XIV, CF.

Art. 303. A duração normal do trabalho dos empregados compreendidos nesta Seção não deverá exceder de 5 (cinco) horas, tanto de dia como à noite.

Veja art. 306, CLT.

Art. 304. Poderá a duração normal do trabalho ser elevada a 7 (sete) horas, mediante acordo escrito, em que se estipule aumento de ordenado, correspondente ao excesso do tempo de trabalho, em que se fixe um intervalo destinado a repouso ou a refeição.

Veja art. 306, CLT.

Parágrafo único. Para atender a motivos de força maior, poderá o empregado prestar serviços por mais tempo do que aquele permitido nesta Seção. Em tais casos, porém, o excesso deve ser comunicado à Divisão de Fiscalização do Departamento Nacional do Trabalho ou às Delegacias Regionais, do Ministério do Trabalho, Indústria e Comércio, dentro de 5 (cinco) dias, com a indicação expressa dos seus motivos.

Veja nota no início da CLT.

Art. 305. As horas de serviço extraordinário, quer as prestadas em virtude de acordo, quer as que derivam das causas previstas no parágrafo único do artigo anterior, não poderão ser remuneradas com quantia inferior à que resulta do quociente da divisão da importância do salário mensal por 150 (cento e cinquenta) para os mensalistas, e do salário diário por 5 (cinco) para os diaristas, acrescido de, pelo menos, 25% (vinte e cinco por cento).

O art. 7º, XVI, CF, dispõe que a remuneração do serviço extraordinário será superior, no mínimo, em 50% à do normal.

Veja art. 306, CLT.

Art. 306. Os dispositivos dos arts. 303, 304 e 305 não se aplicam àqueles que exercem as funções de redator-chefe, secretário, subsecretário, chefe e subchefe de revisão, chefe de oficina, de ilustração e chefe de portaria.

Parágrafo único. Não se aplicam, do mesmo modo, os artigos acima referidos aos que se ocuparem unicamente em serviços externos.

Art. 307. A cada 6 (seis) dias de trabalho efetivo corresponderá 1 (um) dia de descanso obrigatório, que coincidirá com o domingo, salvo acordo escrito em contrário, no qual será expressamente estipulado o dia em que se deve verificar o descanso.

Veja art. 7º, XV, CF.

Art. 308. Em seguida a cada período diário de trabalho haverá um intervalo mínimo de 10 (dez) horas, destinado ao repouso.

Art. 309. Será computado como de trabalho efetivo o tempo em que o empregado estiver à disposição do empregador.

Veja art. 4º, CLT.

Arts. 310 a 314. (*Revogados pelo DL n. 972, de 17.10.1969.*)

Art. 315. O Governo Federal, de acordo com os governos estaduais, promoverá a criação de escolas de preparação ao jornalismo, destinadas à formação dos profissionais da imprensa.

Art. 316. A empresa jornalística que deixar de pagar pontualmente, e na forma acordada, os salários devidos a seus empregados, terá suspenso o seu funcionamento, até que se efetue o pagamento devido.

Artigo prejudicado pelo DL n. 368, de 19.12.1968.

Parágrafo único. Para os efeitos do cumprimento deste artigo deverão os prejudicados reclamar contra a falta de pagamento perante a autoridade competente e, proferida a condenação, desde que a empresa não a cumpra, ou, em caso de recurso, não deposite o valor da indenização, a autoridade que proferir a condenação oficiará à autoridade competente, para a suspensão da circulação do jornal.

Em igual pena de suspensão incorrerá a empresa que deixar de recolher as contribuições devidas às instituições de previdência social.

Seção XII
Dos Professores

Art. 317. O exercício remunerado do magistério, em estabelecimentos particulares de ensino, exigirá apenas habilitação legal e registro no Ministério da Educação.

Caput com redação dada pela Lei n. 7.855, de 24.10.1989.

§§ 1º a 3º (*Suprimidos pela Lei n. 7.855, de 24.10.1989.*)

Art. 318. O professor poderá lecionar em um mesmo estabelecimento por mais de um turno, desde que não ultrapasse a jornada de trabalho semanal estabelecida legalmente, assegurado e não computado o intervalo para refeição.

Artigo com redação dada pela Lei n. 13.415, de 16.02.2017.

Veja OJ n. 393 da SDI-1.

Art. 319. Aos professores é vedado, aos domingos, a regência de aulas e o trabalho em exames.

Art. 320. A remuneração dos professores será fixada pelo número de aulas semanais, na conformidade dos horários.

§ 1º O pagamento far-se-á mensalmente, considerando-se para este efeito cada mês constituído de quatro semanas e meia.

§ 2º Vencido cada mês, será descontada, na remuneração dos professores, a importância correspondente ao número de aulas a que tiverem faltado.

§ 3º Não serão descontadas, no decurso de 9 (nove) dias, as faltas verificadas por motivo de gala ou de luto em consequência de falecimento do cônjuge, do pai ou mãe, ou de filho.

Art. 321. Sempre que o estabelecimento de ensino tiver necessidade de aumentar o número de aulas marcado nos horários, remunerará o professor, findo cada mês, com uma importância correspondente ao número de aulas excedentes.

Art. 322. No período de exames e no de férias escolares, é assegurado aos professores o pagamento, na mesma periodicidade contratual, da remuneração por eles percebida, na conformidade dos horários, durante o período de aulas.

Caput com redação dada pela Lei n. 9.013, de 30.03.1995.

§ 1º Não se exigirá dos professores, no período de exames, a prestação de mais de 8 (oito) horas de trabalho diário, salvo mediante o pagamento complementar de cada hora excedente pelo preço correspondente ao de uma aula.

§ 2º No período de férias, não se poderá exigir dos professores outro serviço senão o relacionado com a realização de exames.

§ 3º Na hipótese de dispensa sem justa causa, ao término do ano letivo ou no curso das férias escolares, é assegurado ao professor o pagamento a que se refere o *caput* deste artigo.

Parágrafo acrescentado pela Lei n. 9.013, de 30.03.1995.

Veja Súmula n. 10, TST.

Art. 323. Não será permitido o funcionamento do estabelecimento particular de ensino que não remunere condignamente os seus professores, ou não lhes pague pontualmente a remuneração de cada mês.

Parágrafo único. Compete ao Ministério da Educação fixar os critérios para a determinação da condigna remuneração devida aos professores bem como assegurar a execução do preceito estabelecido no presente artigo.

Veja nota no início da CLT.

Art. 324. (*Revogado pela Lei n. 7.855, de 24.10.1989.*)

Seção XIII
Dos Químicos

Art. 325. É livre o exercício da profissão de químico em todo o território da República, observadas as condições de capacidade técnica e outras exigências previstas na presente Seção:

a) aos possuidores de diploma de químico, químico industrial, químico industrial agrícola ou engenheiro químico, concedido, no Brasil, por escola oficial ou oficialmente reconhecida;

Veja arts. 326, *caput*, 334, §§ 1º e 2º, 337, 338 e 340, CLT.

b) aos diplomados em química por instituto estrangeiro de ensino superior, que tenham, de acordo com a lei e a partir de 14 de julho de 1934, revalidado os seus diplomas;

Veja arts. 326, § 2º, *a*, 334, §§ 1º e 2º, 337, 338 e 340, CLT.

c) aos que, ao tempo da publicação do Decreto n. 24.693, de 12 de julho de 1934, se achavam no exercício efetivo de função pública ou particular, para a qual seja exigida a qualidade de químico, e que tenham requerido o respectivo registro até a extinção do prazo fixado pelo Decreto-lei n. 2.298, de 10 de junho de 1940.

§ 1º Aos profissionais incluídos na alínea *c* deste artigo, se dará, para os efeitos da presente Seção, a denominação de "licenciados".

Veja arts. 329, parágrafo único, e 348, CLT.

§ 2º O livre exercício da profissão de que trata o presente artigo só é permitido a estrangeiros, quando compreendidos:

a) nas alíneas *a* e *b*, independentemente de revalidação do diploma, se exerciam, legitimamente, na República, a profissão de químico em a data da promulgação da Constituição de 1934;

b) na alínea *b*, se a seu favor militar a existência de reciprocidade internacional, admitida em lei, para o reconhecimento dos respectivos diplomas;

c) na alínea *c*, satisfeitas as condições nela estabelecidas.

§ 3º O livre exercício da profissão a brasileiros naturalizados está subordinado à prévia prestação do serviço militar, no Brasil.

§ 4º Só aos brasileiros natos é permitida a revalidação dos diplomas de químicos, expedidos por institutos estrangeiros de ensino superior.

Veja art. 12, § 2º, CF.

Art. 326. Todo aquele que exercer ou pretender exercer as funções de químico é obrigado ao uso de Carteira de Trabalho e Previdência Social, devendo os profissionais que se encontrarem nas condições das alíneas *a* e *b* do art. 325, registrar os seus diplomas de acordo com a legislação vigente.

§ 1º A requisição de Carteiras de Trabalho e Previdência Social para uso dos químicos, além do disposto no capítulo "Da Identificação Profissional", somente será processada mediante apresentação dos seguintes documentos que provem:

Parágrafo com redação dada pelo DL n. 926, de 10.10.1969.

a) ser o requerente brasileiro, nato ou naturalizado, ou estrangeiro;

Alínea com redação dada pelo DL n. 926, de 10.10.1969.

b) estar, se for brasileiro, de posse dos direitos civis e políticos;

Alínea com redação dada pelo DL n. 926, de 10.10.1969.

c) ter diploma de químico, químico industrial, químico industrial agrícola ou engenheiro químico, expedido por escola superior oficial ou oficializada;

Alínea com redação dada pelo DL n. 926, de 10.10.1969.

d) ter, se diplomado no estrangeiro, o respectivo diploma revalidado nos termos da lei;

Alínea com redação dada pelo DL n. 926, de 10.10.1969.

e) haver, o que for brasileiro naturalizado, prestado serviço militar no Brasil;

Alínea com redação dada pelo DL n. 926, de 10.10.1969.

f) achar-se o estrangeiro, ao ser promulgada a Constituição de 1934, exercendo legitimamente, na República, a profissão de químico, ou concorrer a seu favor a existência de reciprocidade internacional, admitida em lei, para o reconhecimento dos diplomas dessa especialidade.

Alínea com redação dada pelo DL n. 926, de 10.10.1969.

§ 2º A requisição de que trata o parágrafo anterior deve ser acompanhada:

a) do diploma devidamente autenticado no caso da alínea *b* do artigo precedente, e com as firmas reconhecidas no país de origem e na Secretaria de Estado das Relações Exteriores, ou da respectiva certidão, bem como do título de revalidação, ou certidão respectiva, de acordo com a legislação em vigor;

b) do certificado ou atestado comprobatório de se achar o requerente na hipótese da alínea *c* do referido artigo, ao tempo da publicação do Decreto

n. 24.693, de 12 de julho de 1934, no exercício efetivo de função pública, ou particular, para a qual seja exigida a qualidade de químico, devendo esses documentos ser autenticados pelo Delegado Regional do Trabalho, quando se referirem a requerentes moradores nas capitais dos Estados, ou coletor federal, no caso de residirem os interessados nos municípios do interior;

c) de 3 (três) exemplares de fotografia exigida pelo art. 329 e de 1 (uma) folha com as declarações que devem ser lançadas na Carteira de Trabalho e Previdência Social de conformidade com o disposto nas alíneas do mesmo artigo e seu parágrafo único.

§ 3º Reconhecida a validade dos documentos apresentados, o Serviço de Identificação Profissional do Departamento Nacional do Trabalho, no Distrito Federal, ou os órgãos regionais do Ministério do Trabalho, Indústria e Comércio, nos Estados e no Território do Acre, registrarão, em livros próprios, os documentos a que se refere a alínea c do § 1º e, juntamente com a Carteira de Trabalho e Previdência Social emitida, os devolverão ao interessado.

Parágrafo prejudicado pela Lei n. 2.800, de 18.06.1956 (cria os Conselhos Federal e Regionais de Química).

Art. 327. Além dos emolumentos fixados no Capítulo "Da Identificação Profissional", o registro do diploma fica sujeito à taxa de Cr$ 30,00 (trinta cruzeiros).

Art. 328. Só poderão ser admitidos a registro os diplomas, certificados de diplomas, cartas e outros títulos, bem como atestados e certificados que estiverem na devida forma e cujas firmas hajam sido regularmente reconhecidas por tabelião público e, sendo estrangeiros, pela Secretaria do Estado das Relações Exteriores, acompanhados estes últimos da respectiva tradução, feita por intérprete comercial brasileiro.

Parágrafo único. O Departamento Nacional do Trabalho e as Delegacias Regionais do Ministério do Trabalho e Previdência Social, nos Estados, publicarão, periodicamente, a lista dos químicos registrados na forma desta Seção.

Veja nota ao art. 326, § 3º, CLT.

Art. 329. A cada inscrito, e como documento comprobatório do registro, será fornecida pelas Delegacias Regionais do Trabalho, no Distrito Federal, ou pelas Delegacias Regionais, nos Estados e no Território do Acre, uma Carteira de Trabalho e Previdência Social numerada, que, além da fotografia, medindo 3 (três) por 4 (quatro) centímetros, tirada de frente, com a cabeça descoberta, e das impressões do polegar, conterá as declarações seguintes:

Veja art. 326, § 2º, *c*, CLT.

Veja Lei n. 4.070, de 15.06.1962, que elevou o Território do Acre à categoria de Estado.

a) o nome por extenso;

b) a nacionalidade e, se estrangeiro, a circunstância de ser ou não naturalizado;

c) a data e lugar do nascimento;

d) a denominação da escola em que houver feito o curso;

e) a data da expedição do diploma e o número do registro no Ministério do Trabalho, Indústria e Comércio;

f) a data da revalidação do diploma, se de instituto estrangeiro;

g) a especificação, inclusive data, de outro título ou títulos de habilitação;

h) a assinatura do inscrito.

Parágrafo único. A carteira destinada aos profissionais a que se refere o § 1º do art. 325 deverá, em vez das declarações indicadas nas alíneas *d*, *e* e *f* deste artigo, e além do título – licenciado – posto em destaque, conter a menção do título de nomeação ou admissão e respectiva data, se funcionário público, ou do atestado relativo ao exercício, na qualidade de químico, de um cargo em empresa particular, com designação desta e da data inicial do exercício.

Art. 330. A Carteira de Trabalho e Previdência Social, expedida nos termos desta Seção, é obrigatória para o exercício da profissão, substitui em todos os casos o diploma ou título e servirá de carteira de identidade.

Artigo com redação dada pelo DL n. 5.922, de 25.10.1943.

Veja art. 333, CLT.

Art. 331. Nenhuma autoridade poderá receber impostos relativos ao exercício profissional de químico, senão à vista da prova de que o interessado se acha registrado de acordo com a presente Seção, e essa prova será também exigida para a realização de concursos periciais e todos os outros atos oficiais que exijam capacidade técnica de químico.

Art. 332. Quem, mediante anúncio, placas, cartões comerciais ou outros meios capazes de ser identificados, se propuser ao exercício da química, em qualquer dos seus ramos, sem que esteja devidamente registrado, fica sujeito às penalidades aplicáveis ao exercício ilegal da profissão.

Art. 333. Os profissionais a que se referem os dispositivos anteriores só poderão exercer legalmente as funções de químicos depois de satisfazerem as obrigações constantes do art. 330 desta Seção.

Artigo com redação dada pelo DL n. 5.922, de 25.10.1943.

Art. 334. O exercício da profissão de químico compreende:

Veja art. 336, CLT.

a) a fabricação de produtos e subprodutos químicos em seus diversos graus de pureza;

b) a análise química, a elaboração de pareceres, atestados e projetos de especialidade e sua execução, perícia civil ou judiciária sobre essa matéria, a direção e a responsabilidade de laboratórios ou departamentos químicos, de indústria e empresas comerciais;

c) o magistério nas cadeiras de química dos cursos superiores especializados em química;

d) a engenharia química.

§ 1º Aos químicos, químicos industriais e químicos industriais agrícolas que estejam nas condições estabelecidas no art. 325, alíneas *a* e *b*, compete o exercício das atividades definidas nos itens *a*, *b* e *c* deste artigo, sendo privativa dos engenheiros químicos a do item *d*.

§ 2º Aos que estiverem nas condições do art. 325, alíneas *a* e *b*, compete, como aos diplomados em medicina ou farmácia, as atividades definidas no art. 2º, alíneas *d*, *e* e *f* do Decreto n. 20.377, de 08 de setembro de 1931, cabendo aos agrônomos e engenheiros agrônomos as que se acham especificadas no art. 6º, alínea *h*, do Decreto n. 23.196, de 12 de outubro de 1933.

Art. 335. É obrigatória a admissão de químicos nos seguintes tipos de indústria:

a) de fabricação de produtos químicos;

b) que mantenham laboratório de controle químico;

c) de fabricação de produtos industriais que são obtidos por meio de reações químicas dirigidas, tais como: cimento, açúcar e álcool, vidro, curtume, massas plásticas artificiais, explosivos, derivados de carvão ou de petróleo, refinação de óleos vegetais ou minerais, sabão, celulose e derivados.

Art. 336. No preenchimento de cargos públicos, para os quais se faz mister a qualidade de químico, ressalvadas as especializações referidas no § 2º do art. 334, a partir da data da publicação do Decreto n. 24.693, de 12 de julho de 1934, requer-se, como condição essencial, que os candidatos previamente hajam satisfeito as exigências do art. 333 desta Seção.

Art. 337. Fazem fé pública os certificados de análises químicas, pareceres, atestados, laudos de perícias e projetos relativos a essa especialidade, assinados por profissionais que satisfaçam as condições estabelecidas nas alíneas *a* e *b* do art. 325.

Art. 338. É facultado aos químicos que satisfizerem as condições constantes do art. 325, alíneas *a* e *b*, o ensino da especialidade a que se dedicarem, nas escolas superiores, oficiais ou oficializadas.

Parágrafo único. Na hipótese de concurso para o provimento de cargo ou emprego público, os químicos a que este artigo se refere terão preferência, em igualdade de condições.

Art. 339. O nome do químico responsável pela fabricação dos produtos de uma fábrica, usina ou laboratório deverá figurar nos respectivos rótulos, faturas e anúncios, compreendida entre estes últimos a legenda impressa em cartas e sobrecartas.

Art. 340. Somente os químicos habilitados, nos termos do art. 325, alíneas *a* e *b*, poderão ser nomeados *ex officio* para os exames periciais de fábricas, laboratórios e usinas e de produtos aí fabricados.

Parágrafo único. Não se acham compreendidos no artigo anterior os produtos farmacêuticos e os laboratórios de produtos farmacêuticos.

Art. 341. Cabe aos químicos habilitados, conforme estabelece o art. 325, alíneas *a* e *b*, a execução de todos os serviços que, não especificados no presente regulamento, exijam por sua natureza o conhecimento de química.

Art. 342. A fiscalização do exercício da profissão de químico incumbe às Delegacias Regionais do Trabalho, no Distrito Federal e às autoridades regionais do Ministério do Trabalho, Indústria e Comércio, nos Estados e Território do Acre.

Artigo prejudicado pela Lei n. 2.800, de 18.06.1956 (cria os Conselhos Federal e Regionais de Química).

O art. 35, IV, DL n. 229, de 28.02.1967, determinou a substituição da expressão "Departamento Nacional do Trabalho" por "Delegacia Regional do Trabalho".

Veja Lei n. 4.070, de 15.06.1962.

Veja nota no início da CLT.

Art. 343. São atribuições dos órgãos de fiscalização:

a) examinar os documentos exigidos para o registro profissional de que trata o art. 326 e seus §§ 1º e 2º e o art. 327, proceder à respectiva inscrição e indeferir o pedido dos interessados que não satisfizerem as exigências desta Seção;

b) registrar as comunicações e contratos, a que aludem o art. 350 e seus parágrafos, e dar as respectivas baixas;

c) verificar o exato cumprimento das disposições desta Seção, realizando as investigações que forem necessárias, bem como o exame dos arquivos, livros de escrituração, folhas de pagamento, contratos e outros documentos de uso de firmas ou empresas industriais ou comerciais, em cujos serviços tome parte 1 (um) ou mais profissionais que desempenhem função para a qual se deva exigir a qualidade de químico.

Art. 344. Aos sindicatos de químicos devidamente reconhecidos é facultado auxiliar a fiscalização, no tocante à observação da alínea *c* do artigo anterior.

Art. 345. Verificando-se, pelo Ministério do Trabalho, Indústria e Comércio, serem falsos os diplomas ou outros títulos dessa natureza, atestados, certificados e quaisquer documentos exibidos para os fins de que trata esta Seção, incorrerão os seus autores e cúmplices nas penalidades estabelecidas em lei.

O art. 15, Lei n. 2.800, de 18.06.1956, dispõe que todas as atribuições estabelecidas na CLT referentes ao registro, à fiscalização e à imposição de penalidades, quanto ao exercício da profissão de químico, passam a ser de competência dos Conselhos Regionais de Química.

Veja nota no início da CLT.

Parágrafo único. A falsificação de diploma ou outros quaisquer títulos, uma vez verificada, implicará a instauração, pelo respectivo Conselho Regional de Química, do processo que no caso couber.

Art. 346. Será suspenso do exercício de suas funções, independentemente de outras penas em que possa incorrer, o químico, inclusive o licenciado, que incidir em alguma das seguintes faltas:

Veja art. 348, CLT.

a) revelar improbidade profissional, dar falso testemunho, quebrar o sigilo profissional e promover falsificações, referentes à prática de atos de que trata esta Seção;

b) concorrer com seus conhecimentos científicos para a prática de crime ou atentado contra a pátria, a ordem social ou a saúde pública;

c) deixar, no prazo marcado nesta Seção, de requerer a revalidação e registro do diploma estrangeiro, ou o seu registro profissional no respectivo Conselho Regional de Química.

Parágrafo único. O tempo de suspensão a que alude este artigo variará entre 1 (um) mês e 1 (um) ano, a critério do Conselho Regional de Química, após processo regular, ressalvada a ação da justiça pública.

Veja nota ao art. 345, *caput*, CLT.

Art. 347. Aqueles que exercerem a profissão de químico sem ter preenchido as condições do art. 325 e suas alíneas, nem promovido o seu registro, nos termos do art. 326, incorrerão na multa de 200 cruzeiros a 5.000 cruzeiros, que será elevada ao dobro, no caso de reincidência.

Artigo com redação ajustada nos termos da Lei n. 6.205, de 29.04.1975.

Art. 348. Aos licenciados a que alude o § 1º do art. 325 poderão, por ato do Conselho Regional de Química, sujeito à aprovação do Conselho Federal de Química, ser cassadas as garantias asseguradas por esta Seção, desde que interrompam, por motivo de falta prevista no art. 346, a função pública ou particular em que se encontravam por ocasião da publicação do Decreto n. 24.693, de 12 de julho de 1934.

Veja nota ao art. 345, *caput*, CLT.

Art. 349. O número de químicos estrangeiros a serviço de particulares, empresas ou companhias não poderá exceder de 1/3 (um terço) aos dos profissionais brasileiros compreendidos nos respectivos quadros.

Art. 350. O químico que assumir a direção técnica ou cargo de químico de qualquer usina, fábrica, ou laboratório industrial ou de análise deverá, dentro de 24 (vinte e quatro) horas e por escrito, comunicar essa ocorrência ao órgão fiscalizador, contraindo, desde essa data, a responsabilidade da parte técnica referente à sua profissão, assim como a responsabilidade técnica dos produtos manufaturados.

Veja arts. 343, *b*, CLT.

§ 1º Firmando-se contrato entre o químico e o proprietário da usina, fábrica ou laboratório, será esse documento apresentado, dentro do prazo de 30 (trinta) dias, para registro, ao órgão fiscalizador.

§ 2º Comunicação idêntica à de que trata a primeira parte deste artigo fará o químico quando deixar a direção técnica ou o cargo de químico, em cujo exercício se encontrava, a fim de ressalvar a sua responsabilidade e fazer-se o cancelamento do contrato. Em caso de falência do estabelecimento, a comunicação será feita pela firma proprietária.

Veja art. 5º, XIII, CF.

Seção XIV
Das Penalidades

Art. 351. Os infratores dos dispositivos do presente Capítulo incorrerão na multa de cinquenta a cinco mil cruzeiros, segundo a natureza da infração, sua extensão e a intenção de quem a praticou, aplicada em dobro no caso de reincidência, oposição à fiscalização ou desacato à autoridade.

Parágrafo único. São competentes para impor penalidades as autoridades de primeira instância incumbidas da fiscalização dos preceitos constantes do presente Capítulo.

CAPÍTULO II
DA NACIONALIZAÇÃO DO TRABALHO

Seção I
Da Proporcionalidade de Empregados Brasileiros

Veja arts. 5º, *caput*, e 12, § 2º, CF.

Art. 352. As empresas, individuais ou coletivas, que explorem serviços públicos dados em concessão, ou que exerçam atividades industriais ou comerciais, são obrigadas a manter, no quadro do seu pessoal, quando composto de 3 (três) ou mais empregados, uma proporção de brasileiros não inferior à estabelecida no presente Capítulo.

§ 1º Sob a denominação geral de atividades industriais e comerciais compreendem-se, além de outras que venham a ser determinadas em portaria do Ministro do Trabalho, Indústria e Comércio, as exercidas:

Veja nota no início da CLT.

Veja art. 360, *caput*, CLT.

a) nos estabelecimentos industriais em geral;

b) nos serviços de comunicações, de transportes terrestres, marítimos, fluviais, lacustres e aéreos;

c) nas garagens, oficinas de reparos e postos de abastecimento de automóveis e nas cocheiras;

d) na indústria da pesca;

e) nos estabelecimentos comerciais em geral;

f) nos escritórios comerciais em geral;

g) nos estabelecimentos bancários, ou de economia coletiva, nas empresas de seguros e nas de capitalização;

h) nos estabelecimentos jornalísticos, de publicidade e de radiodifusão;

i) nos estabelecimentos de ensino remunerado, excluídos os que neles trabalhem por força de voto religioso;

j) nas drogarias e farmácias;

k) nos salões de barbeiro ou cabeleireiro e de beleza;

l) nos estabelecimentos de diversões públicas, excluídos os elencos teatrais, e nos clubes esportivos;

m) nos hotéis, restaurantes, bares e estabelecimentos congêneres;

n) nos estabelecimentos hospitalares e fisioterápicos cujos serviços sejam remunerados, excluídos os que neles trabalhem por força de voto religioso;

o) nas empresas de mineração;

p) nas autarquias, empresas públicas, sociedades de economia mista e demais órgãos da Administração Pública, direta ou indireta, por empregados sujeitos ao regime da CLT.

Alínea acrescentada pela Portaria n. 3.151, de 19.03.1969.

§ 2º Não se acham sujeitas às obrigações da proporcionalidade as indústrias rurais, as que, em zona agrícola, se destinem ao beneficiamento ou transformação de produtos da região e as atividades industriais de natureza extrativa, salvo a mineração.

Art. 353. Equiparam-se aos brasileiros, para os fins deste Capítulo, ressalvado o exercício de profissões reservadas aos brasileiros natos ou aos brasileiros em geral, os estrangeiros que, residindo no País há mais de 10 (dez) anos, tenham cônjuge ou filho brasileiro, e os portugueses.

Artigo com redação dada pela Lei n. 6.651, de 23.05.1979.

A Lei n. 6.192, de 19.12.1974, modifica a condição de "brasileiro nato" para "brasileiro" em leis e decretos.

Veja Lei n. 13.445, de 24.05.2017.

Art. 354. A proporcionalidade será de 2/3 (dois terços) de empregados brasileiros, podendo, entretanto, ser fixada proporcionalidade inferior, em atenção às circunstâncias especiais de cada atividade, mediante ato do Poder Executivo, e depois de devidamente apurada pelo Departamento Nacional do Trabalho e pelo Serviço de Estatística de Previdência e Trabalho a insuficiência do número de brasileiros na atividade de que se tratar.

Veja nota no início da CLT.

O Decreto n. 69.014, de 04.08.1971, extinguiu o Serviço de Estatística da Previdência e Trabalho. Veja Decreto n. 11.344, de 01.01.2023.

Veja art. 367, *caput*, CLT.

Parágrafo único. A proporcionalidade é obrigatória não só em relação à totalidade do quadro de empregados, com as exceções desta Lei, como ainda em relação à correspondente folha de salários.

Art. 355. Consideram-se como estabelecimentos autônomos, para os efeitos da proporcionalidade a ser observada, as sucursais, filiais e agências em que trabalhem 3 (três) ou mais empregados.

Art. 356. Sempre que uma empresa ou indivíduo explore atividades sujeitas a proporcionalidades diferentes, observar-se-á, em relação a cada uma delas, a que lhe corresponder.

Art. 357. Não se compreendem na proporcionalidade os empregados que exerçam funções técnicas especializadas, desde que, a juízo do Ministério do Trabalho, Indústria e Comércio, haja falta de trabalhadores nacionais.

Veja nota no início da CLT.

Art. 358. Nenhuma empresa, ainda que não sujeita à proporcionalidade, poderá pagar a brasileiro que exerça função análoga, a juízo do Ministério do Trabalho, Indústria e Comércio, à que é exercida por estrangeiro a seu serviço, salário inferior ao deste, excetuando-se os casos seguintes:

Veja nota no início da CLT.

a) quando, nos estabelecimentos que não tenham quadros de empregados organizados em carreira, o brasileiro contar menos de 2 (dois) anos de serviço, e o estrangeiro mais de 2 (dois) anos;

b) quando, mediante aprovação do Ministério do Trabalho, Indústria e Comércio, houver quadro organizado em carreira em que seja garantido o acesso por antiguidade;

c) quando o brasileiro for aprendiz, ajudante ou servente, e não o for o estrangeiro;

d) quando a remuneração resultar de maior produção, para os que trabalham à comissão ou por tarefa.

Parágrafo único. Nos casos de falta ou cessação de serviço, a dispensa do empregado estrangeiro deve preceder à de brasileiro que exerça função análoga.

Seção II
Das Relações Anuais de Empregados

Veja art. 370, CLT.

Art. 359. Nenhuma empresa poderá admitir a seu serviço empregado estrangeiro sem que este exiba a carteira de identidade de estrangeiro devidamente anotada.

Veja art. 366, CLT.

Parágrafo único. A empresa é obrigada a assentar no registro de empregados os dados referentes à nacionalidade de qualquer empregado estrangeiro e o número da respectiva carteira de identidade.

Art. 360. Toda empresa compreendida na enumeração do art. 352, § 1º, deste Capítulo, qualquer que seja o número de seus empregados, deve apresentar anualmente às repartições competentes do Ministério do Trabalho, de 02 de maio a 30 de junho, uma relação, em 3 (três) vias, de todos os seus empregados, segundo o modelo que for expedido.

Caput com redação ajustada nos termos do DL n. 6.353, de 20.03.1944.

Veja nota no início da CLT.

§ 1º As relações terão, na primeira via, o selo de três cruzeiros pela folha inicial e dois cruzeiros por folha excedente, além do selo do Fundo de Educação, e nelas será assinalada, em tinta vermelha, a modificação havida com referência à última relação apresentada. Se se tratar de nova empresa, a relação, encimada pelos dizeres – Primeira Relação – deverá ser feita dentro de 30 (trinta) dias de seu registro no Departamento Nacional da Indústria e Comércio ou repartições competentes.

A Lei n. 3.519, de 30.12.1958, aboliu o selo.

§ 2º A entrega das relações far-se-á diretamente às repartições competentes do Ministério do Trabalho, Indústria e Comércio, ou, onde não as houver, às Coletorias Federais, que as remeterão desde logo àquelas repartições. A entrega operar-se-á contra recibo especial, cuja exibição é obrigatória, em caso de fiscalização, enquanto não for devolvida ao empregador a via autenticada da declaração.

Veja nota no início da CLT.

O Decreto n. 63.659, de 20.11.1968, extinguiu as Coletorias Federais. A competência passou para a Secretaria Federal do Brasil, veja Lei n. 11.457, de 16.03.2007.

§ 3º Quando não houver empregado far-se-á declaração negativa.

Art. 361. Apurando-se, das relações apresentadas, qualquer infração, será concedido ao infrator o prazo de 10 (dez) dias para defesa, seguindo-se o despacho pela autoridade competente.

Art. 362. As repartições às quais competir a fiscalização do disposto no presente Capítulo manterão fichário especial de empresas, do qual constem as anotações referentes ao respectivo cumprimento, e fornecerão aos interessados as certidões de quitação que se tornarem necessárias, no prazo de trinta dias, contados da data do pedido.

Caput com redação dada pelo DL n. 229, de 28.02.1967.

Veja Lei n. 8.522, de 11.12.1992.

§ 1º As certidões de quitação farão prova até 30 de setembro do ano seguinte àquele a que se referiram e estarão sujeitas à taxa correspondente a 1/10 (um décimo) do salário mínimo regional. Sem elas nenhum fornecimento ou contrato poderá ser feito com o Governo da União, dos Estados ou Municípios, ou com as instituições paraestatais a eles subordinadas, nem será renovada autorização à empresa estrangeira para funcionar no País.

Parágrafo com redação dada pelo DL n. 229, de 28.02.1967.

Veja Lei n. 8.522, de 11.12.1992.

Veja art. 4º, I, Lei n. 13.999, de 18.05.2020.

Veja Lei n. 14.179, de 30.06.2021.

§ 2º A primeira via da relação, depois de considerada pela repartição fiscalizadora, será remetida, anualmente, ao Departamento Nacional de Mão de Obra (DNMO), como subsídio ao estudo das condições de mercado de trabalho, de um modo geral, e, em particular, no que se refere à mão de obra qualificada.

Parágrafo com redação dada pelo DL n. 229, de 28.02.1967.

§ 3º A segunda via da relação será remetida pela repartição competente ao Serviço de Estatística da Previdência e Trabalho e a terceira via devolvida à empresa, devidamente autenticada.

Parágrafo com redação dada pelo DL n. 229, de 28.02.1967.

§ 4º O disposto no § 1º deste artigo não se aplica às contratações de operações de crédito realizadas com instituições financeiras criadas por lei própria ou autorizadas a funcionar pelo Banco Central do Brasil.

Parágrafo acrescentado pela Lei n. 14.690, de 03.10.2023.

Seção III
Das Penalidades

Art. 363. O processo das infrações do presente Capítulo obedecerá ao disposto no título "Do Processo de Multas Administrativas", no que lhe for aplicável, com observância dos modelos de auto a serem expedidos.

Art. 364. As infrações do presente capítulo serão punidas com a multa de cem a dez mil cruzeiros.

Parágrafo único. Em se tratando de empresa concessionária de serviço público, ou de sociedade estrangeira autorizada a funcionar no País, se a infratora, depois de multada, não atender afinal ao cumprimento do texto infringido poderá ser-lhe cassada a concessão ou autorização.

Seção IV
Disposições Gerais

Art. 365. O presente Capítulo não derroga as restrições vigentes quanto às exigências de nacionalidade brasileira para o exercício de determinadas profissões nem as que vigoram para as faixas de fronteiras, na conformidade da respectiva legislação.

Art. 366. Enquanto não for expedida a carteira a que se refere o art. 359 deste Capítulo, valerá, a título precário, como documento hábil, uma certidão, passada pelo serviço competente do Registro de Estrangeiros, provando que o empregado requereu sua permanência no País.

Art. 367. A redução a que se refere o art. 354, enquanto o Serviço de Estatística da Previdência e Trabalho não dispuser dos dados estatísticos necessários à fixação da proporcionalidade conveniente para cada atividade, poderá ser feita por ato do Ministro do Trabalho, Indústria e Comércio mediante representação fundamentada da associação sindical.

Veja nota no início da CLT.

Parágrafo único. O Serviço de Estatística da Previdência e Trabalho deverá promover, e manter em dia, estudos necessários aos fins do presente Capítulo.

Seção V
Das Disposições Especiais sobre a Nacionalização da Marinha Mercante

Art. 368. O comando de navio mercante nacional só poderá ser exercido por brasileiro nato.

Veja art. 12, § 2º, CF.

Veja arts. 1º (veda qualquer distinção entre brasileiros natos e naturalizados) e 2º (modifica a condição de "brasileiro nato" para "brasileiro" em leis e decretos), Lei n. 6.192, de 19.12.1974.

Art. 369. A tripulação de navio ou embarcação nacional será constituída, pelo menos, de 2/3 (dois terços) de brasileiros natos.

Caput com redação dada pela Lei n. 5.683, de 21.07.1971.

O presente artigo e seu respectivo parágrafo não foram recepcionados pela Constituição da República por incompatibilidade com o art. 12, § 2º, da CF.

Sobre brasileiros natos, veja segunda nota do artigo anterior.

Parágrafo único. O disposto neste artigo não se aplica aos navios nacionais de pesca, sujeitos a legislação específica.

Parágrafo acrescentado pela Lei n. 5.683, de 21.07.1971.

Art. 370. As empresas de navegação organizarão as relações dos tripulantes das respectivas embarcações, enviando-as no prazo a que se refere a Seção II deste Capítulo à Delegacia do Trabalho Marítimo onde as mesmas tiverem sede.

Parágrafo único. As relações a que alude o presente artigo obedecerão, na discriminação hierárquica e funcional do pessoal embarcadiço, ao quadro aprovado pelo regulamento das Capitanias dos Portos.

Art. 371. A presente Seção é também aplicável aos serviços de navegação fluvial e lacustre e à praticagem nas barras, portos, rios, lagos e canais.

CAPÍTULO III
DA PROTEÇÃO DO TRABALHO DA MULHER

Seção I
Da Duração, Condições do Trabalho e da Discriminação contra a Mulher

Seção com denominação dada pela Lei n. 9.799, de 26.05.1999.

Art. 372. Os preceitos que regulam o trabalho masculino são aplicáveis ao trabalho feminino, naquilo em que não colidirem com a proteção especial instituída por este Capítulo.

Veja art. 5º, I, CF.

Parágrafo único. (*Revogado pela Lei n. 13.467, de 13.07.2017.*)

Art. 373. A duração normal de trabalho da mulher será de 8 (oito) horas diárias, exceto nos casos para os quais for fixada duração inferior.

Veja art. 7º, XIII, CF.

Veja art. 30, Lei n. 14.457, de 21.09.2023.

Art. 373-A. Ressalvadas as disposições legais destinadas a corrigir as distorções que afetam o acesso da mulher ao mercado de trabalho e certas especificidades estabelecidas nos acordos trabalhistas, é vedado:

Caput acrescentado pela Lei n. 9.799, de 26.05.1999.

Veja art. 611-B, XXX, CLT.

I – publicar ou fazer publicar anúncio de emprego no qual haja referência ao sexo, à idade, à cor ou situação familiar, salvo quando a natureza da atividade a ser exercida, pública e notoriamente, assim o exigir;

Inciso acrescentado pela Lei n. 9.799, de 26.05.1999.

II – recusar emprego, promoção ou motivar a dispensa do trabalho em razão de sexo, idade, cor, situação familiar ou estado de gravidez, salvo quando a natureza da atividade seja notória e publicamente incompatível;

Inciso acrescentado pela Lei n. 9.799, de 26.05.1999.

III – considerar o sexo, a idade, a cor ou situação familiar como variável determinante para fins de remuneração, formação profissional e oportunidades de ascensão profissional;

Inciso acrescentado pela Lei n. 9.799, de 26.05.1999.

IV – exigir atestado ou exame, de qualquer natureza, para comprovação de esterilidade ou gravidez, na admissão ou permanência no emprego;

Inciso acrescentado pela Lei n. 9.799, de 26.05.1999.

V – impedir o acesso ou adotar critérios subjetivos para deferimento de inscrição ou aprovação em concursos, em empresas privadas, em razão de sexo, idade, cor, situação familiar ou estado de gravidez;

Inciso acrescentado pela Lei n. 9.799, de 26.05.1999.

VI – proceder o empregador ou preposto a revistas íntimas nas empregadas ou funcionárias.

Inciso acrescentado pela Lei n. 9.799, de 26.05.1999.

Parágrafo único. O disposto neste artigo não obsta a adoção de medidas temporárias que visem ao estabelecimento das políticas de igualdade entre homens e mulheres, em particular as que se destinam a corrigir as distorções que afetam a formação profissional, o acesso ao emprego e as condições gerais de trabalho da mulher.

Parágrafo acrescentado pela Lei n. 9.799, de 26.05.1999.

Arts. 374 e 375. (*Revogados pela Lei n. 7.855, de 24.10.1989.*)

Art. 376. (*Revogado pela Lei n. 10.244, de 27.06.2001.*)

Art. 377. A adoção de medidas de proteção ao trabalho das mulheres é considerada de ordem pública, não justificando, em hipótese alguma, a redução de salário.

Veja art. 7º, VI, CF.

Art. 378. (*Revogado pela Lei n. 7.855, de 24.10.1989.*)

Seção II
Do Trabalho Noturno

Veja art. 7º, IX, CF.

Art. 379. (*Revogado pela Lei n. 7.855, de 24.10.1989.*)

Art. 380. (*Revogado pela Lei n. 7.855, de 24.10.1989.*)

Art. 381. O trabalho noturno das mulheres terá salário superior ao diurno.

Veja Súmula n. 265, TST.

§ 1º Para os fins desse artigo, os salários serão acrescidos duma percentagem adicional de 20% (vinte por cento) no mínimo.

§ 2º Cada hora do período noturno de trabalho das mulheres terá 52 (cinquenta e dois) minutos e 30 (trinta) segundos.

Seção III
Dos Períodos de Descanso

Art. 382. Entre 2 (duas) jornadas de trabalho, haverá um intervalo de 11 (onze) horas consecutivas, no mínimo, destinado ao repouso.

Art. 383. Durante a jornada de trabalho, será concedido à empregada um período para refeição e repouso não inferior a 1 (uma) hora nem superior a 2 (duas) horas salvo a hipótese prevista no art. 71, § 3º.

Art. 384. (*Revogado pela Lei n. 13.467, de 13.07.2017.*)

Art. 385. O descanso semanal será de 24 (vinte e quatro) horas consecutivas e coincidirá no todo ou em parte com o domingo, salvo motivo de conveniência pública ou necessidade imperiosa de serviço, a juízo da autoridade competente, na forma das disposições gerais, caso em que recairá em outro dia.

Parágrafo único. Observar-se-ão, igualmente, os preceitos da legislação geral sobre a proibição de trabalho nos feriados civis e religiosos.

Art. 386. Havendo trabalho aos domingos, será organizada uma escala de revezamento quinzenal, que favoreça o repouso dominical.

Seção IV
Dos Métodos e Locais de Trabalho

Art. 387. (*Revogado pela Lei n. 7.855, de 24.10.1989.*)

Art. 388. Em virtude de exame e parecer da autoridade competente, o Ministro do Trabalho, Indústria e Comércio poderá estabelecer derrogações totais ou parciais às proibições a que alude o artigo anterior, quando tiver desaparecido, nos serviços considerados perigosos ou insalubres, todo e qualquer caráter perigoso ou prejudicial mediante a aplicação de novos métodos de trabalho ou pelo emprego de medidas de ordem preventiva.

Artigo prejudicado pela revogação do artigo anterior.

Veja nota no início da CLT.

Art. 389. Toda empresa é obrigada:

Caput com redação dada pelo DL n. 229, de 28.02.1967.

I – a prover os estabelecimentos de medidas concernentes à higienização dos métodos e locais de trabalho, tais como ventilação e iluminação e outros que se fizerem necessários à segurança e ao conforto das mulheres, a critério da autoridade competente;

Inciso com redação dada pelo DL n. 229, de 28.02.1967.

II – a instalar bebedouros, lavatórios, aparelhos sanitários; dispor de cadeiras ou bancos, em número suficiente, que permitam às mulheres trabalhar sem grande esgotamento físico;

Inciso com redação dada pelo DL n. 229, de 28.02.1967.

III – a instalar vestiários com armários individuais privativos das mulheres, exceto os estabelecimentos comerciais, escritórios, bancos e atividades afins, em que não seja exigida a troca de roupa e outros, a critério da autoridade competente em matéria de segurança e higiene do trabalho, admitindo-se como suficientes as gavetas ou escaninhos, onde possam as empregadas guardar seus pertences;

Inciso com redação dada pelo DL n. 229, de 28.02.1967.

IV – a fornecer, gratuitamente, a juízo da autoridade competente, os recursos de proteção individual, tais como óculos, máscaras, luvas e roupas especiais, para a defesa dos olhos, do aparelho respiratório e da pele, de acordo com a natureza do trabalho.

Inciso com redação dada pelo DL n. 229, de 28.02.1967.

§ 1º Os estabelecimentos em que trabalharem pelo menos 30 (trinta) mulheres com mais de 16 (dezesseis) anos de idade terão local apropriado onde seja permitido às empregadas guardar sob vigilância e assistência os seus filhos no período da amamentação.

Parágrafo com redação dada pelo DL n. 229, de 28.02.1967.

Veja art. 7º, XXV, CF.

Veja Súmula n. 310, STJ.

§ 2º A exigência do § 1º poderá ser suprida por meio de creches distritais mantidas, diretamente ou mediante convênios, com outras entidades públicas ou privadas, pelas próprias empresas, em regime comunitário, ou a cargo do SESI, do SESC, da LBA ou de entidades sindicais.

Parágrafo com redação dada pelo DL n. 229, de 28.02.1967.

Art. 390. Ao empregador é vedado empregar a mulher em serviço que demande o emprego de força muscular superior a 20 (vinte) quilos para o trabalho contínuo, ou 25 (vinte e cinco) quilos para o trabalho ocasional.

Veja arts. 405, § 5º, e 611-B, XXX, CLT.

Parágrafo único. Não está compreendida na determinação deste artigo a remoção de material feita por impulsão ou tração de vagonetes sobre trilhos, de carros de mão ou quaisquer aparelhos mecânicos.

Art. 390-A. (*Vetado.*)

Artigo acrescentado pela Lei n. 9.799, de 26.05.1999.

Art. 390-B. As vagas dos cursos de formação de mão de obra, ministrados por instituições governamentais, pelos próprios empregadores ou por qualquer órgão de ensino profissionalizante, serão oferecidas aos empregados de ambos os sexos.

Artigo acrescentado pela Lei n. 9.799, de 26.05.1999.

Art. 390-C. As empresas com mais de 100 (cem) empregados, de ambos os sexos, deverão manter programas especiais de incentivos e aperfeiçoamento profissional da mão de obra.

Artigo acrescentado pela Lei n. 9.799, de 26.05.1999.

Art. 390-D. (*Vetado.*)

Artigo acrescentado pela Lei n. 9.799, de 26.05.1999.

Art. 390-E. A pessoa jurídica poderá associar-se a entidade de formação profissional, sociedades civis, sociedades cooperativas, órgãos e entidades públicas ou entidades sindicais, bem como firmar convênios para o desenvolvimento de ações conjuntas, visando à execução de projetos relativos ao incentivo ao trabalho da mulher.

Artigo acrescentado pela Lei n. 9.799, de 26.05.1999.

Seção V
Da Proteção à Maternidade

Veja art. 7º, XVIII, XXV e XXX, CF.

Veja art. 10, II, *b*, ADCT.

Art. 391. Não constitui justo motivo para a rescisão do contrato de trabalho da mulher o fato de haver contraído matrimônio ou de encontrar-se em estado de gravidez.

Veja art. 7º, XVIII, CF.

Parágrafo único. Não serão permitidos em regulamentos de qualquer natureza contratos coletivos ou individuais de trabalho, restrições ao direito da mulher ao seu emprego, por motivo de casamento ou de gravidez.

Art. 391-A. A confirmação do estado de gravidez advindo no curso do contrato de trabalho, ainda que durante o prazo do aviso prévio trabalhado ou indenizado, garante à empregada gestante a estabilidade provisória prevista na alínea *b* do inciso II do art. 10 do Ato das Disposições Constitucionais Transitórias.

Caput acrescentado pela Lei n. 12.812, de 16.05.2013.

Parágrafo único. O disposto no *caput* deste artigo aplica-se ao empregado adotante ao qual tenha sido concedida guarda provisória para fins de adoção.

Parágrafo acrescentado pela Lei n. 13.509, de 22.11.2017.

Art. 392. A empregada gestante tem direito à licença-maternidade de 120 (cento e vinte) dias, sem prejuízo do emprego e do salário.

Caput com redação dada pela Lei n. 10.421, de 15.04.2002.

Veja art. 611-B, XXX, CLT.

Veja Lei n. 11.770, de 09.09.2008 (Programa Empresa Cidadã, destinado à prorrogação da licença-maternidade mediante concessão de incentivo fiscal).

Veja art. 5º, I, Lei n. 13.985, de 07.04.2020.

Veja Súmula n. 244, TST.

§ 1º A empregada deve, mediante atestado médico, notificar o seu empregador da data do início do afastamento do emprego, que poderá ocorrer entre o 28º (vigésimo oitavo) dia antes do parto e ocorrência deste.

Parágrafo com redação dada pela Lei n. 10.421, de 15.04.2002.

Veja ADI n. 6.327.

§ 2º Os períodos de repouso, antes e depois do parto, poderão ser aumentados de 2 (duas) semanas cada um, mediante atestado médico.

Parágrafo com redação dada pela Lei n. 10.421, de 15.04.2002.

Veja ADI n. 6.327.

§ 3º Em caso de parto antecipado, a mulher terá direito aos 120 (cento e vinte) dias previstos neste artigo.

Parágrafo com redação dada pela Lei n. 10.421, de 15.04.2002.

§ 4º É garantido à empregada, durante a gravidez, sem prejuízo do salário e demais direitos:

Parágrafo com redação dada pela Lei n. 9.799, de 26.05.1999.

I – transferência de função, quando as condições de saúde o exigirem, assegurada a retomada da função anteriormente exercida, logo após o retorno ao trabalho;

Inciso acrescentado pela Lei n. 9.799, de 26.05.1999.

II – dispensa do horário de trabalho pelo tempo necessário para a realização de, no mínimo, 6 (seis) consultas médicas e demais exames complementares.

Inciso acrescentado pela Lei n. 9.799, de 26.05.1999.

§ 5º (*Vetado.*)

Parágrafo acrescentado pela Lei n. 10.421, de 15.04.2002.

Art. 392-A. À empregada que adotar ou obtiver guarda judicial para fins de adoção de criança ou adolescente será concedida licença-maternidade nos termos do art. 392 desta Lei.

Caput acrescentado pela Lei n. 10.421, de 15.04.2002, e com redação dada pela Lei n. 13.509, de 22.11.2017.

Veja arts. 392-C e 611-B, XXX, CLT.

Veja art. 2º, ECA.

§§ 1º a 3º (*Revogados pela Lei n. 12.010, de 03.08.2009.*)

§ 4º A licença-maternidade só será concedida mediante apresentação do termo judicial de guarda à adotante ou guardiã.

Parágrafo acrescentado pela Lei n. 10.421, de 15.04.2002.

§ 5º A adoção ou guarda judicial conjunta ensejará a concessão de licença-maternidade a apenas um dos adotantes ou guardiães empregado ou empregada.

Parágrafo acrescentado pela Lei n. 12.873, de 24.10.2013.

Art. 392-B. Em caso de morte da genitora, é assegurado ao cônjuge ou companheiro empregado o gozo de licença por todo o período da licença-maternidade ou pelo tempo restante a que teria direito a mãe, exceto no caso de falecimento do filho ou de seu abandono.

Artigo acrescentado pela Lei n. 12.873, de 24.10.2013.

Veja art. 392-C, CLT.

Art. 392-C. Aplica-se, no que couber, o disposto no art. 392-A e 392-B ao empregado que adotar ou obtiver guarda judicial para fins de adoção.

Artigo acrescentado pela Lei n. 12.873, de 24.10.2013.

Art. 393. Durante o período a que se refere o art. 392, a mulher terá direito ao salário integral e, quando variável, calculado de acordo com a média dos 6 (seis) últimos meses de trabalho, bem como aos direitos e vantagens adquiridos, sendo-lhe ainda facultado reverter à função que anteriormente ocupava.

Artigo com redação dada pelo DL n. 229, de 28.02.1967.

Art. 394. Mediante atestado médico, à mulher grávida é facultado romper o compromisso resultante de qualquer contrato de trabalho, desde que este seja prejudicial à gestação.

Veja art. 611-B, XXX, CLT.

Art. 394-A. Sem prejuízo de sua remuneração, nesta incluído o valor do adicional de insalubridade, a empregada deverá ser afastada de:

Caput com redação dada pela Lei n. 13.467, de 13.07.2017.

Veja art. 611-B, XXX, CLT.

I – atividades consideradas insalubres em grau máximo, enquanto durar a gestação;

Inciso acrescentado pela Lei n. 13.467, de 13.07.2017.

II – atividades consideradas insalubres em grau médio ou mínimo, quando apresentar atestado de saúde, emitido por médico de confiança da mulher, que recomende o afastamento durante a gestação;

Inciso acrescentado pela Lei n. 13.467, de 13.07.2017.

Veja ADI n. 5.938, de 24.09.2019 (*DOU* 04.06.2019), que declarou a inconstitucionalidade da expressão "quando apresentar atestado de saúde, emitido por médico de confiança da mulher, que recomende o afastamento".

III – atividades consideradas insalubres em qualquer grau, quando apresentar atestado de saúde, emitido por médico de confiança da mulher, que recomende o afastamento durante a lactação.

Inciso acrescentado pela Lei n. 13.467, de 13.07.2017.

Veja ADI n. 5.938, de 24.09.2019 (*DOU* 04.06.2019), que declarou a inconstitucionalidade da expressão "quando apresentar atestado de saúde, emitido por médico de confiança da mulher, que recomende o afastamento".

§ 1º (*Vetado.*)

Antigo parágrafo único renumerado pela Lei n. 13.467, de 13.07.2017.

§ 2º Cabe à empresa pagar o adicional de insalubridade à gestante ou à lactante, efetivando-se a compensação, observado o disposto no art. 248 da Constituição Federal, por ocasião do recolhimento das contribuições incidentes sobre a folha de salários e demais rendimentos pagos ou creditados, a qualquer título, à pessoa física que lhe preste serviço.

Parágrafo acrescentado pela Lei n. 13.467, de 13.07.2017.

§ 3º Quando não for possível que a gestante ou a lactante afastada nos termos do *caput* deste artigo exerça suas atividades em local salubre na empresa, a hipótese será considerada como gravidez de risco e ensejará a percepção de salário-maternidade, nos termos da Lei n. 8.213, de 24 de julho de 1991, durante todo o período de afastamento.

Parágrafo acrescentado pela Lei n. 13.467, de 13.07.2017.

Art. 395. Em caso de aborto não criminoso, comprovado por atestado médico oficial, a mulher terá um repouso remunerado de 2 (duas) semanas, ficando-lhe assegurado o direito de retornar à função que ocupava antes de seu afastamento.

Veja art. 611-B, XXX, CLT.

Art. 396. Para amamentar seu filho, inclusive se advindo de adoção, até que este complete 6 (seis) meses de idade, a mulher terá direito, durante a jornada de trabalho, a 2 (dois) descansos especiais de meia hora cada um.

Caput com redação dada pela Lei n. 13.509, de 22.11.2017.

Veja art. 2º, I, Lei n. 14.683, de 20.09.2023.

§ 1º Quando o exigir a saúde do filho, o período de 6 (seis) meses poderá ser dilatado, a critério da autoridade competente.

Antigo parágrafo único renumerado pela Lei n. 13.467, de 13.07.2017.

Veja art. 611-B, XXX, CLT.

§ 2º Os horários dos descansos previstos no *caput* deste artigo deverão ser definidos em acordo individual entre a mulher e o empregador.

Parágrafo acrescentado pela Lei n. 13.467, de 13.07.2017.

Art. 397. O SESI, o SESC, a LBA e outras entidades públicas destinadas à assistência à infância manterão ou subvencionarão, de acordo com suas possibilidades financeiras, escolas maternais e jardins de infância, distribuídos nas zonas de maior densidade de trabalhadores, destinados especialmente aos filhos das mulheres empregadas.

Artigo com redação dada pelo DL n. 229, de 28.02.1967.

Art. 398. (*Revogado pelo DL n. 229, de 28.02.1967.*)

Art. 399. O Ministro do Trabalho, Indústria e Comércio conferirá diploma de benemerência aos empregadores que se distinguirem pela organização e manutenção de creches e de instituições de proteção aos menores em idade pré-escolar, desde que tais serviços se recomendem por sua generosidade e pela eficiência das respectivas instalações.

Veja nota no início da CLT.

Art. 400. Os locais destinados à guarda dos filhos das operárias durante o período da amamentação deverão possuir, no mínimo, um berçário, uma saleta de amamentação, uma cozinha dietética e uma instalação sanitária.

Veja art. 611-B, XXX, CLT.

Veja art. 7º, XXV, CF.

Seção VI
Das Penalidades

Art. 401. Pela infração de qualquer dispositivo deste Capítulo, será imposta ao empregador a multa de cem a mil cruzeiros, aplicada, nesta Capital, pela autoridade competente de 1ª instância das Delegacias Regionais do Trabalho, e, nos Estados e Território do Acre, pelas autoridades competentes do Ministério do Trabalho e Previdência Social ou por aquelas que exerçam funções delegadas.

Caput com redação ajustada nos termos da Lei n. 6.205, de 29.04.1975.

O art. 35, IV, DL n. 229, de 28.02.1967, determinou a substituição da expressão "Departamento Nacional do Trabalho" por "Delegacia Regional do Trabalho".

Veja nota no início da CLT.

§ 1º A penalidade será sempre aplicada no grau máximo:

a) se ficar apurado o emprego de artifício ou simulação para fraudar a aplicação dos dispositivos deste Capítulo;

b) nos casos de reincidência.

§ 2º O processo na verificação das infrações, bem como na aplicação e cobrança das multas, será o previsto no título "Do Processo de Multas Administrativas", observadas as disposições deste artigo.

Arts. 401-A e 401-B. (*Vetados.*)

Artigos acrescentados pela Lei n. 9.799, de 26.05.1999.

CAPÍTULO IV
DA PROTEÇÃO DO TRABALHO DO MENOR

Veja arts. 7º, XXXIII, e 227, § 3º, I e III, CF.

Veja arts. 60 e segs., ECA.

Veja Lei n. 11.692, de 10.06.2008 (Programa Nacional de Inclusão de Jovens – Projovem).

Seção I
Disposições Gerais

Art. 402. Considera-se menor para os efeitos desta Consolidação o trabalhador de 14 (quatorze) até 18 (dezoito) anos.

Caput com redação dada pela Lei n. 10.097, de 19.12.2000.

Veja art. 7º, XXXIII, CF.

Parágrafo único. O trabalho do menor reger-se-á pelas disposições do presente Capítulo, exceto no serviço em oficinas em que trabalhem exclusivamente pessoas da família do menor e esteja este sob a direção do pai, mãe ou tutor, observado, entretanto, o disposto nos arts. 404, 405 e na Seção II.

Parágrafo com redação dada pelo DL n. 229, de 28.02.1967.

Art. 403. É proibido qualquer trabalho a menores de 16 (dezesseis) anos de idade, salvo na condição de aprendiz, a partir dos 14 (quatorze) anos.

Caput com redação dada pela Lei n. 10.097, de 19.12.2000.

Parágrafo único. O trabalho do menor não poderá ser realizado em locais prejudiciais à sua formação, ao seu desenvolvimento físico, psíquico, moral e social e em horários e locais que não permitam a frequência à escola.

Parágrafo com redação dada pela Lei n. 10.097, de 19.12.2000.

a) (*Revogada pela Lei n. 10.097, de 19.12.2000.*)

b) (*Revogada pela Lei n. 10.097, de 19.12.2000.*)

Art. 404. Ao menor de 18 (dezoito) anos é vedado o trabalho noturno, considerado este o que for executado no período compreendido entre as 22 (vinte e duas) e as 5 (cinco) horas.

Veja art. 402, parágrafo único, CLT.

Art. 405. Ao menor não será permitido o trabalho:

Caput com redação dada pelo DL n. 229, de 28.02.1967.

Veja art. 402, parágrafo único, CLT.

I – nos locais e serviços perigosos ou insalubres, constantes de quadro para esse fim aprovado pela Secretaria de Segurança e Medicina do Trabalho;

Inciso com redação dada pelo DL n. 229, de 28.02.1967.

Veja arts. 410 e 441, CLT.

Veja Decreto n. 6.481, de 12.06.2008 (Lista das Piores Formas de Trabalho Infantil).

II – em locais ou serviços prejudiciais à sua moralidade.

Inciso com redação dada pelo DL n. 229, de 28.02.1967.

§ 1º (*Revogado pela Lei n. 10.097, de 19.12.2000.*)

§ 2º O trabalho exercido nas ruas, praças e outros logradouros dependerá de prévia autorização do Juiz da Infância e da Juventude, ao qual cabe verificar se a ocupação é indispensável à sua própria subsistência ou à de seus pais, avós ou irmãos e se dessa ocupação não poderá advir prejuízo à sua formação moral.

Parágrafo com redação dada pelo DL n. 229, de 28.02.1967.

§ 3º Considera-se prejudicial à moralidade do menor o trabalho:

Parágrafo com redação dada pelo DL n. 229, de 28.02.1967.

a) prestado de qualquer modo em teatros de revista, cinemas, boates, cassinos, cabarés, *dancings* e estabelecimentos análogos;

Alínea com redação dada pelo DL n. 229, de 28.02.1967.

Veja art. 406, *caput*, CLT.

b) em empresas circenses, em funções de acrobata, saltimbanco, ginasta e outras semelhantes;

Alínea com redação dada pelo DL n. 229, de 28.02.1967.

Veja art. 406, *caput*, CLT.

c) de produção, composição, entrega ou venda de escritos, impressos, cartazes, desenhos, gravuras, pinturas, emblemas, imagens e quaisquer outros objetos que possam, a juízo da autoridade competente, prejudicar sua formação moral;

Alínea com redação dada pelo DL n. 229, de 28.02.1967.

d) consistente na venda, a varejo, de bebidas alcoólicas.

Alínea com redação dada pelo DL n. 229, de 28.02.1967.

§ 4º Nas localidades em que existirem, oficialmente reconhecidas, instituições destinadas ao amparo dos menores jornaleiros, só aos que se encontrem sob o patrocínio dessas entidades será outorgada a autorização do trabalho a que alude o § 2º.

Parágrafo acrescentado pelo DL n. 229, de 28.02.1967.

§ 5º Aplica-se ao menor o disposto no art. 390 e seu parágrafo único.

Parágrafo acrescentado pelo DL n. 229, de 28.02.1967.

Art. 406. O Juiz da Infância e da Juventude poderá autorizar ao menor o trabalho a que se referem as letras *a* e *b* do § 3º do art. 405:

Caput com redação dada pelo DL n. 229, de 28.02.1967.

I – desde que a representação tenha fim educativo ou a peça de que participe não possa ser prejudicial à sua formação moral;

Inciso com redação dada pelo DL n. 229, de 28.02.1967.

II – desde que se certifique ser a ocupação do menor indispensável à própria subsistência ou à de seus pais, avós ou irmãos e não advir nenhum prejuízo à sua formação moral.

Inciso com redação dada pelo DL n. 229, de 28.02.1967.

Art. 407. Verificado pela autoridade competente que o trabalho executado pelo menor é prejudicial à sua saúde, ao seu desenvolvimento físico ou à sua moralidade, poderá ela obrigá-lo a abandonar o serviço, devendo a respectiva empresa, quando for o caso, proporcionar ao menor todas as facilidades para mudar de funções.

Caput com redação dada pelo DL n. 229, de 28.02.1967.

Veja art. 426, CLT.

Veja Decreto n. 6.481, de 12.06.2008 (Lista das Piores Formas de Trabalho Infantil).

Parágrafo único. Quando a empresa não tomar as medidas possíveis e recomendadas pela autoridade competente para que o menor mude de função, configurar-se-á a rescisão do contrato de trabalho, na forma do art. 483.

Parágrafo acrescentado pelo DL n. 229, de 28.02.1967.

Art. 408. Ao responsável legal do menor é facultado pleitear a extinção do contrato de trabalho, desde que o serviço possa acarretar para ele prejuízos de ordem física ou moral.

Artigo com redação dada pelo DL n. 229, de 28.02.1967.

Art. 409. Para maior segurança do trabalho e garantia da saúde dos menores, a autoridade fiscalizadora poderá proibir-lhes o gozo dos períodos de repouso nos locais de trabalho.

Art. 410. O Ministro do Trabalho, Indústria e Comércio poderá derrogar qualquer proibição decorrente do quadro a que se refere o inciso I do art. 405 quando se certificar haver desaparecido, parcial ou totalmente, o caráter perigoso ou insalubre, que determinou a proibição.

Veja nota no início da CLT.

Veja art. 194, CLT.

Seção II
Da Duração do Trabalho

Veja art. 402, parárafo único, CLT.

Art. 411. A duração do trabalho do menor regular-se-á pelas disposições legais relativas à duração do trabalho em geral, com as restrições estabelecidas neste Capítulo.

Art. 412. Após cada período de trabalho efetivo, quer contínuo, quer dividido em 2 (dois) turnos, haverá um intervalo de repouso, não inferior a 11 (onze) horas.

Art. 413. É vedado prorrogar a duração normal diária do trabalho do menor, salvo:

Caput com redação dada pelo DL n. 229, de 28.02.1967.

I – até mais 2 (duas) horas, independentemente de acréscimo salarial, mediante convenção ou acordo coletivo nos termos do Título VI desta Consolidação, desde que o excesso de horas em um dia seja compensado pela diminuição em outro, de modo a ser observado o limite máximo de 48 (quarenta e oito) horas semanais ou outro inferior legalmente fixado;

Inciso com redação dada pelo DL n. 229, de 28.02.1967.

Veja art. 7º, XIII, CF.

II – excepcionalmente, por motivo de força maior, até o máximo de 12 (doze) horas, com acréscimo salarial de pelo menos 25% (vinte e cinco por cento) sobre a hora normal e desde que o trabalho do menor seja imprescindível ao funcionamento do estabelecimento.

Inciso com redação dada pelo DL n. 229, de 28.02.1967.

O art. 7º, XVI, CF, dispõe que a remuneração do serviço extraordinário será superior, no mínimo, em 50% à do normal.

Parágrafo único. Aplica-se à prorrogação do trabalho do menor o disposto no art. 375, no parágrafo único do art. 376, no art. 378 e no art. 384 desta Consolidação.

Parágrafo acrescentado pelo DL n. 229, de 28.02.1967.

Os arts. 375, 376 e 378 foram revogados pela Lei n. 7.855, de 24.10.1989.

Art. 414. Quando o menor de 18 (dezoito) anos for empregado em mais de um estabelecimento, as horas de trabalho em cada um serão totalizadas.

Seção III
Da Admissão em Emprego e da Carteira de Trabalho e Previdência Social

Art. 415. (*Revogado pelo DL n. 926, de 10.10.1969.*)
Parágrafo único. (*Revogado pela Lei n. 13.874, de 20.09.2019.*)
Art. 416. (*Revogado pela Lei n. 5.686, de 03.08.1971.*)
Art. 417. (*Revogado pela Lei n. 13.874, de 20.09.2019.*)
Art. 418. (*Revogado pela Lei n. 7.855, de 24.10.1989.*)
Art. 419. (*Revogado pela Lei n. 13.874, de 20.09.2019.*)
Art. 420. (*Revogado pela Lei n. 13.874, de 20.09.2019.*)
Art. 421. (*Revogado pela Lei n. 13.874, de 20.09.2019.*)
Art. 422. (*Revogado pela Lei n. 13.874, de 20.09.2019.*)
Art. 423. (*Revogado pela Lei n. 5.686, de 03.08.1971.*)

Seção IV
Dos Deveres dos Responsáveis Legais de Menores e dos Empregadores. Da Aprendizagem

Veja Decreto n. 9.579, de 22.11.2018.

Art. 424. É dever dos responsáveis legais de menores, pais, mães, ou tutores, afastá-los de empregos que diminuam consideravelmente o seu tempo de estudo, reduzam o tempo de repouso necessário à sua saúde e constituição física, ou prejudiquem a sua educação moral.

Veja art. 16, Lei n. 5.889, de 08.06.1973.

Art. 425. Os empregadores de menores de 18 (dezoito) anos são obrigados a velar pela observância, nos seus estabelecimentos ou empresas, dos bons costumes e da decência pública, bem como das regras de higiene e medicina do trabalho.

Art. 426. É dever do empregador, na hipótese do art. 407, proporcionar ao menor todas as facilidades para mudar de serviço.

Art. 427. O empregador, cuja empresa ou estabelecimento ocupar menores, será obrigado a conceder-lhes o tempo que for necessário para a frequência às aulas.

Veja art. 227, § 3º, CF.

Parágrafo único. Os estabelecimentos situados em lugar onde a escola estiver a maior distância que 2 (dois) quilômetros, e que ocuparem, permanentemente, mais de 30 (trinta) menores analfabetos, de 14 (quatorze) a 18 (dezoito) anos, serão obrigados a manter local apropriado em que lhes seja ministrada a instrução primária.

Art. 428. Contrato de aprendizagem é o contrato de trabalho especial, ajustado por escrito e por prazo determinado, em que o empregador se compromete a assegurar ao maior de 14 (quatorze) e menor de 24 (vinte e quatro) anos inscrito em programa de aprendizagem formação técnico-profissional metódica, compatível com o seu desenvolvimento físico, moral e psicológico, e o aprendiz, a executar com zelo e diligência as tarefas necessárias a essa formação.

Caput com redação dada pela Lei n. 11.180, de 23.09.2005.

Veja Decreto n. 9.579, de 22.11.2018.

§ 1º A validade do contrato de aprendizagem pressupõe anotação na Carteira de Trabalho e Previdência Social, matrícula e frequência do aprendiz na escola, caso não haja concluído o ensino médio, e inscrição em programa de aprendizagem desenvolvido sob orientação de entidade qualificada em formação técnico-profissional metódica.

Parágrafo com redação dada pela Lei n. 11.788, de 25.09.2008.

§ 2º Ao aprendiz, salvo condição mais favorável, será garantido o salário mínimo hora.

Parágrafo acrescentado pela Lei n. 10.097, de 19.12.2000, e com redação dada pela Lei n. 13.420, de 13.03.2017.

§ 3º O contrato de aprendizagem não poderá ser estipulado por mais de 2 (dois) anos, exceto quando se tratar de aprendiz portador de deficiência.

Parágrafo com redação dada pela Lei n. 11.788, de 25.09.2008.

§ 4º A formação técnico-profissional a que se refere o *caput* deste artigo caracteriza-se por atividades teóricas e práticas, metodicamente organizadas em tarefas de complexidade progressiva desenvolvidas no ambiente de trabalho.

Parágrafo acrescentado pela Lei n. 10.097, de 19.12.2000.

§ 5º A idade máxima prevista no *caput* deste artigo não se aplica a aprendizes portadores de deficiência.

Parágrafo acrescentado pela Lei n. 11.180, de 23.09.2005.

Veja art. 433, *caput*, CLT.

§ 6º Para os fins do contrato de aprendizagem, a comprovação da escolaridade de aprendiz com deficiência deve considerar, sobretudo, as habilidades e competências relacionadas com a profissionalização.

Parágrafo acrescentado pela Lei n. 11.180, de 23.09.2005, e com redação dada pela Lei n. 13.146, de 06.07.2015.

§ 7º Nas localidades onde não houver oferta de ensino médio para o cumprimento do disposto no § 1º deste artigo, a contratação do aprendiz poderá ocorrer sem a frequência à escola, desde que ele já tenha concluído o ensino fundamental.

Parágrafo acrescentado dada pela Lei n. 11.788, de 25.09.2008.

§ 8º Para o aprendiz com deficiência com 18 (dezoito) anos ou mais, a validade do contrato de aprendizagem pressupõe anotação na CTPS e matrícula e frequência em programa de aprendizagem desenvolvido sob orientação de entidade qualificada em formação técnico-profissional metódica.

Parágrafo acrescentado pela Lei n. 13.146, de 06.07.2015.

Art. 429. Os estabelecimentos de qualquer natureza são obrigados a empregar e matricular nos cursos dos Serviços Nacionais de Aprendizagem número de aprendizes equivalente a 5% (cinco por cento), no mínimo, e 15% (quinze por cento), no máximo, dos trabalhadores existentes em cada estabelecimento, cujas funções demandem formação profissional.

Caput com redação dada pela Lei n. 10.097, de 19.12.2000.

Veja LC n. 123, de 14.12.2006.

a) (Revogada pela Lei n. 10.097, de 19.12.2000.)

b) (Revogada pelo DL n. 9.576, de 12.08.1946, e pela Lei n. 10.097, de 19.12.2000.)

§ 1º-A. O limite fixado neste artigo não se aplica quando o empregador for entidade sem fins lucrativos, que tenha por objetivo a educação profissional.

Parágrafo acrescentado pela Lei n. 10.097, de 19.12.2000.

§ 1º-B. Os estabelecimentos a que se refere o *caput* poderão destinar o equivalente a até 10% (dez por cento) de sua cota de aprendizes à formação técnico-profissional metódica em áreas relacionadas a práticas de atividades desportivas, à prestação de serviços relacionados à infraestrutura, incluindo as atividades de construção, ampliação, recuperação e manutenção de instalações esportivas e à organização e promoção de eventos esportivos.

Parágrafo acrescentado pela Lei n. 13.420, de 13.03.2017.

§ 1º As frações de unidade, no cálculo da percentagem de que trata o *caput*, darão lugar à admissão de um aprendiz.

Antigo parágrafo único renumerado e com redação dada pela Lei n. 10.097, de 19.12.2000.

§ 2º Os estabelecimentos de que trata o *caput* ofertarão vagas de aprendizes a adolescentes usuários do Sistema Nacional de Atendimento Socioeducativo (Sinase) nas condições a serem dispostas em instrumentos de cooperação celebrados entre os estabelecimentos e os gestores dos Sistemas de Atendimento Socioeducativo locais.

Parágrafo acrescentado pela Lei n. 12.594, de 18.01.2012.

§ 3º Os estabelecimentos de que trata o *caput* poderão ofertar vagas de aprendizes a adolescentes usuários do Sistema Nacional de Políticas Públicas sobre Drogas – SISNAD nas condições a serem dispostas em instrumentos de cooperação celebrados entre os estabelecimentos e os gestores locais responsáveis pela prevenção do uso indevido, atenção e reinserção social de usuários e dependentes de drogas.

Parágrafo acrescentado pela Lei n. 13.840, de 05.06.2019.

Art. 430. Na hipótese de os Serviços Nacionais de Aprendizagem não oferecerem cursos ou vagas suficientes para atender à demanda dos estabelecimentos, esta poderá ser suprida por outras entidades qualificadas em formação técnico-profissional metódica, a saber:

Caput com redação dada pela Lei n. 10.097, de 19.12.2000.

Veja art. 2º, V, Decreto n. 11.853, de 26.12.2023.

Veja Portaria n. 671, de 08.11.2021, Ministério do Trabalho e Emprego.

I – Escolas Técnicas de Educação;

Inciso com redação dada pela Lei n. 10.097, de 19.12.2000.

II – entidades sem fins lucrativos, que tenham por objetivo a assistência ao adolescente e à educação profissional, registradas no Conselho Municipal dos Direitos da Criança e do Adolescente;

Inciso com redação dada pela Lei n. 10.097, de 19.12.2000.

Veja art. 431, CLT.

Veja art. 5º, § 2º, Lei n. 14.611, de 03.07.2023.

Veja arts. 73, III, e 76, II, Decreto n. 11.791, de 21.11.2023.

III – entidades de prática desportiva das diversas modalidades filiadas ao Sistema Nacional do Desporto e aos Sistemas de Desporto dos Estados, do Distrito Federal e dos Municípios.

Inciso acrescentado pela Lei n. 13.420, de 13.03.2017.

Veja art. 431, CLT.

§ 1º As entidades mencionadas neste artigo deverão contar com estrutura adequada ao desenvolvimento dos programas de aprendizagem, de forma a manter a qualidade do processo de ensino, bem como acompanhar e avaliar os resultados.

Parágrafo acrescentado pela Lei n. 10.097, de 19.12.2000.

§ 2º Aos aprendizes que concluírem os cursos de aprendizagem, com aproveitamento, será concedido certificado de qualificação profissional.

Parágrafo acrescentado pela Lei n. 10.097, de 19.12.2000.

§ 3º O Ministério do Trabalho fixará normas para avaliação da competência das entidades mencionadas nos incisos II e III deste artigo.

Parágrafo acrescentado pela Lei n. 10.097, de 19.12.2000, e com redação dada pela Lei n. 13.420, de 13.03.2017.

§ 4º As entidades mencionadas nos incisos II e III deste artigo deverão cadastrar seus cursos, turmas e aprendizes matriculados no Ministério do Trabalho.

Parágrafo acrescentado pela Lei n. 13.420, de 13.03.2017.

§ 5º As entidades mencionadas neste artigo poderão firmar parcerias entre si para o desenvolvimento dos programas de aprendizagem, conforme regulamento.

Parágrafo acrescentado pela Lei n. 13.420, de 13.03.2017.

Art. 431. A contratação do aprendiz poderá ser efetivada pela empresa onde se realizará a aprendizagem ou pelas entidades mencionadas nos incisos II e III do art. 430, caso em que não gera vínculo de emprego com a empresa tomadora dos serviços.

Caput com redação dada pela Lei n. 13.420, de 13.03.2017.

a) a *c)* *(Revogadas pela Lei n. 10.097, de 19.12.2000.)*

Parágrafo único. Aos candidatos rejeitados pela seleção profissional deverá ser dada, tanto quanto possível, orientação profissional para ingresso em atividade mais adequada às qualidades e aptidões que tiverem demonstrado.

Art. 432. A duração do trabalho do aprendiz não excederá de 6 (seis) horas diárias, sendo vedadas a prorrogação e a compensação de jornada.

Caput com redação dada pela Lei n. 10.097, de 19.12.2000.

§ 1º O limite previsto neste artigo poderá ser de até 8 (oito) horas diárias para os aprendizes que já tiverem completado o ensino fundamental, se nelas forem computadas as horas destinadas à aprendizagem teórica.

Parágrafo com redação dada pela Lei n. 10.097, de 19.12.2000.

§ 2º *(Revogado pela Lei n. 10.097, de 19.12.2000.)*

Art. 433. O contrato de aprendizagem extinguir-se-á no seu termo ou quando o aprendiz completar 24 (vinte e quatro) anos, ressalvada a hipótese prevista no § 5º do art. 428 desta Consolidação, ou ainda antecipadamente nas seguintes hipóteses:

Caput com redação dada pela Lei n. 11.180, de 23.09.2005.

a) e *b)* *(Revogadas pela Lei n. 10.097, de 19.12.2000.)*

I – desempenho insuficiente ou inadaptação do aprendiz, salvo para o aprendiz com deficiência quando desprovido de recursos de acessibilidade, de tecnologias assistivas e de apoio necessário ao desempenho de suas atividades;

Inciso acrescentado pela Lei n. 10.097, de 19.12.2000, e com redação dada pela Lei n. 13.146, de 06.07.2015.

II – falta disciplinar grave;

Inciso acrescentado pela Lei n. 10.097, de 19.12.2000.

III – ausência injustificada à escola que implique perda do ano letivo; ou

Inciso acrescentado pela Lei n. 10.097, de 19.12.2000.

IV – a pedido do aprendiz.

Inciso acrescentado pela Lei n. 10.097, de 19.12.2000.

Parágrafo único. *(Revogado pela Lei n. 3.519, de 30.12.1958.)*

§ 2º Não se aplica o disposto nos arts. 479 e 480 desta Consolidação às hipóteses de extinção do contrato mencionadas neste artigo.

Parágrafo acrescentado pela Lei n. 10.097, de 19.12.2000.

Conforme publicação oficial.

Seção V
Das Penalidades

Art. 434. Os infratores das disposições deste Capítulo ficam sujeitos à multa de valor igual a 1 (um) salário mínimo regional, aplicada tantas vezes quantos forem os menores empregados em desacordo com a lei, não podendo, todavia, a soma das multas exceder a 5 (cinco) vezes o salário mínimo, salvo no caso de reincidência, em que esse total poderá ser elevado ao dobro.

Artigo com redação dada pelo DL n. 229, de 28.02.1967.

Art. 435. Fica sujeita à multa de valor igual a 1 (um) salário mínimo regional e ao pagamento da emissão de nova via a empresa que fizer na Carteira de Trabalho e Previdência Social do menor anotação não prevista em lei.

Artigo com redação dada pelo DL n. 229, de 28.02.1967.

Art. 436. (*Revogado pela Lei n. 10.097, de 19.12.2000.*)

Art. 437. (*Revogado pela Lei n. 10.097, de 19.12.2000.*)

Art. 438. São competentes para impor as penalidades previstas neste Capítulo:

a) no Distrito Federal, a autoridade de 1ª instância da Delegacia Regional do Trabalho;

O art. 35, IV, DL n. 229, de 28.02.1967, determinou a substituição da expressão "Departamento Nacional do Trabalho" por "Delegacia Regional do Trabalho".

b) nos Estados e Território do Acre, os delegados regionais do Ministério do Trabalho, Indústria e Comércio ou os funcionários por eles designados para tal fim.

Parágrafo único. O processo, na verificação das infrações, bem como na aplicação e cobrança das multas, será o previsto no título "Do Processo de Multas Administrativas", observadas as disposições deste artigo.

Seção VI
Disposições Finais

Art. 439. É lícito ao menor firmar recibo pelo pagamento dos salários. Tratando-se, porém, de rescisão do contrato de trabalho, é vedado ao menor de 18 (dezoito) anos dar, sem assistência dos seus responsáveis legais, quitação ao empregador pelo recebimento da indenização que lhe for devida.

Art. 440. Contra os menores de 18 (dezoito) anos não corre nenhum prazo de prescrição.

Veja arts. 11 e 884, CLT.

Art. 441. O quadro a que se refere o item I do art. 405 será revisto bienalmente.

Artigo com redação dada pelo DL n. 229, de 28.02.1967.

TÍTULO IV
DO CONTRATO INDIVIDUAL DO TRABALHO

CAPÍTULO I
DISPOSIÇÕES GERAIS

Art. 442. Contrato individual de trabalho é o acordo tácito ou expresso, correspondente à relação de emprego.

Veja arts. 12 e 14, Lei n. 5.889, de 08.06.1973.

Veja Súmula n. 230, TST.

§ 1º Qualquer que seja o ramo de atividade da sociedade cooperativa, não existe vínculo empregatício entre ela e seus associados, nem entre estes e os tomadores de serviços daquela.

Parágrafo acrescentado pela Lei n. 8.949, de 09.12.1994, e antigo parágrafo único renumerado pela Lei n. 14.647, de 04.08.2023.

§ 2º Não existe vínculo empregatício entre entidades religiosas de qualquer denominação ou natureza ou instituições de ensino vocacional e ministros de confissão religiosa, membros de instituto de vida consagrada, de congregação ou de ordem religiosa, ou quaisquer outros que a eles se equiparem, ainda que se dediquem parcial ou integralmente a atividades ligadas à administração da entidade ou instituição a que estejam vinculados ou estejam em formação ou treinamento.

Parágrafo acrescentado pela Lei n. 14.647, de 04.08.2023.

§ 3º O disposto no § 2º não se aplica em caso de desvirtuamento da finalidade religiosa e voluntária.

Parágrafo acrescentado pela Lei n. 14.647, de 04.08.2023.

Art. 442-A. Para fins de contratação, o empregador não exigirá do candidato a emprego comprovação de experiência prévia por tempo superior a 6 (seis) meses no mesmo tipo de atividade.

Artigo acrescentado pela Lei n. 11.644, de 10.03.2008.

Art. 442-B. A contratação do autônomo, cumpridas por este todas as formalidades legais, com ou sem exclusividade, de forma contínua ou não, afasta a qualidade de empregado prevista no art. 3º desta Consolidação.

Artigo acrescentado pela Lei n. 13.467, de 13.07.2017.

Art. 443. O contrato individual de trabalho poderá ser acordado tácita ou expressamente, verbalmente ou por escrito, por prazo determinado ou indeterminado, ou para prestação de trabalho intermitente.

Caput com redação dada pela Lei n. 13.467, de 13.07.2017.

Veja Lei n. 9.601, de 21.01.1998.

Veja art. 70, Decreto n. 10.854, de 10.11.2021.

§ 1º Considera-se como de prazo determinado o contrato de trabalho cuja vigência dependa de termo prefixado ou da execução de serviços especificados ou ainda da realização de certo acontecimento suscetível de previsão aproximada.

Antigo parágrafo único renumerado pelo DL n. 229, de 28.02.1967.

§ 2º O contrato por prazo determinado só será válido em se tratando:

Parágrafo e alíneas acrescentados pelo DL n. 229, de 28.02.1967.

a) de serviço cuja natureza ou transitoriedade justifique a predeterminação do prazo;

b) de atividades empresariais de caráter transitório;

c) de contrato de experiência.

§ 3º Considera-se como intermitente o contrato de trabalho no qual a prestação de serviços, com subordinação, não é contínua, ocorrendo com alternância de períodos de prestação de serviços e de inatividade, determinados em horas, dias ou meses, independentemente do tipo de atividade do empregado e do empregador, exceto para os aeronautas, regidos por legislação própria.

Parágrafo acrescentado pela Lei n. 13.467, de 13.07.2017.

Veja arts. 6º, § 4º, e 18, *caput* e § 3º, Lei n. 14.020, de 06.07.2020.

Veja art. 28, § 5º, Lei n. 14.437, de 15.08.2022.

Art. 444. As relações contratuais de trabalho podem ser objeto de livre estipulação das partes interessadas em tudo quanto não contravenha às disposições de proteção ao trabalho, aos contratos coletivos que lhes sejam aplicáveis e às decisões das autoridades competentes.

Veja Súmula n. 288, TST.

Parágrafo único. A livre estipulação a que se refere o *caput* deste artigo aplica-se às hipóteses previstas no art. 611-A desta Consolidação, com a mesma eficácia legal e preponderância sobre os instrumentos coletivos, no caso de empregado portador de diploma de nível superior e que perceba salário mensal igual ou superior a duas vezes o limite máximo dos benefícios do Regime Geral de Previdência Social.

Parágrafo acrescentado pela Lei n. 13.467, de 13.07.2017.

Art. 445. O contrato de trabalho por prazo determinado não poderá ser estipulado por mais de 2 (dois) anos, observada a regra do art. 451.

Caput com redação dada pelo DL n. 229, de 28.02.1967.

Veja art. 64, I, Decreto n. 10.854, de 10.11.2021.

Parágrafo único. O contrato de experiência não poderá exceder de 90 (noventa) dias.

Parágrafo acrescentado pelo DL n. 229, de 28.02.1967.

Veja Súmula n. 288, TST.

Art. 446. (*Revogado pela Lei n. 7.855, de 24.10.1989.*)

Art. 447. Na falta de acordo ou prova sobre condição essencial ao contrato verbal, esta se presume existente, como se a tivessem estatuído os interessados na conformidade dos preceitos jurídicos adequados à sua legitimidade.

Art. 448. A mudança na propriedade ou na estrutura jurídica da empresa não afetará os contratos de trabalho dos respectivos empregados.

Veja art. 448-A, CLT.

Art. 448-A. Caracterizada a sucessão empresarial ou de empregadores prevista nos arts. 10 e 448 desta Consolidação, as obrigações trabalhistas, inclusive as contraídas à época em que os empregados trabalhavam para a empresa sucedida, são de responsabilidade do sucessor.

Caput acrescentado pela Lei n. 13.467, de 13.07.2017.

Parágrafo único. A empresa sucedida responderá solidariamente com a sucessora quando ficar comprovada fraude na transferência.

Parágrafo acrescentado pela Lei n. 13.467, de 13.07.2017.

Art. 449. Os direitos oriundos da existência do contrato de trabalho subsistirão em caso de falência, concordata ou dissolução da empresa.

Veja art. 148, CLT.

§ 1º Na falência, constituirão créditos privilegiados a totalidade dos salários devidos ao empregado e a totalidade das indenizações a que tiver direito.

Parágrafo com redação dada pela Lei n. 6.449, de 14.10.1977.

Veja Lei n. 11.101, de 09.02.2005.

§ 2º Havendo concordata na falência, será facultado aos contratantes tornar sem efeito a rescisão do contrato de trabalho e consequente indenização, desde que o empregador pague, no mínimo, a metade dos salários que seriam devidos ao empregado durante o interregno.

Veja Súmula n. 173, TST.

Art. 450. Ao empregado chamado a ocupar, em comissão, interinamente, ou em substituição eventual ou temporária, cargo diverso do que exercer na empresa, serão garantidas a contagem do tempo naquele serviço, bem como volta ao cargo anterior.

Veja Súmula n. 227, STF.

Veja Súmula n. 159, TST.

Art. 451. O contrato de trabalho por prazo determinado que, tácita ou expressamente, for prorrogado mais de uma vez passará a vigorar sem determinação de prazo.

Veja art. 445, CLT.

Art. 452. Considera-se por prazo indeterminado todo contrato que suceder, dentro de 6 (seis) meses, a outro contrato por prazo determinado, salvo se a expiração deste dependeu da execução de serviços especializados ou da realização de certos acontecimentos.

Art. 452-A. O contrato de trabalho intermitente deve ser celebrado por escrito e deve conter especificamente o valor da hora de trabalho, que não pode ser inferior ao valor horário do salário mínimo ou àquele devido aos demais empregados do estabelecimento que exerçam a mesma função em contrato intermitente ou não.

Artigo acrescentado pela Lei n. 13.467, de 13.07.2017.

§ 1º O empregador convocará, por qualquer meio de comunicação eficaz, para a prestação de serviços, informando qual será a jornada, com, pelo menos, três dias corridos de antecedência.

§ 2º Recebida a convocação, o empregado terá o prazo de um dia útil para responder ao chamado, presumindo-se, no silêncio, a recusa.

§ 3º A recusa da oferta não descaracteriza a subordinação para fins do contrato de trabalho intermitente.

§ 4º Aceita a oferta para o comparecimento ao trabalho, a parte que descumprir, sem justo motivo, pagará à outra parte, no prazo de trinta dias, multa de 50% (cinquenta por cento) da remuneração que seria devida, permitida a compensação em igual prazo.

§ 5º O período de inatividade não será considerado tempo à disposição do empregador, podendo o trabalhador prestar serviços a outros contratantes.

§ 6º Ao final de cada período de prestação de serviço, o empregado receberá o pagamento imediato das seguintes parcelas:

I – remuneração;

II – férias proporcionais com acréscimo de um terço;

III – décimo terceiro salário proporcional;

IV – repouso semanal remunerado; e

V – adicionais legais.

§ 7º O recibo de pagamento deverá conter a discriminação dos valores pagos relativos a cada uma das parcelas referidas no § 6º deste artigo.

§ 8º O empregador efetuará o recolhimento da contribuição previdenciária e o depósito do Fundo de Garantia do Tempo de Serviço, na forma da lei, com base nos valores pagos no período mensal e fornecerá ao empregado comprovante do cumprimento dessas obrigações.

§ 9º A cada doze meses, o empregado adquire direito a usufruir, nos doze meses subsequentes, um mês de férias, período no qual não poderá ser convocado para prestar serviços pelo mesmo empregador.

Art. 453. No tempo de serviço do empregado, quando readmitido, serão computados os períodos, ainda que não contínuos, em que tiver trabalhado anteriormente na empresa, salvo se houver sido despedido por falta grave, recebido indenização legal ou se aposentado espontaneamente.

Caput com redação dada pela Lei n. 6.204, de 29.04.1975.

§ 1º Na aposentadoria espontânea de empregados das empresas públicas e sociedades de economia mista é permitida sua readmissão desde que atendidos aos requisitos constantes do art. 37, XVI, da Constituição, e condicionada à prestação de concurso público.

Parágrafo acrescentado pela Lei n. 9.528, de 10.12.1997.

A ADI n. 1.770-4 (*DOU* 20.10.2006), STF, declarou a inconstitucionalidade deste parágrafo.

§ 2º O ato de concessão de benefício de aposentadoria a empregado que não tiver completado 35 (trinta e cinco) anos de serviço, se homem, ou 30 (trinta), se mulher, importa em extinção do vínculo empregatício.

Parágrafo acrescentado pela Lei n. 9.528, de 10.12.1997.

A ADI n. 1.721-3 (*DOU* 17.08.2007), STF, declarou a inconstitucionalidade deste parágrafo.

Art. 454. (*Revogado pela Lei n. 5.772, de 21.12.1971.*)

Art. 455. Nos contratos de subempreitada responderá o subempreiteiro pelas obrigações derivadas do contrato de trabalho que celebrar, cabendo, todavia, aos empregados, o direito de reclamação contra o empreiteiro principal pelo inadimplemento daquelas obrigações por parte do primeiro.

Veja art. 106, II, Decreto n. 10.854, de 10.11.2021.

Parágrafo único. Ao empreiteiro principal fica ressalvada, nos termos da lei civil, ação regressiva contra o subempreiteiro e a retenção de importâncias a este devidas, para a garantia das obrigações previstas neste artigo.

Art. 456. A prova do contrato individual do trabalho será feita pelas anotações constantes da Carteira de Trabalho e Previdência Social ou por instrumento escrito e suprida por todos os meios permitidos em direito.

Veja DL n. 926, de 10.10.1969.

Parágrafo único. À falta de prova ou inexistindo cláusula expressa a tal respeito, entender-se-á que o empregado se obrigou a todo e qualquer serviço compatível com a sua condição pessoal.

Art. 456-A. Cabe ao empregador definir o padrão de vestimenta no meio ambiente laboral, sendo lícita a inclusão no uniforme de logomarcas da própria empresa ou de empresas parceiras e de outros itens de identificação relacionados à atividade desempenhada.

Caput acrescentado pela Lei n. 13.467, de 13.07.2017.

Parágrafo único. A higienização do uniforme é de responsabilidade do trabalhador, salvo nas hipóteses em que forem necessários procedimentos ou produtos diferentes dos utilizados para a higienização das vestimentas de uso comum.

Parágrafo acrescentado pela Lei n. 13.467, de 13.07.2017.

CAPÍTULO II
DA REMUNERAÇÃO

Art. 457. Compreendem-se na remuneração do empregado, para todos os efeitos legais, além do salário devido e pago diretamente pelo empregador, como contraprestação do serviço, as gorjetas que receber.

Caput com redação dada pela Lei n. 1.999, de 01.10.1953.

Veja art. 7º, VII, CF.

Veja art. 15, Lei n. 8.036, de 11.05.1990.

Veja Súmulas ns. 264 e 318, TST.

§ 1º Integram o salário a importância fixa estipulada, as gratificações legais e as comissões pagas pelo empregador.

Parágrafo com redação dada pela Lei n. 13.467, de 13.07.2017.

§ 2º As importâncias, ainda que habituais, pagas a título de ajuda de custo, auxílio-alimentação, vedado seu pagamento em dinheiro, diárias para viagem, prêmios e abonos não integram a remuneração do empregado, não se incorporam ao contrato de trabalho e não constituem base de incidência de qualquer encargo trabalhista e previdenciário.

Parágrafo com redação dada pela Lei n. 13.467, de 13.07.2017.

§ 3º Considera-se gorjeta não só a importância espontaneamente dada pelo cliente ao empregado, como também o valor cobrado pela empresa, como serviço ou adicional, a qualquer título, e destinado à distribuição aos empregados.

Parágrafo com redação dada pela Lei n. 13.419, de 13.03.2017.

Veja Súmula n. 354, TST.

§ 4º Consideram-se prêmios as liberalidades concedidas pelo empregador em forma de bens, serviços ou valor em dinheiro a empregado ou a grupo de empregados, em razão de desempenho superior ao ordinariamente esperado no exercício de suas atividades.

Parágrafo com redação pela Lei n. 13.467, de 13.03.2017.

Na redação dada pela Lei n. 13.467, de 13.03.2017, os §§ 5º a 11 do art. 457 da CLT foram suprimidos. A redação assim dispunha:

§ 5º Inexistindo previsão em convenção ou acordo coletivo de trabalho, os critérios de rateio e distribuição da gorjeta e os percentuais de retenção previstos nos §§ 6º e 7º deste artigo serão definidos em assembleia geral dos trabalhadores, na forma do art. 612 desta Consolidação.

Parágrafo com redação dada pela Lei n. 13.419, de 13.03.2017.

§ 6º As empresas que cobrarem a gorjeta de que trata o § 3º deverão:

Parágrafo acrescentado pela Lei n. 13.419, de 13.03.2017.

I – para as empresas inscritas em regime de tributação federal diferenciado, lançá-la na respectiva nota de consumo, facultada a retenção de até 20% (vinte por cento) da arrecadação correspondente, mediante previsão em convenção ou acordo coletivo de trabalho, para custear os encargos sociais, previdenciários e trabalhistas derivados da sua integração à remuneração dos empregados, devendo o valor remanescente ser revertido integralmente em favor do trabalhador;

Inciso acrescentado pela Lei n. 13.419, de 13.03.2017.

II – para as empresas não inscritas em regime de tributação federal diferenciado, lançá-la na respectiva nota de consumo, facultada a retenção de até 33% (trinta e três por cento) da arrecadação correspondente, mediante previsão em convenção ou acordo coletivo de trabalho, para custear os encargos sociais, previdenciários e trabalhistas derivados da sua integração à remuneração dos empregados, devendo o valor remanescente ser revertido integralmente em favor do trabalhador;

Inciso acrescentado pela Lei n. 13.419, de 13.03.2017.

III – anotar na Carteira de Trabalho e Previdência Social e no contracheque de seus empregados o salário contratual fixo e o percentual percebido a título de gorjeta.

Inciso acrescentado pela Lei n. 13.419, de 13.03.2017.

§ 7º A gorjeta, quando entregue pelo consumidor diretamente ao empregado, terá seus critérios definidos em convenção ou acordo coletivo de trabalho, facultada a retenção nos parâmetros do § 6º deste artigo.

Parágrafo acrescentado pela Lei n. 13.419, de 13.03.2017.

§ 8º As empresas deverão anotar na Carteira de Trabalho e Previdência Social de seus empregados o salário fixo e a média dos valores das gorjetas referente aos últimos doze meses.

Parágrafo acrescentado pela Lei n. 13.419, de 13.03.2017.

§ 9º Cessada pela empresa a cobrança da gorjeta de que trata o § 3º deste artigo, desde que cobrada por mais de doze meses, essa se incorporará ao salário do empregado, tendo

como base a média dos últimos doze meses, salvo o estabelecido em convenção ou acordo coletivo de trabalho.

Parágrafo acrescentado pela Lei n. 13.419, de 13.03.2017.

§ 10. Para empresas com mais de sessenta empregados, será constituída comissão de empregados, mediante previsão em convenção ou acordo coletivo de trabalho, para acompanhamento e fiscalização da regularidade da cobrança e distribuição da gorjeta de que trata o § 3º deste artigo, cujos representantes serão eleitos em assembleia geral convocada para esse fim pelo sindicato laboral e gozarão de garantia de emprego vinculada ao desempenho das funções para que foram eleitos, e, para as demais empresas, será constituída comissão intersindical para o referido fim.

Parágrafo acrescentado pela Lei n. 13.419, de 13.03.2017.

§ 11. Comprovado o descumprimento do disposto nos §§ 4º, 6º, 7º e 9º deste artigo, o empregador pagará ao trabalhador prejudicado, a título de multa, o valor correspondente a 1/30 (um trinta avos) da média da gorjeta por dia de atraso, limitada ao piso da categoria, assegurados em qualquer hipótese o contraditório e a ampla defesa, observadas as seguintes regras:

Parágrafo acrescentado pela Lei n. 13.419, de 13.03.2017.

I – a limitação prevista neste parágrafo será triplicada caso o empregador seja reincidente;

Inciso acrescentado pela Lei n. 13.419, de 13.03.2017.

II – considera-se reincidente o empregador que, durante o período de doze meses, descumpre o disposto nos §§ 4º, 6º, 7º e 9º deste artigo por mais de sessenta dias.

Inciso acrescentado pela Lei n. 13.419, de 13.03.2017.

Art. 458. Além do pagamento em dinheiro, compreende-se no salário, para todos os efeitos legais, a alimentação, habitação, vestuário ou outras prestações in natura que a empresa, por força do contrato ou do costume, fornecer habitualmente ao empregado. Em caso algum será permitido o pagamento com bebidas alcoólicas ou drogas nocivas.

Caput com redação dada pelo DL n. 229, de 28.02.1967.

Veja art. 7º, X, CF.

Veja art. 15, Lei n. 8.036, de 11.05.1990.

Veja OJ n. 413, SDI-1.

§ 1º Os valores atribuídos às prestações *in natura* deverão ser justos e razoáveis, não podendo exceder, em cada caso, os dos percentuais das parcelas componentes do salário mínimo (arts. 81 e 82).

Parágrafo acrescentado pelo DL n. 229, de 28.02.1967.

§ 2º Para os efeitos previstos neste artigo, não serão consideradas como salário as seguintes utilidades concedidas pelo empregador:

Parágrafo com redação dada pela Lei n. 10.243, de 19.06.2001.

I – vestuários, equipamentos e outros acessórios fornecidos aos empregados e utilizados no local de trabalho, para a prestação do serviço;

Inciso com redação dada pela Lei n. 10.243, de 19.06.2001.

II – educação, em estabelecimento de ensino próprio ou de terceiros, compreendendo os valores relativos a matrícula, mensalidade, anuidade, livros e material didático;

Inciso com redação dada pela Lei n. 10.243, de 19.06.2001.

III – transporte destinado ao deslocamento para o trabalho e retorno, em percurso servido ou não por transporte público;

Inciso com redação dada pela Lei n. 10.243, de 19.06.2001.

IV – assistência médica, hospitalar e odontológica, prestada diretamente ou mediante seguro-saúde;

Inciso com redação dada pela Lei n. 10.243, de 19.06.2001.

V – seguros de vida e de acidentes pessoais;

Inciso acrescentado pela Lei n. 10.243, de 19.06.2001.

VI – previdência privada;

Inciso acrescentado pela Lei n. 10.243, de 19.06.2001.

VII – (*vetado*)

Inciso acrescentado pela Lei n. 10.243, de 19.06.2001.

VIII – o valor correspondente ao vale-cultura.

Inciso acrescentado pela Lei n. 12.761, de 27.12.2012.

§ 3º A habitação e a alimentação fornecidas como salário-utilidade deverão atender aos fins a que se destinam e não poderão exceder, respectivamente, a 25% (vinte e cinco por cento) e 20% (vinte por cento) do salário-contratual.

Parágrafo acrescentado pela Lei n. 8.860, de 24.03.1994.

§ 4º Tratando-se de habitação coletiva, o valor do salário-utilidade a ela correspondente será obtido mediante a divisão do justo valor da habitação pelo número de coocupantes, vedada, em qualquer hipótese, a utilização da mesma unidade residencial por mais de uma família.

Parágrafo acrescentado pela Lei n. 8.860, de 24.03.1994.

§ 5º O valor relativo à assistência prestada por serviço médico ou odontológico, próprio ou não, inclusive o reembolso de despesas com medicamentos, óculos, aparelhos ortopédicos, próteses, órteses, despesas médico-hospitalares e outras similares, mesmo quando concedido em diferentes modalidades de planos e coberturas, não integram o salário do empregado para qualquer efeito nem o salário de contribuição, para efeitos do previsto na alínea *q* do § 9º do art. 28 da Lei n. 8.212, de 24 de julho de 1991.

Parágrafo acrescentado pela Lei n. 13.467, de 13.07.2017.

Art. 459. O pagamento do salário, qualquer que seja a modalidade do trabalho, não deve ser estipulado por período superior a 1 (um) mês, salvo no que concerne a comissões, percentagens e gratificações.

Veja art, 7º, VII, CF.

§ 1º Quando o pagamento houver sido estipulado por mês, deverá ser efetuado, o mais tardar, até o quinto dia útil do mês subsequente ao vencido.

Parágrafo com redação dada pela Lei n. 7.855, de 24.10.1989.

Conforme publicação oficial.

Art. 460. Na falta de estipulação do salário ou não havendo prova sobre a importância ajustada, o empregado terá direito a perceber salário igual ao daquele que, na mesma empresa, fizer serviço equivalente, ou do que for habitualmente pago para serviço semelhante.

Art. 461. Sendo idêntica a função, a todo trabalho de igual valor, prestado ao mesmo empregador, no mesmo estabelecimento empresarial, corresponderá igual salário, sem distinção de sexo, etnia, nacionalidade ou idade.

Caput com redação dada pela Lei n. 13.467, de 13.07.2017.

Veja art. 30, Lei n. 14.457, de 21.09.2023.

Veja art. 5º, § 2º, Lei n. 14.611, de 03.07.2023.

Veja Súmula n. 6, TST.

§ 1º Trabalho de igual valor, para os fins deste Capítulo, será o que for feito com igual produtividade e com a mesma perfeição técnica, entre pessoas cuja diferença de tempo de serviço para o mesmo empregador não seja superior a quatro anos e a diferença de tempo na função não seja superior a dois anos.

Parágrafo com redação dada pela Lei n. 13.467, de 13.07.2017.

§ 2º Os dispositivos deste artigo não prevalecerão quando o empregador tiver pessoal organizado em quadro de carreira ou adotar, por meio de norma interna da empresa ou de negociação coletiva, plano de cargos e salários, dispensada qualquer forma de homologação ou registro em órgão público.

Parágrafo com redação dada pela Lei n. 13.467, de 13.07.2017.

Veja OJ n. 418, SDI-1.

§ 3º No caso do § 2º deste artigo, as promoções poderão ser feitas por merecimento e por antiguidade, ou por apenas um destes critérios, dentro de cada categoria profissional.

Parágrafo com redação dada pela Lei n. 13.467, de 13.07.2017.

§ 4º O trabalhador readaptado em nova função por motivo de deficiência física ou mental atestada pelo órgão competente da Previdência Social não servirá de paradigma para fins de equiparação salarial.

Parágrafo acrescentado pela Lei n. 5.798, de 31.08.1972.

§ 5º A equiparação salarial só será possível entre empregados contemporâneos no cargo ou na função, ficando vedada a indicação de paradigmas remotos, ainda que o paradigma contemporâneo tenha obtido a vantagem em ação judicial própria.

Parágrafo acrescentado pela Lei n. 13.467, de 13.07.2017.

§ 6º Na hipótese de discriminação por motivo de sexo, raça, etnia, origem ou idade, o pagamento das diferenças salariais devidas ao empregado discriminado não afasta seu direito de ação de indenização por danos morais, consideradas as especificidades do caso concreto.

Parágrafo com redação dada pela Lei n. 14.611, de 03.07.2023.

§ 7º Sem prejuízo do disposto no § 6º, no caso de infração ao previsto neste artigo, a multa de que trata o art. 510 desta Consolidação corresponderá a 10 (dez) vezes o valor do novo salário devido pelo empregador ao empregado discriminado, elevada ao dobro, no caso de reincidência, sem prejuízo das demais cominações legais.

Parágrafo acrescentado pela Lei n. 14.611, de 03.07.2023.

Art. 462. Ao empregador é vedado efetuar qualquer desconto nos salários do empregado, salvo quando este resultar de adiantamentos, de dispositivos de lei ou de contrato coletivo.

Veja art. 7º, X, CF.

Veja Súmula n. 342, TST.

§ 1º Em caso de dano causado pelo empregado, o desconto será lícito, desde que esta possibilidade tenha sido acordada ou na ocorrência de dolo do empregado.

Antigo parágrafo único renumerado pelo DL n. 229, de 28.02.1967.

§ 2º É vedado à empresa que mantiver armazém para venda de mercadorias aos empregados ou serviços destinados a proporcionar-lhes prestações *in natura* exercer qualquer coação ou induzimento no sentido de que os empregados se utilizem do armazém ou dos serviços.

Parágrafo acrescentado pelo DL n. 229, de 28.02.1967.

Veja art. 9º, Lei n. 5.889, de 08.06.1973.

§ 3º Sempre que não for possível o acesso dos empregados a armazéns ou serviços não mantidos pela empresa, é lícito à autoridade competente determinar a adoção de medidas adequadas, visando a que as mercadorias sejam vendidas e os serviços prestados a preços razoáveis, sem intuito de lucro e sempre em benefício dos empregados.

Parágrafo acrescentado pelo DL n. 229, de 28.02.1967.

§ 4º Observado o disposto neste Capítulo, é vedado às empresas limitar, por qualquer forma, a liberdade dos empregados de dispor do seu salário.

Parágrafo acrescentado pelo DL n. 229, de 28.02.1967.

Art. 463. A prestação, em espécie, do salário será paga em moeda corrente do País.

Parágrafo único. O pagamento do salário realizado com inobservância deste artigo considera-se como não feito.

Art. 464. O pagamento do salário deverá ser efetuado contra recibo, assinado pelo empregado; em se tratando de analfabeto, mediante sua impressão digital, ou, não sendo esta possível, a seu rogo.

Parágrafo único. Terá força de recibo o comprovante de depósito em conta bancária, aberta para esse fim em nome de cada empregado, com o consentimento deste, em estabelecimento de crédito próximo ao local de trabalho.

Parágrafo acrescentado pela Lei n. 9.528, de 10.12.1997.

Art. 465. O pagamento dos salários será efetuado em dia útil e no local do trabalho, dentro do horário do serviço ou imediatamente após o encerramento deste, salvo quando efetuado por depósito em conta bancária, observado o disposto no artigo anterior.

Artigo com redação dada pela Lei n. 9.528, de 10.12.1997.

Art. 466. O pagamento de comissões e percentagens só é exigível depois de ultimada a transação a que se referem.

§ 1º Nas transações realizadas por prestações sucessivas, é exigível o pagamento das percentagens e comissões que lhes disserem respeito proporcionalmente à respectiva liquidação.

§ 2º A cessação das relações de trabalho não prejudica a percepção das comissões e percentagens devidas na forma estabelecida por este artigo.

Veja Súmula n. 13, TST.

Art. 467. Em caso de rescisão de contrato de trabalho, havendo controvérsia sobre o montante das verbas rescisórias, o empregador é obrigado a pagar ao trabalhador, à data do comparecimento à Justiça do Trabalho, a parte incontroversa dessas verbas, sob pena de pagá-las acrescidas de 50% (cinquenta por cento).

Caput com redação dada pela Lei n. 10.272, de 05.09.2001.

Parágrafo único. O disposto no *caput* não se aplica à União, aos Estados, ao Distrito Federal, aos Municípios e às suas autarquias e fundações públicas.

Parágrafo acrescentado pela MP n. 2.180-35, de 24.08.2001.

Veja Súmula n. 69, TST.

CAPÍTULO III
DA ALTERAÇÃO

Art. 468. Nos contratos individuais de trabalho só é lícita a alteração das respectivas condições por mútuo consentimento, e ainda assim desde que não resultem, direta ou indiretamente, prejuízos ao empregado, sob pena de nulidade da cláusula infringente desta garantia.

§ 1º Não se considera alteração unilateral a determinação do empregador para que o respectivo empregado reverta ao cargo efetivo, anteriormente ocupado, deixando o exercício de função de confiança.

Parágrafo renumerado pela Lei n. 13.467, de 13.07.2017.

§ 2º A alteração de que trata o § 1º deste artigo, com ou sem justo motivo, não assegura ao empregado o direito à manutenção do pagamento da gratificação correspondente, que não será incorporada, independentemente do tempo de exercício da respectiva função.

Parágrafo acrescentado pela Lei n. 13.467, de 13.07.2017.

Art. 469. Ao empregador é vedado transferir o empregado, sem a sua anuência, para localidade diversa da que resultar do contrato, não se considerando transferência a que não acarretar necessariamente a mudança do seu domicílio.

Veja art. 659, IX, CLT.

Veja Súmulas ns. 29 e 43, TST.

§ 1º Não estão compreendidos na proibição deste artigo os empregados que exerçam cargos de confiança e aqueles cujos contratos tenham como condição, implícita ou explícita, a transferência, quando esta decorra de real necessidade de serviço.

Parágrafo com redação dada pela Lei n. 6.203, de 17.04.1975.

§ 2º É lícita a transferência quando ocorrer extinção do estabelecimento em que trabalhar o empregado.

§ 3º Em caso de necessidade de serviço o empregador poderá transferir o empregado para localidade diversa da que resultar do contrato, não obstante as restrições do artigo anterior, mas, nesse caso, ficará obrigado a um pagamento suplementar, nunca inferior a 25% (vinte e cinco por cento) dos salários que o empregado percebia naquela localidade, enquanto durar essa situação.

Parágrafo acrescentado pela Lei n. 6.203, de 17.04.1975.

Art. 470. As despesas resultantes da transferência correrão por conta do empregador.

Artigo com redação dada pela Lei n. 6.203, de 17.04.1975.

CAPÍTULO IV
DA SUSPENSÃO E DA INTERRUPÇÃO

Art. 471. Ao empregado afastado do emprego, são asseguradas, por ocasião de sua volta, todas as vantagens que, em sua ausência, tenham sido atribuídas à categoria a que pertencia na empresa.

Veja art. 476-A, *caput*, CLT.

Veja Súmula n. 440, TST.

Art. 472. O afastamento do empregado em virtude das exigências do serviço militar, ou de outro encargo público, não constituirá motivo para alteração ou rescisão do contrato de trabalho por parte do empregador.

§ 1º Para que o empregado tenha direito a voltar a exercer o cargo do qual se afastou em virtude de exigências do serviço militar ou de encargo público, é indispensável que notifique o empregador dessa intenção, por telegrama ou carta registrada, dentro do prazo máximo de 30 (trinta) dias, contados da data em que se verificar a respectiva baixa ou a terminação do encargo a que estava obrigado.

§ 2º Nos contratos por prazo determinado, o tempo de afastamento, se assim acordarem as partes interessadas, não será computado na contagem do prazo para a respectiva terminação.

§ 3º Ocorrendo motivo relevante de interesse para a segurança nacional, poderá a autoridade competente solicitar o afastamento do empregado do serviço ou do local de trabalho, sem que se configure a suspensão do contrato de trabalho.

Parágrafo acrescentado pelo DL n. 3, de 27.01.1966.

§ 4º O afastamento a que se refere o parágrafo anterior será solicitado pela autoridade competente diretamente ao empregador, em representação fundamentada com audiência da Procuradoria Regional do Trabalho, que providenciará desde logo a instauração do competente inquérito administrativo.

Parágrafo acrescentado pelo DL n. 3, de 27.01.1966.

§ 5º Durante os primeiros 90 (noventa) dias desse afastamento, o empregado continuará percebendo sua remuneração.

Parágrafo acrescentado pelo DL n. 3, de 27.01.1966.

Art. 473. O empregado poderá deixar de comparecer ao serviço sem prejuízo do salário:

Caput com redação dada pelo DL n. 229, de 28.02.1967.

Veja art. 131, I, CLT.

Veja art. 159, I, Decreto n. 10.854, de 10.11.2021.

Veja Súmula n. 282, TST.

I – até 2 (dois) dias consecutivos, em caso de falecimento do cônjuge, ascendente, descendente, irmão ou pessoa que, declarada em sua Carteira de Trabalho e Previdência Social, viva sob sua dependência econômica;

Inciso com redação dada pelo DL n. 229, de 28.02.1967.

II – até 3 (três) dias consecutivos, em virtude de casamento;

Inciso com redação dada pelo DL n. 229, de 28.02.1967.

III – por 5 (cinco) dias consecutivos, em caso de nascimento de filho, de adoção ou de guarda compartilhada;

Inciso com redação dada pela Lei n. 14.457, de 21.09.2022.

Veja art. 10, § 1º, ADCT.

IV – por 1 (um) dia, em cada 12 (doze) meses de trabalho, em caso de doação voluntária de sangue devidamente comprovada;

Inciso com redação dada pelo DL n. 229, de 28.02.1967.

V – até 2 (dois) dias consecutivos ou não, para o fim de se alistar eleitor, nos termos da lei respectiva;

Inciso com redação dada pelo DL n. 229, de 28.02.1967.

VI – no período de tempo em que tiver de cumprir as exigências do Serviço Militar referidas na letra *c* do art. 65 da Lei n. 4.375, de 17 de agosto de 1964 (Lei do Serviço Militar);

Inciso acrescentado pelo DL n. 757, de 12.08.1969.

VII – nos dias em que estiver comprovadamente realizando provas de exame vestibular para ingresso em estabelecimento de ensino superior;

Inciso acrescentado pela Lei n. 9.471, de 14.07.1997.

VIII – pelo tempo que se fizer necessário, quando tiver que comparecer a juízo;

Inciso acrescentado pela Lei n. 9.853, de 27.10.1999.

Veja Súmula n. 155, TST.

IX – pelo tempo que se fizer necessário, quando, na qualidade de representante de entidade sindical, estiver participando de reunião oficial de organismo internacional do qual o Brasil seja membro;

Inciso acrescentado pela Lei n. 11.304, de 11.05.2006.

X – pelo tempo necessário para acompanhar sua esposa ou companheira em até 6 (seis) consultas médicas, ou em exames complementares, durante o período de gravidez;

Inciso com redação dada pela Lei n. 14.457, de 21.09.2022.

XI – por 1 (um) dia por ano para acompanhar filho de até 6 (seis) anos em consulta médica;

Inciso acrescentado pela Lei n. 13.257, de 08.03.2016.

XII – até 3 (três) dias, em cada 12 (doze) meses de trabalho, em caso de realização de exames preventivos de câncer devidamente comprovada.

Inciso acrescentado pela Lei n. 13.767, de 18.12.2018.

Parágrafo único. O prazo a que se refere o inciso III do *caput* deste artigo será contado a partir da data de nascimento do filho.

Parágrafo com redação dada pela Lei n. 14.457, de 21.09.2022.

Art. 474. A suspensão do empregado por mais de 30 (trinta) dias consecutivos importa na rescisão injusta do contrato de trabalho.

Art. 475. O empregado que for aposentado por invalidez terá suspenso o seu contrato de trabalho durante o prazo fixado pelas leis de previdência social para a efetivação do benefício.

§ 1º Recuperando o empregado a capacidade de trabalho e sendo a aposentadoria cancelada, ser-lhe-á assegurado o direito à função que ocupava ao tempo da aposentadoria, facultado, porém, ao empregador, o direito de indenizá-lo por rescisão do contrato de trabalho, nos termos dos arts. 477 e 478, salvo na hipótese de ser ele portador de estabilidade, quando a indenização deverá ser paga na forma do art. 497.

Parágrafo com redação dada pela Lei n. 4.824, de 05.11.1965.

Veja Súmula n. 217, STF.

§ 2º Se o empregador houver admitido substituto para o aposentado, poderá rescindir, com este, o respectivo contrato de trabalho sem indenização, desde que tenha havido ciência inequívoca da interinidade ao ser celebrado o contrato.

Art. 476. Em caso de seguro-doença ou auxílio-enfermidade, o empregado é considerado em licença não remunerada, durante o prazo desse benefício.

Veja art. 7º, I, CF.

Art. 476-A. O contrato de trabalho poderá ser suspenso, por um período de 2 (dois) a 5 (cinco) meses, para participação do empregado em curso ou programa de qualificação profissional oferecido pelo empregador, com duração equivalente à suspensão contratual, mediante previsão em convenção ou acordo coletivo de trabalho e aquiescência formal do empregado, observado o disposto no art. 471 desta Consolidação.

Artigo acrescentado pela MP n. 2.164-41, de 24.08.2001.

Veja art. 17, I, Lei n. 14.020, de 06.07.2020.

Veja arts. 15, § 1º, e 17, § 1º, Lei n. 14.457, de 21.09.2023.

§ 1º Após a autorização concedida por intermédio de convenção ou acordo coletivo, o empregador deverá notificar o respectivo sindicato, com antecedência mínima de 15 (quinze) dias da suspensão contratual.

§ 2º O contrato de trabalho não poderá ser suspenso em conformidade com o disposto no *caput* deste artigo mais de uma vez no período de 16 (dezesseis) meses.

Veja art. 17, § 4º, Lei n. 14.457, de 21.09.2023.

§ 3º O empregador poderá conceder ao empregado ajuda compensatória mensal, sem natureza salarial, durante o período de suspensão contratual nos termos do *caput* deste artigo, com valor a ser definido em convenção ou acordo coletivo.

§ 4º Durante o período de suspensão contratual para participação em curso ou programa de qualificação profissional, o empregado fará jus aos benefícios voluntariamente concedidos pelo empregador.

§ 5º Se ocorrer a dispensa do empregado no transcurso do período de suspensão contratual ou nos 3 (três) meses subsequentes ao seu retorno ao trabalho, o empregador pagará ao empregado, além das parcelas indenizatórias previstas na legislação em vigor, multa a ser estabelecida em convenção ou acordo coletivo, sendo de, no mínimo, 100% (cem por cento) sobre o valor da última remuneração mensal anterior à suspensão do contrato.

§ 6º Se durante a suspensão do contrato não for ministrado o curso ou programa de qualificação profissional, ou o empregado permanecer trabalhando para o empregador, ficará descaracterizada a suspensão, sujeitando o empregador ao pagamento imediato dos salários e dos encargos sociais referentes ao período, às penalidades cabíveis previstas na legislação em vigor, bem como às sanções previstas em convenção ou acordo coletivo.

§ 7º O prazo limite fixado no *caput* poderá ser prorrogado mediante convenção ou acordo coletivo de trabalho e aquiescência formal do empregado, desde que o empregador arque com o ônus correspondente ao valor da bolsa de qualificação profissional, no respectivo período.

CAPÍTULO V
DA RESCISÃO

Art. 477. Na extinção do contrato de trabalho, o empregador deverá proceder à anotação na Carteira de Trabalho e Previdência Social, comunicar a dispensa aos órgãos competentes e realizar o pagamento das verbas rescisórias no prazo e na forma estabelecidos neste artigo.

Caput com redação dada pela Lei n. 13.467, de 13.07.2017.

Veja arts. 475, § 1º, 485, 499, §§ 2º e 3º, e 502, I, CLT.

Veja Súmulas ns. 314 e 330, TST.

§ 1º (*Revogado pela Lei n. 13.467, de 13.07.2017.*)

§ 2º O instrumento de rescisão ou recibo de quitação, qualquer que seja a causa ou forma de dissolução do contrato, deve ter especificada a natureza de cada parcela paga ao empregado e discriminado o seu valor, sendo válida a quitação, apenas, relativamente às mesmas parcelas.

Parágrafo acrescentado pela Lei n. 5.562, de 12.12.1968, e com redação dada pela Lei n. 5.584, de 26.06.1970.

§ 3º (*Revogado pela Lei n. 13.467, de 13.07.2017.*)

§ 4º O pagamento a que fizer jus o empregado será efetuado:

Parágrafo com redação dada pela Lei n. 13.467, de 13.07.2017.

I – em dinheiro, depósito bancário ou cheque visado, conforme acordem as partes; ou

Inciso acrescentado pela Lei n. 13.467, de 13.07.2017.

II – em dinheiro ou depósito bancário quando o empregado for analfabeto.

Inciso acrescentado pela Lei n. 13.467, de 13.07.2017.

§ 5º Qualquer compensação no pagamento de que trata o parágrafo anterior não poderá exceder o equivalente a 1 (um) mês de remuneração do empregado.

Parágrafo acrescentado pelo DL n. 766, de 15.08.1969, e com redação dada pela Lei n. 5.584, de 26.06.1970.

Veja Súmulas ns. 18 e 48, TST.

§ 6º A entrega ao empregado de documentos que comprovem a comunicação da extinção contratual aos órgãos competentes bem como o pagamento dos valores constantes do instrumento de rescisão ou recibo de quitação deverão ser efetuados até dez dias contados a partir do término do contrato.

Parágrafo com redação dada pela Lei n. 13.467, de 13.07.2017.

Veja art. 855-C, CLT.

a) (Revogada pela Lei n. 13.467, de 13.07.2017.)

b) (Revogada pela Lei n. 13.467, de 13.07.2017.)

§ 7º (*Revogado pela Lei n. 13.467, de 13.07.2017.*)

§ 8º A inobservância do disposto no § 6º deste artigo sujeitará o infrator à multa de 160 BTN, por trabalhador, bem assim ao pagamento da multa a favor do empregado, em valor equivalente ao seu salário, devidamente corrigido pelo índice de variação do BTN, salvo quando, comprovadamente, o trabalhador der causa à mora.

Parágrafo com redação dada pela Lei n. 7.855, de 24.10.1989.

Veja art. 855-C, CLT.

§ 9º (*Vetado.*)

Parágrafo acrescentado pela Lei n. 7.855, de 24.10.1989.

§ 10. A anotação da extinção do contrato na Carteira de Trabalho e Previdência Social é documento hábil para requerer o benefício do seguro-desemprego e a movimentação da conta vinculada no Fundo de Garantia do Tempo de Serviço, nas hipóteses legais, desde que a comunicação prevista no *caput* deste artigo tenha sido realizada.

Parágrafo acrescentado pela Lei n. 13.467, de 13.07.2017.

Art. 477-A. As dispensas imotivadas individuais, plúrimas ou coletivas equiparam-se para todos os fins, não havendo necessidade de autorização prévia de entidade sindical ou de celebração de convenção coletiva ou acordo coletivo de trabalho para sua efetivação.

Artigo acrescentado pela Lei n. 13.467, de 13.07.2017.

Art. 477-B. Plano de Demissão Voluntária ou Incentivada, para dispensa individual, plúrima ou coletiva, previsto em convenção coletiva ou acordo coletivo de trabalho, enseja quitação plena e irrevogável dos direitos decorrentes da relação empregatícia, salvo disposição em contrário estipulada entre as partes.

Artigo acrescentado pela Lei n. 13.467, de 13.07.2017.

Art. 478. A indenização devida pela rescisão de contrato por prazo indeterminado será de 1 (um) mês de remuneração por ano de serviço efetivo, ou por ano e fração igual ou superior a 6 (seis) meses.

Veja arts. 475, § 1º, 499, §§ 2º e 3º, e 502, I, CLT.

Veja Súmula n. 138, TST.

§ 1º O primeiro ano de duração do contrato por prazo indeterminado é considerado como período de experiência, e, antes que se complete, nenhuma indenização será devida.

§ 2º Se o salário for pago por dia, o cálculo da indenização terá por base 30 (trinta) dias.

Parágrafo com redação dada pela Lei n. 605, de 05.01.1949.

Veja art. 7º, XIII, CF.

Veja Lei n. 605, de 05.01.1949.

§ 3º Se pago por hora, a indenização apurar-se-á na base de 200 (duzentas) horas por mês.

O art. 7º, XIII, CF, estabelece como base de cálculo 220 horas por mês.

§ 4º Para os empregados que trabalhem à comissão ou que tenham direito a percentagens, a indenização será calculada pela média das comissões ou percentagens percebidas nos últimos 12 (doze) meses de serviço.

Parágrafo com redação dada pelo DL n. 229, de 28.02.1967.

§ 5º Para os empregados que trabalhem por tarefa ou serviço feito, a indenização será calculada na base média do tempo costumeiramente gasto pelo interessado para realização de seu serviço, calculando-se o valor do que seria feito durante 30 (trinta) dias.

Art. 479. Nos contratos que tenham termo estipulado, o empregador que, sem justa causa, despedir o empregado será obrigado a pagar-lhe, a título de indenização, e por metade, a remuneração a que teria direito até o termo do contrato.

Veja arts. 433, § 2º, e 502, III, CLT.

Veja art. 64, II, Decreto n. 10.854, de 10.11.2021.

Veja Súmula n. 125, TST.

Parágrafo único. Para a execução do que dispõe o presente artigo, o cálculo da parte variável ou incerta dos salários será feito de acordo com o prescrito para o cálculo da indenização referente à rescisão dos contratos por prazo indeterminado.

Art. 480. Havendo termo estipulado, o empregado não se poderá desligar do contrato, sem justa causa, sob pena de ser obrigado a indenizar o empregador dos prejuízos que desse fato lhe resultarem.

Veja art. 433, § 2º, CLT.

§ 1º A indenização, porém, não poderá exceder àquela a que teria direito o empregado em idênticas condições.

Antigo parágrafo único renumerado pelo DL n. 6.353, de 20.03.1944.

§ 2º (*Revogado pela Lei n. 6.533, de 24.05.1978.*)

Art. 481. Aos contratos por prazo determinado, que contiverem cláusula assecuratória do direito recíproco de rescisão antes de expirado o termo ajustado, aplicam-se, caso seja exercido tal direito por qualquer das partes, os princípios que regem a rescisão dos contratos por prazo indeterminado.

Art. 482. Constituem justa causa para rescisão do contrato de trabalho pelo empregador:

Veja art. 493, CLT.

Veja art. 69, Decreto n. 10.854, de 10.11.2021.

a) ato de improbidade;

b) incontinência de conduta ou mau procedimento;

c) negociação habitual por conta própria ou alheia sem permissão do empregador, e quando constituir ato de concorrência à empresa para a qual trabalha o empregado, ou for prejudicial ao serviço;

d) condenação criminal do empregado, passada em julgado, caso não tenha havido suspensão da execução da pena;

e) desídia no desempenho das respectivas funções;

f) embriaguez habitual ou em serviço;

g) violação de segredo da empresa;

h) ato de indisciplina ou de insubordinação;

i) abandono de emprego;

Veja Súmula n. 62, TST.

j) ato lesivo da honra ou da boa fama praticado no serviço contra qualquer pessoa, ou ofensas físicas, nas mesmas condições, salvo em caso de legítima defesa, própria ou de outrem;

k) ato lesivo da honra ou da boa fama ou ofensas físicas praticadas contra o empregador e superiores hierárquicos, salvo em caso de legítima defesa, própria ou de outrem;

l) prática constante de jogos de azar;

m) perda da habilitação ou dos requisitos estabelecidos em lei para o exercício da profissão, em decorrência de conduta dolosa do empregado.

Alínea acrescentada pela Lei n. 13.467, de 13.07.2017.

Parágrafo único. Constitui igualmente justa causa para dispensa de empregado a prática, devidamente comprovada em inquérito administrativo, de atos atentatórios contra a segurança nacional.

Parágrafo acrescentado pelo DL n. 3, de 27.01.1966.

Art. 483. O empregado poderá considerar rescindido o contrato e pleitear a devida indenização quando:

Veja art. 407, parágrafo único, CLT.

Veja art. 69, Decreto n. 10.854, de 10.11.2021.

a) forem exigidos serviços superiores às suas forças, defesos por lei, contrários aos bons costumes, ou alheios ao contrato;

b) for tratado pelo empregador ou por seus superiores hierárquicos com rigor excessivo;

c) correr perigo manifesto de mal considerável;

d) não cumprir o empregador as obrigações do contrato;

e) praticar o empregador ou seus prepostos, contra ele ou pessoas de sua família, ato lesivo da honra e boa fama;

f) o empregador ou seus prepostos ofenderem-no fisicamente, salvo em caso de legítima defesa, própria ou de outrem;

g) o empregador reduzir o seu trabalho, sendo este por peça ou tarefa, de forma a afetar sensivelmente a importância dos salários.

Veja art. 407, CLT.

§ 1º O empregado poderá suspender a prestação dos serviços ou rescindir o contrato, quando tiver de desempenhar obrigações legais, incompatíveis com a continuação do serviço.

§ 2º No caso de morte do empregador constituído em empresa individual, é facultado ao empregado rescindir o contrato de trabalho.

§ 3º Nas hipóteses das letras *d* e *g*, poderá o empregado pleitear a rescisão de seu contrato de trabalho e o pagamento das respectivas indenizações, permanecendo ou não no serviço até final decisão do processo.

Parágrafo acrescentado pela Lei n. 4.825, de 05.11.1965.

Art. 484. Havendo culpa recíproca no ato que determinou a rescisão do contrato de trabalho, o tribunal de trabalho reduzirá a indenização à que seria devida em caso de culpa exclusiva do empregador, por metade.

Veja Súmula n. 14, TST.

Art. 484-A. O contrato de trabalho poderá ser extinto por acordo entre empregado e empregador, caso em que serão devidas as seguintes verbas trabalhistas:

Caput acrescentado pela Lei n. 13.467, de 13.07.2017.

Veja art. 32, § 3º, Lei n. 14.437, de 15.08.2022.

I – por metade:

Inciso acrescentado pela Lei n. 13.467, de 13.07.2017.

a) o aviso prévio, se indenizado; e

Alínea acrescentada pela Lei n. 13.467, de 13.07.2017.

b) a indenização sobre o saldo do Fundo de Garantia do Tempo de Serviço, prevista no § 1º do art. 18 da Lei n. 8.036, de 11 de maio de 1990;

Alínea acrescentada pela Lei n. 13.467, de 13.07.2017.

II – na integralidade, as demais verbas trabalhistas.

Inciso acrescentado pela Lei n. 13.467, de 13.07.2017.

§ 1º A extinção do contrato prevista no *caput* deste artigo permite a movimentação da conta vinculada do trabalhador no Fundo de Garantia do Tempo de Serviço na forma do inciso I-A do art. 20 da Lei n. 8.036, de 11 de maio de 1990, limitada até 80% (oitenta por cento) do valor dos depósitos.

Parágrafo acrescentado pela Lei n. 13.467, de 13.07.2017.

§ 2º A extinção do contrato por acordo prevista no *caput* deste artigo não autoriza o ingresso no Programa de Seguro-Desemprego.

Parágrafo acrescentado pela Lei n. 13.467, de 13.07.2017.

Art. 485. Quando cessar a atividade da empresa, por morte do empregador, os empregados terão direito, conforme o caso, à indenização a que se referem os arts. 477 e 497.

Art. 486. No caso de paralisação temporária ou definitiva do trabalho, motivada por ato de autoridade municipal, estadual ou federal, ou pela promulgação de lei ou resolução que impossibilite a continuação da atividade, prevalecerá o pagamento da indenização, que ficará a cargo do governo responsável.

Caput com redação dada pela Lei n. 1.530, de 26.12.1951.

Veja art. 29, Lei n. 14.020, de 06.07.2020.

§ 1º Sempre que o empregador invocar em sua defesa o preceito do presente artigo, o tribunal do trabalho competente notificará a pessoa de direito público apontada como responsável pela paralisação do trabalho, para que, no prazo de 30 (trinta) dias, alegue o que entender devido, passando a figurar no processo como chamada à autoria.

Parágrafo acrescentado pelo DL n. 6.110, de 16.12.1943.

§ 2º Sempre que a parte interessada, firmada em documento hábil, invocar defesa baseada na disposição deste artigo e indicar qual o juiz competente, será ouvida a parte contrária, para, dentro de 3 (três) dias, falar sobre essa alegação.

Parágrafo com redação dada pela Lei n. 1.530, de 26.12.1951.

§ 3º Verificada qual a autoridade responsável, a Junta de Conciliação ou Juiz dar-se-á por incompetente, remetendo os autos ao Juiz Privativo da Fazenda, perante o qual correrá o feito nos termos previstos no processo comum.

Parágrafo acrescentado pela Lei n. 1.530, de 26.12.1951.

A EC n. 24, de 09.12.1999, substituiu a expressão "Juntas de Conciliação e Julgamento", como órgãos da Justiça do Trabalho, pelas expressões "Juízes do Trabalho" e "Varas do Trabalho", essas confirmadas posteriormente pela EC n. 45, de 08.12.2004.

CAPÍTULO VI
DO AVISO PRÉVIO

Veja art. 7º, XXI, CF.

Veja Lei n. 12.506, de 11.10.2011 (aviso prévio).

Veja art. 98, Decreto n. 10.854, de 10.11.2021.

Art. 487. Não havendo prazo estipulado, a parte que, sem justo motivo, quiser rescindir o contrato deverá avisar a outra da sua resolução com a antecedência mínima de:

Veja art. 488, parágrafo único, CLT.

I – 8 (oito) dias, se o pagamento for efetuado por semana ou tempo inferior;

Antigo inciso II renumerado pela Lei n. 1.530, de 26.12.1951.

Inciso prejudicado pelo art. 7º, XXI, CF, que estipula aviso prévio proporcional ao tempo de serviço, sendo no mínimo de trinta dias.

II – 30 (trinta) dias aos que perceberem por quinzena ou mês, ou que tenham mais de 12 (doze) meses de serviço na empresa.

Antigo inciso I renumerado e com redação dada pela Lei n. 1.530, de 26.12.1951.

Veja art. 488, parágrafo único, CLT.

Veja Súmula n. 371, TST.

§ 1º A falta do aviso prévio por parte do empregador dá ao empregado o direito aos salários correspondentes ao prazo do aviso, garantida sempre a integração desse período no seu tempo de serviço.

Veja Súmula n. 305, TST.

§ 2º A falta de aviso prévio por parte do empregado dá ao empregador o direito de descontar os salários correspondentes ao prazo respectivo.

§ 3º Em se tratando de salário pago na base de tarefa, o cálculo, para os efeitos dos parágrafos anteriores, será feito de acordo com a média dos últimos 12 (doze) meses de serviço.

§ 4º É devido o aviso prévio na despedida indireta.

Parágrafo acrescentado pela Lei n. 7.108, de 05.07.1983.

§ 5º O valor das horas extraordinárias habituais integra o aviso prévio indenizado.

Parágrafo acrescentado pela Lei n. 10.218, de 11.04.2001.

§ 6º O reajustamento salarial coletivo, determinado no curso do aviso prévio, beneficia o empregado pré-avisado da despedida, mesmo que tenha recebido antecipadamente os salários correspondentes ao período do aviso, que integra seu tempo de serviço para todos os efeitos legais.

Parágrafo acrescentado pela Lei n. 10.218, de 11.04.2001.

Art. 488. O horário normal de trabalho do empregado, durante o prazo do aviso, e se a rescisão tiver sido promovida pelo empregador, será reduzido de 2 (duas) horas diárias, sem prejuízo do salário integral.

Parágrafo único. É facultado ao empregado trabalhar sem a redução das 2 (duas) horas diárias previstas neste artigo, caso em que poderá faltar ao serviço, sem prejuízo do salário integral, por 1 (um) dia, na hipótese do inciso I, e por 7 (sete) dias corridos, na hipótese do inciso II do art. 487 desta Consolidação.

Parágrafo acrescentado pela Lei n. 7.093, de 25.04.1983.

Veja art. 15, Lei n. 5.889, de 08.06.1973.

Art. 489. Dado o aviso prévio, a rescisão torna-se efetiva depois de expirado o respectivo prazo, mas, se a parte notificante reconsiderar o ato, antes de seu termo, à outra parte é facultado aceitar ou não a reconsideração.

Parágrafo único. Caso seja aceita a reconsideração ou continuando a prestação depois de expirado o prazo, o contrato continuará a vigorar, como se o aviso não tivesse sido dado.

Art. 490. O empregador que, durante o prazo do aviso prévio dado ao empregado, praticar ato que justifique a rescisão imediata do contrato, sujeita-se ao pagamento da remuneração correspondente ao prazo do referido aviso, sem prejuízo da indenização que for devida.

Art. 491. O empregado que, durante o prazo do aviso prévio, cometer qualquer das faltas consideradas pela lei como justas para a rescisão, perde o direito ao restante do respectivo prazo.

CAPÍTULO VII
DA ESTABILIDADE

Art. 492. O empregado que contar mais de 10 (dez) anos de serviço na mesma empresa não poderá ser despedido senão por motivo de falta grave ou circunstância de força maior, devidamente comprovadas.

Veja art. 7º, I e III, CF, que dispõe de modo diverso.

Parágrafo único. Considera-se como de serviço todo o tempo em que o empregado esteja à disposição do empregador.

Art. 493. Constitui falta grave a prática de qualquer dos fatos a que se refere o art. 482, quando por sua repetição ou natureza representem séria violação dos deveres e obrigações do empregado.

Art. 494. O empregado acusado de falta grave poderá ser suspenso de suas funções, mas a sua despedida só se tornará efetiva após o inquérito e que se verifique a procedência da acusação.

Parágrafo único. A suspensão, no caso deste artigo, perdurará até a decisão final do processo.

Veja Súmula n. 62, TST.

Art. 495. Reconhecida a inexistência de falta grave praticada pelo empregado, fica o empregador obrigado a readmiti-lo no serviço e a pagar-lhe os salários a que teria direito no período da suspensão.

Art. 496. Quando a reintegração do empregado estável for desaconselhável, dado o grau de incompatibilidade resultante do dissídio, especialmente quando for o empregador pessoa física, o tribunal do trabalho poderá converter aquela obrigação em indenização devida nos termos do artigo seguinte.

Art. 497. Extinguindo-se a empresa, sem a ocorrência de motivo de força maior, ao empregado estável despedido é garantida a indenização por rescisão do contrato por prazo indeterminado, paga em dobro.

Veja arts. 475, § 1º, e 485, CLT.

Art. 498. Em caso de fechamento do estabelecimento, filial ou agência, ou supressão necessária de atividade, sem ocorrência de motivo de força maior, é assegurado aos empregados estáveis, que ali exerçam suas funções, direito à indenização, na forma do artigo anterior.

Art. 499. Não haverá estabilidade no exercício dos cargos de diretoria, gerência ou outros de confiança imediata do empregador, ressalvado o cômputo do tempo de serviço para todos os efeitos legais.

§ 1º Ao empregado garantido pela estabilidade que deixar de exercer cargo de confiança, é assegurada, salvo no caso de falta grave, a reversão ao cargo efetivo que haja anteriormente ocupado.

§ 2º Ao empregado despedido sem justa causa, que só tenha exercido cargo de confiança e que contar mais de 10 (dez) anos de serviço na mesma empresa, é garantida a indenização proporcional ao tempo de serviço nos termos dos arts. 477 e 478.

§ 3º A despedida que se verificar com o fim de obstar ao empregado a aquisição de estabilidade sujeitará o empregador a pagamento em dobro da indenização prescrita nos arts. 477 e 478.

Art. 500. O pedido de demissão do empregado estável só será válido quando feito com a assistência do respectivo Sindicato e, se não o houver, perante autoridade local competente do Ministério do Trabalho e Previdência Social ou da Justiça do Trabalho.

Artigo com redação dada pela Lei n. 5.584, de 26.06.1970.

Veja nota no início da CLT.

CAPÍTULO VIII
DA FORÇA MAIOR

Art. 501. Entende-se como força maior todo acontecimento inevitável, em relação à vontade do empregador, e para a realização do qual este não concorreu, direta ou indiretamente.

§ 1º A imprevidência do empregador exclui a razão de força maior.

§ 2º À ocorrência do motivo de força maior que não afetar substancialmente, nem for suscetível de afetar, em tais condições, a situação econômica e financeira da empresa, não se aplicam as restrições desta Lei referentes ao disposto neste Capítulo.

Art. 502. Ocorrendo motivo de força maior que determine a extinção da empresa, ou de um dos estabelecimentos em que trabalhe o empregado, é assegurada a este, quando despedido, uma indenização na forma seguinte:

I – sendo estável, nos termos dos arts. 477 e 478;

II – não tendo direito à estabilidade, metade da que seria devida em caso de rescisão sem justa causa;

III – havendo contrato por prazo determinado, aquela a que se refere o art. 479 desta Lei, reduzida igualmente à metade.

Art. 503. É lícita, em caso de força maior ou prejuízos devidamente comprovados, a redução geral dos salários dos empregados da empresa, proporcionalmente aos salários de cada um, não podendo, entretanto, ser superior a 25% (vinte e cinco por cento), respeitado, em qualquer caso, o salário mínimo da região.

Parágrafo único. Cessados os efeitos decorrentes do motivo de força maior, é garantido o restabelecimento dos salários reduzidos.

Art. 504. Comprovada a falsa alegação do motivo de força maior, é garantida a reintegração aos empregados estáveis, e aos não estáveis o complemento da indenização já percebida, assegurado a ambos o pagamento da remuneração atrasada.

CAPÍTULO IX
DISPOSIÇÕES ESPECIAIS

Art. 505. São aplicáveis aos trabalhadores rurais os dispositivos constantes dos Capítulos I, II e VI do presente Título.

Art. 506. No contrato de trabalho agrícola é lícito o acordo que estabelecer a remuneração *in natura*, contanto que seja de produtos obtidos pela exploração do negócio e não exceda de 1/3 (um terço) do salário total do empregado.

Veja Lei n. 5.889, de 08.06.1973, que dispõe de modo diverso.

Art. 507. As disposições do Capítulo VII do presente Título não serão aplicáveis aos empregados em consultórios ou escritórios de profissionais liberais.

Parágrafo único. (*Revogado pela Lei n. 6.533, de 24.05.1978.*)

Art. 507-A. Nos contratos individuais de trabalho cuja remuneração seja superior a duas vezes o limite máximo estabelecido para os benefícios do Regime Geral de Previdência Social, poderá ser pactuada cláusula compromissória de arbitragem, desde que por iniciativa do empregado ou mediante a sua concordância expressa, nos termos previstos na Lei n. 9.307, de 23 de setembro de 1996.

Artigo acrescentado pela Lei n. 13.467, de 13.07.2017.

Art. 507-B. É facultado a empregados e empregadores, na vigência ou não do contrato de emprego, firmar o termo de quitação anual de obrigações trabalhistas, perante o sindicato dos empregados da categoria.

Artigo acrescentado pela Lei n. 13.467, de 13.07.2017.

Parágrafo único. O termo discriminará as obrigações de dar e fazer cumpridas mensalmente e dele constará a quitação anual dada pelo empregado, com eficácia liberatória das parcelas nele especificadas.

Art. 508. (*Revogado pela Lei n. 12.347, de 10.12.2010.*)

Art. 509. (*Revogado pela Lei n. 6.533, de 24.05.1978.*)

Art. 510. Pela infração das proibições constantes deste Título, será imposta à empresa a multa de valor igual a 1 (um) salário mínimo regional, elevada ao dobro, no caso de reincidência, sem prejuízo das demais cominações legais.

Artigo com redação dada pela Lei n. 5.562, de 12.12.1968.

Veja art. 461, § 7º, CLT.

TÍTULO IV-A
DA REPRESENTAÇÃO DOS EMPREGADOS

Título acrescentado pela Lei n. 13.467, de 13.07.2017.

Art. 510-A. Nas empresas com mais de duzentos empregados, é assegurada a eleição de uma comissão para representá-los, com a finalidade de promover-lhes o entendimento direto com os empregadores.

Caput acrescentado pela Lei n. 13.467, de 13.07.2017.

Veja art. 510-C, § 5º, CLT.

§ 1º A comissão será composta:

Parágrafo acrescentado pela Lei n. 13.467, de 13.07.2017.

I – nas empresas com mais de duzentos e até três mil empregados, por três membros;

Inciso acrescentado pela Lei n. 13.467, de 13.07.2017.

II – nas empresas com mais de três mil e até cinco mil empregados, por cinco membros;

Inciso acrescentado pela Lei n. 13.467, de 13.07.2017.

III – nas empresas com mais de cinco mil empregados, por sete membros.

Inciso acrescentado pela Lei n. 13.467, de 13.07.2017.

§ 2º No caso de a empresa possuir empregados em vários Estados da Federação e no Distrito Federal, será assegurada a eleição de uma comissão de representantes dos empregados por Estado ou no Distrito Federal, na mesma forma estabelecida no § 1º deste artigo.

Parágrafo acrescentado pela Lei n. 13.467, de 13.07.2017.

Art. 510-B. A comissão de representantes dos empregados terá as seguintes atribuições:

Caput acrescentado pela Lei n. 13.467, de 13.07.2017.

I – representar os empregados perante a administração da empresa;

Inciso acrescentado pela Lei n. 13.467, de 13.07.2017.

II – aprimorar o relacionamento entre a empresa e seus empregados com base nos princípios da boa-fé e do respeito mútuo;

Inciso acrescentado pela Lei n. 13.467, de 13.07.2017.

III – promover o diálogo e o entendimento no ambiente de trabalho com o fim de prevenir conflitos;

Inciso acrescentado pela Lei n. 13.467, de 13.07.2017.

IV – buscar soluções para os conflitos decorrentes da relação de trabalho, de forma rápida e eficaz, visando à efetiva aplicação das normas legais e contratuais;

Inciso acrescentado pela Lei n. 13.467, de 13.07.2017.

V – assegurar tratamento justo e imparcial aos empregados, impedindo qualquer forma de discriminação por motivo de sexo, idade, religião, opinião política ou atuação sindical;

Inciso acrescentado pela Lei n. 13.467, de 13.07.2017.

VI – encaminhar reivindicações específicas dos empregados de seu âmbito de representação;

Inciso acrescentado pela Lei n. 13.467, de 13.07.2017.

VII – acompanhar o cumprimento das leis trabalhistas, previdenciárias e das convenções coletivas e acordos coletivos de trabalho.

Inciso acrescentado pela Lei n. 13.467, de 13.07.2017.

§ 1º As decisões da comissão de representantes dos empregados serão sempre colegiadas, observada a maioria simples.

Parágrafo acrescentado pela Lei n. 13.467, de 13.07.2017.

§ 2º A comissão organizará sua atuação de forma independente.

Parágrafo acrescentado pela Lei n. 13.467, de 13.07.2017.

Art. 510-C. A eleição será convocada, com antecedência mínima de trinta dias, contados do término do mandato anterior, por meio de edital que deverá ser fixado na empresa, com ampla publicidade, para inscrição de candidatura.

Caput acrescentado pela Lei n. 13.467, de 13.07.2017.

§ 1º Será formada comissão eleitoral, integrada por cinco empregados, não candidatos, para a organização e o acompanhamento do processo eleitoral, vedada a interferência da empresa e do sindicato da categoria.

Parágrafo acrescentado pela Lei n. 13.467, de 13.07.2017.

§ 2º Os empregados da empresa poderão candidatar-se, exceto aqueles com contrato de trabalho por prazo determinado, com contrato suspenso ou que estejam em período de aviso prévio, ainda que indenizado.

Parágrafo acrescentado pela Lei n. 13.467, de 13.07.2017.

§ 3º Serão eleitos membros da comissão de representantes dos empregados os candidatos mais votados, em votação secreta, vedado o voto por representação.

Parágrafo acrescentado pela Lei n. 13.467, de 13.07.2017.

§ 4º A comissão tomará posse no primeiro dia útil seguinte à eleição ou ao término do mandato anterior.

Parágrafo acrescentado pela Lei n. 13.467, de 13.07.2017.

§ 5º Se não houver candidatos suficientes, a comissão de representantes dos empregados poderá ser formada com número de membros inferior ao previsto no art. 510-A desta Consolidação.

Parágrafo acrescentado pela Lei n. 13.467, de 13.07.2017.

§ 6º Se não houver registro de candidatura, será lavrada ata e convocada nova eleição no prazo de um ano.

Parágrafo acrescentado pela Lei n. 13.467, de 13.07.2017.

Art. 510-D. O mandato dos membros da comissão de representantes dos empregados será de um ano.

Caput acrescentado pela Lei n. 13.467, de 13.07.2017.

§ 1º O membro que houver exercido a função de representante dos empregados na comissão não poderá ser candidato nos dois períodos subsequentes.

Parágrafo acrescentado pela Lei n. 13.467, de 13.07.2017.

§ 2º O mandato de membro de comissão de representantes dos empregados não implica suspensão ou interrupção do contrato de trabalho, devendo o empregado permanecer no exercício de suas funções.

Parágrafo acrescentado pela Lei n. 13.467, de 13.07.2017.

§ 3º Desde o registro da candidatura até um ano após o fim do mandato, o membro da comissão de representantes dos empregados não poderá sofrer despedida arbitrária, entendendo-se como tal a que não se fundar em motivo disciplinar, técnico, econômico ou financeiro.

Parágrafo acrescentado pela Lei n. 13.467, de 13.07.2017.

§ 4º Os documentos referentes ao processo eleitoral devem ser emitidos em duas vias, as quais permanecerão sob a guarda dos empregados e da empresa pelo prazo de cinco anos, à disposição para consulta de qualquer trabalhador interessado, do Ministério Público do Trabalho e do Ministério do Trabalho.

Parágrafo acrescentado pela Lei n. 13.467, de 13.07.2017.

TÍTULO V
DA ORGANIZAÇÃO SINDICAL

O art. 8º, CF, dispõe de modo diverso dos arts. 511 a 610, CLT.

Veja Lei n. 11.648, de 31.03.2008.

Veja Convenção n. 98, OIT.

CAPÍTULO I
DA INSTITUIÇÃO SINDICAL

Seção I
Da Associação em Sindicato

Art. 511. É lícita a associação para fins de estudo, defesa e coordenação dos seus interesses econômicos ou profissionais de todos os que, como empregadores, empregados, agentes ou trabalhadores autônomos, ou profissionais liberais, exerçam, respectivamente, a mesma atividade ou profissão ou atividades ou profissões similares ou conexas.

Veja arts. 521, *d*, e 558, CLT.

§ 1º A solidariedade de interesses econômicos dos que empreendem atividades idênticas, similares ou conexas constitui o vínculo social básico que se denomina categoria econômica.

§ 2º A similitude de condições de vida oriunda da profissão ou trabalho em comum, em situação de emprego na mesma atividade econômica ou em atividades econômicas similares ou conexas, compõe a expressão social elementar compreendida como categoria profissional.

§ 3º Categoria profissional diferenciada é a que se forma dos empregados que exerçam profissões ou funções diferenciadas por força de estatuto profissional especial ou em consequência de condições de vida singulares.

Veja art. 28, Lei n. 12.998, de 18.06.2014.

§ 4º Os limites de identidade, similaridade ou conexidade fixam as dimensões dentro das quais a categoria econômica ou profissional é homogênea e a associação é natural.

Art. 512. Somente as associações profissionais constituídas para os fins e na forma do artigo anterior e registradas de acordo com o art. 558 poderão ser reconhecidas como Sindicatos e investidas nas prerrogativas definidas nesta Lei.

Veja art. 8º, CF, que dispõe de modo diverso.

Art. 513. São prerrogativas dos Sindicatos:

Veja art. 520, parágrafo único, CLT.

a) representar, perante as autoridades administrativas e judiciárias, os interesses gerais da respectiva categoria ou profissão liberal ou os interesses individuais dos associados relativos à atividade ou profissão exercida;

Veja art. 5º, LXX, CF.

b) celebrar convenções coletivas de trabalho;

c) eleger ou designar os representantes da respectiva categoria ou profissão liberal;

d) colaborar com o Estado, como orgãos técnicos e consultivos, no estudo e solução dos problemas que se relacionam com a respectiva categoria ou profissão liberal;

Veja art. 558, CLT.

e) impor contribuições a todos aqueles que participam das categorias econômicas ou profissionais ou das profissões liberais representadas.

Parágrafo único. Os Sindicatos de empregados terão, outrossim, a prerrogativa de fundar e manter agências de colocação.

Veja art. 558, CLT.

Art. 514. São deveres dos Sindicatos:

Veja art. 520, parágrafo único, CLT.

a) colaborar com os poderes públicos no desenvolvimento da solidariedade social;

b) manter serviços de assistência judiciária para os associados;

c) promover a conciliação nos dissídios de trabalho;

d) sempre que possível, e de acordo com as suas possibilidades, manter no seu Quadro de Pessoal, em convênio com entidades assistenciais ou por conta própria, um assistente social com as atribuições específicas de promover a cooperação operacional na empresa e a integração profissional na Classe.

Alínea acrescentada pela Lei n. 6.200, de 16.04.1975.

Parágrafo único. Os Sindicatos de empregados terão, outrossim, o dever de:

a) promover a fundação de cooperativas de consumo e de crédito;

b) fundar e manter escolas de alfabetização e pré-vocacionais.

Seção II
Do Reconhecimento e Investidura Sindical

Art. 515. As associações profissionais deverão satisfazer os seguintes requisitos para serem reconhecidas como Sindicatos:

Veja art. 8º, CF, que dispõe de modo diverso.

a) reunião de 1/3 (um terço), no mínimo, de empresas legalmente constituídas, sob a forma individual ou de sociedade, se se tratar de associação de empregadores; ou de 1/3 (um terço) dos que integrem a mesma categoria ou exerçam a mesma profissão liberal, se se tratar de associação de empregados ou de trabalhadores ou agentes autônomos ou de profissão liberal;

b) duração de 3 (três) anos para o mandato da diretoria;

Alínea com redação dada pelo DL n. 771, de 19.08.1969.

c) exercício do cargo de Presidente e dos demais cargos de administração e representação por brasileiros.

Alínea com redação dada pela Lei n. 6.192, de 19.12.1974.

Parágrafo único. O Ministro do Trabalho, Indústria e Comércio poderá, excepcionalmente, reconhecer como Sindicato a associação cujo número de associados seja inferior ao terço a que se refere a alínea *a*.

Veja nota no início da CLT.

Art. 516. Não será reconhecido mais de um Sindicato representativo da mesma categoria econômica ou profissional, ou profissão liberal, em uma dada base territorial.

Veja art. 8º, CF, que dispõe de modo diverso.

Art. 517. Os Sindicatos poderão ser distritais, municipais, intermunicipais, estaduais e interestaduais. Excepcionalmente, e atendendo às peculiaridades de determinadas categorias ou profissões, o Ministro do Trabalho, Indústria e Comércio poderá autorizar o reconhecimento de Sindicatos nacionais.

Veja art. 8º, CF, que dispõe de modo diverso.

Veja nota no início da CLT.

§ 1º O Ministro do Trabalho, Indústria e Comércio outorgará e delimitará a base territorial do Sindicato.

Veja nota no início da CLT.

§ 2º Dentro da base territorial que lhe for determinada é facultado ao Sindicato instituir delegacias ou seções para melhor proteção dos associados e da categoria econômica ou profissional ou profissão liberal representada.

Veja art. 8º, I, CF, que dispõe de modo diverso.

Art. 518. O pedido de reconhecimento será dirigido ao Ministro do Trabalho, Indústria e Comércio instruído com exemplar ou cópia autenticada dos estatutos da associação.

Veja art. 8º, I, CF, que dispõe de modo diverso.

§ 1º Os estatutos deverão conter:

a) a denominação e a sede da associação;

b) a categoria econômica ou profissional ou a profissão liberal cuja representação é requerida;

c) a afirmação de que a associação agirá como órgão de colaboração com os poderes públicos e as demais associações no sentido da solidariedade social e da subordinação dos interesses econômicos ou profissionais ao interesse nacional;

d) as atribuições, o processo eleitoral e das votações, os casos de perda de mandato e de substituição dos administradores;

e) o modo de constituição e administração do patrimônio social e o destino que lhe será dado no caso de dissolução;

f) as condições em que se dissolverá a associação.

§ 2º O processo de reconhecimento será regulado em instruções baixadas pelo Ministro do Trabalho, Indústria e Comércio.

Veja nota no início da CLT.

Art. 519. A investidura sindical será conferida sempre à associação profissional mais representativa, a juízo do Ministro do Trabalho, constituindo elementos para essa apreciação, entre outros:

Veja art. 8º, CF, que dispõe de modo diverso.

Veja nota no início da CLT.

a) o número de associados;

b) os serviços sociais fundados e mantidos;

c) o valor do patrimônio.

Art. 520. Reconhecida como sindicato a associação profissional, ser-lhe-á expedida carta de reconhecimento, assinada pelo Ministro do Trabalho, Indústria e Comércio, na qual será especificada a representação econômica ou profissional, conferida e mencionada a base territorial outorgada.

Veja art. 8º, CF, que dispõe de modo diverso.

Parágrafo único. O reconhecimento investe a associação nas prerrogativas do art. 513 e a obriga aos deveres do art. 514, cujo inadimplemento a sujeitará às sanções desta Lei.

Art. 521. São condições para o funcionamento do Sindicato:

Veja art. 8º, CF, que dispõe de modo diverso.

a) proibição de qualquer propaganda de doutrinas incompatíveis com as instituições e os interesses da Nação, bem como de candidaturas a cargos eletivos estranhos ao Sindicato;

Alínea com redação dada pelo DL n. 9.502, de 23.07.1946.

b) proibição de exercício de cargo eletivo cumulativamente com o de emprego remunerado pelo Sindicato ou por entidade sindical de grau superior;

c) gratuidade do exercício dos cargos eletivos;

d) proibição de quaisquer atividades não compreendidas nas finalidades mencionadas no art. 511, inclusive as de caráter político-partidário;

Alínea acrescentada pelo DL n. 9.502, de 23.07.1946.

e) proibição de cessão gratuita ou remunerada da respectiva sede a entidade de índole político-partidária.

Alínea acrescentada pelo DL n. 9.502, de 23.07.1946.

Parágrafo único. Quando, para o exercício de mandato, tiver o associado de sindicato de empregados, de trabalhadores autônomos ou de profissionais liberais de se afastar do seu trabalho, poderá ser-lhe arbitrada pela Assembleia Geral uma gratificação nunca excedente da importância de sua remuneração na profissão respectiva.

Seção III
Da Administração do Sindicato

Veja art. 8º, CF, que dispõe de modo diverso.

Art. 522. A administração do Sindicato será exercida por uma diretoria constituída, no máximo, de 7 (sete) e, no mínimo, de 3 (três) membros e de um Conselho Fiscal composto de 3 (três) membros, eleitos esses órgãos pela Assembleia Geral.

Veja art. 8º, CF, que dispõe de modo diverso.

Veja ADPF n. 276, STF.

Veja Súmula n. 369, TST.

§ 1º A diretoria elegerá, dentre os seus membros, o Presidente do Sindicato.

§ 2º A competência do Conselho Fiscal é limitada à fiscalização da gestão financeira do Sindicato.

§ 3º Constituirão atribuição exclusiva da Diretoria do Sindicato e dos Delegados Sindicais, a que se refere o art. 523, a representação e a defesa dos interesses da entidade perante os poderes públicos e as empresas, salvo mandatário com poderes outorgados por procuração da Diretoria, ou associado investido em representação prevista em lei.

Parágrafo acrescentado pelo DL n. 9.502, de 23.07.1946.

Art. 523. Os Delegados Sindicais destinados à direção das delegacias ou seções instituídas na forma estabelecida no § 2º do art. 517 serão designados pela diretoria dentre os associados radicados no território da correspondente delegacia.

Veja art. 8º, CF, que dispõe de modo diverso.

Art. 524. Serão sempre tomadas por escrutínio secreto, na forma estatutária, as deliberações da Assembleia Geral concernentes aos seguintes assuntos:

Caput com redação dada pela Lei n. 2.693, de 23.12.1955.

Veja art. 8º, CF, que dispõe de modo diverso.

a) eleição de associado para representação da respectiva categoria prevista em lei;

Alínea com redação dada pelo DL n. 9.502, de 23.07.1946.

b) tomada e aprovação de contas da diretoria;

Alínea com redação dada pelo DL n. 9.502, de 23.07.1946.

c) aplicação do patrimônio;

Alínea com redação dada pelo DL n. 9.502, de 23.07.1946.

d) julgamento dos atos da Diretoria, relativos a penalidades impostas a associados;

Alínea com redação dada pelo DL n. 9.502, de 23.07.1946.

e) pronunciamento sobre relações ou dissídio de trabalho. Neste caso, as deliberações da Assembleia Geral só serão consideradas válidas quando ela tiver sido especialmente convocada para esse fim, de acordo com as disposições dos estatutos da entidade sindical. O *quorum* para validade da Assembleia será de metade mais um dos associados quites; não obtido esse *quorum* em primeira convocação, reunir-se-á a Assembleia em segunda convocação com os presentes, considerando-se aprovadas as deliberações que obtiverem 2/3 (dois terços) dos votos.

Alínea com redação dada pela Lei n. 2.693, de 23.12.1955.

Veja art. 859, CLT.

§ 1º A eleição para cargos de diretoria e conselho fiscal será realizada por escrutínio secreto, durante 6 (seis) horas contínuas, pelo menos, na sede do Sindicato, na de suas delegacias e seções e nos principais locais de trabalho, onde funcionarão as mesas coletoras designadas pelos Delegados Regionais do Trabalho.

Parágrafo acrescentado pelo DL n. 9.502, de 23.07.1946.

§ 2º Concomitantemente ao término do prazo estipulado para a votação, instalar-se-á, em Assembleia Eleitoral pública e permanente, na sede do Sindicato, a mesa apuradora, para a qual serão enviadas, imediatamente, pelos presidentes das mesas coletoras, as urnas receptoras e as atas respectivas. Será facultada designação de mesa apuradora supletiva sempre que as peculiaridades ou conveniências do pleito a exigirem.

Parágrafo acrescentado pelo DL n. 9.502, de 23.07.1946.

§ 3º A mesa apuradora será presidida por membro do Ministério Público do Trabalho ou pessoa de notória idoneidade, designada pelo Procurador-Geral da Justiça do Trabalho ou Procuradores Regionais.

Parágrafo acrescentado pelo DL n. 9.502, de 23.07.1946.

§ 4º O pleito só será válido na hipótese de participarem da votação mais de 2/3 (dois terços) dos associados com capacidade para votar. Não obtido esse coeficiente, será realizada nova eleição dentro de 15 (quinze) dias, a qual terá validade se nela tomarem parte mais de 50% (cinquenta por cento) dos referidos associados. Na hipótese de não ter sido alcançado, na segunda votação, o coeficiente exigido, será realizado o terceiro e último pleito, cuja validade dependerá do voto de mais de 40% (quarenta por cento) dos aludidos associados, proclamando o Presidente da mesa apuradora em qualquer dessas hipóteses os eleitos, os quais serão empossados automaticamente na data do término do mandato expirante, não tendo efeito suspensivo os protestos ou recursos oferecidos na conformidade da lei.

Parágrafo acrescentado pelo DL n. 9.502, de 23.07.1946.

§ 5º Não sendo atingido o coeficiente legal para eleição, o Ministério do Trabalho, Indústria e Comércio declarará a vacância da administração, a partir do término do mandato dos membros em exercício, e designará administrador para o Sindicato, realizando-se novas eleições dentro de 6 (seis) meses.

Parágrafo acrescentado pelo DL n. 9.502, de 23.07.1946.

Veja nota no início da CLT.

Art. 525. É vedada a pessoas físicas ou jurídicas, estranhas ao Sindicato, qualquer interferência na sua administração ou nos seus serviços.

Caput com redação dada pelo DL n. 9.502, de 23.07.1946.

Veja art. 8º, CF, que dispõe de modo diverso.

Parágrafo único. Estão excluídos dessa proibição:

a) os Delegados do Ministério do Trabalho, Indústria e Comércio especialmente designados pelo Ministro ou por quem o represente;

Veja nota no início da CLT.

b) os que, como empregados, exerçam cargos no Sindicato mediante autorização da Assembleia Geral.

Art. 526. Os empregados do Sindicato serão nomeados pela diretoria respectiva *ad referendum*, da Assembleia Geral, não podendo recair tal nomeação nos que estiverem nas condições previstas nos itens II, IV, V, VI, VII e VIII do art. 530 e, na hipótese de o nomeado haver sido dirigente sindical, também nas do item I do mesmo artigo.

Caput com redação dada pelo DL n. 925, de 10.10.1969.

Veja art. 8º, CF, que dispõe de modo diverso.

Parágrafo único. (*Revogado pela Lei n. 11.295, de 09.05.2006.*)

§ 2º Aplicam-se ao empregado de entidade sindical os preceitos das leis de proteção do trabalho e de previdência social, inclusive o direito de associação em sindicato.

Parágrafo acrescentado pela Lei n. 11.295, de 09.05.2006.

Conforme publicação oficial.

Art. 527. Na sede de cada Sindicato haverá um livro de registro, autenticado pelo funcionário competente do Ministério do Trabalho, Indústria e Comércio, e do qual deverão constar:

Veja art. 8º, CF, que dispõe de modo diverso.

Veja nota no início da CLT.

a) tratando-se de Sindicato de empregadores, a firma, individual ou coletiva, ou a denominação das empresas e sua sede, o nome, idade, estado civil, nacionalidade e residência dos respectivos sócios, ou, em se tratando de sociedade por ações, dos diretores, bem como a indicação desses dados quanto ao sócio ou diretor que representar a empresa no Sindicato;

b) tratando-se de Sindicato de empregados ou de agentes ou trabalhadores autônomos ou de profissionais liberais, além do nome, idade, estado civil, nacionalidade, profissão ou função e residência de cada associado, o estabelecimento ou lugar onde exerce a sua profissão ou função, o número e a série da respectiva carteira profissional e o número da inscrição na instituição de previdência a que pertencer.

Veja nota no início da CLT.

Art. 528. Ocorrendo dissídio ou circunstâncias que perturbem o funcionamento de entidade sindical ou motivos relevantes de segurança nacional, o Ministro do Trabalho e Previdência Social poderá nela intervir, por intermédio de Delegado ou de Junta Interventora, com atribuições para administrá-la e executar ou propor as medidas necessárias para normalizar-lhe o funcionamento.

Artigo com redação dada pelo DL n. 3, de 27.01.1966.

Veja art. 8º, CF, que dispõe de modo diverso.

Veja nota no início da CLT.

Seção IV
Das Eleições Sindicais

Art. 529. São condições para o exercício do direito do voto como para a investidura em cargo de administração ou representação econômica ou profissional:

Veja art. 8º, CF, que dispõe de modo diverso.

a) ter o associado mais de 6 (seis) meses de inscrição no Quadro Social e mais de 2 (dois) anos de exercício da atividade ou da profissão;

Alínea com redação dada pelo DL n. 8.080, de 11.10.1945.

Veja art. 5º, XX, CF.

b) ser maior de 18 (dezoito) anos;

c) estar no gozo dos direitos sindicais.

Parágrafo único. É obrigatório aos associados o voto nas eleições sindicais.

Parágrafo acrescentado pelo DL n. 229, de 28.02.1967.

Art. 530. Não podem ser eleitos para cargos administrativos ou de representação econômica ou profissional, nem permanecer no exercício desses cargos:

Caput com redação dada pelo DL n. 229, de 28.02.1967.

Veja art. 8º, CF, que dispõe de modo diverso.

I – os que não tiverem definitivamente aprovadas as suas contas de exercício em cargos de administração;

Inciso com redação dada pelo DL n. 229, de 28.02.1967.

II – os que houverem lesado o patrimônio de qualquer entidade sindical;

Inciso com redação dada pelo DL n. 229, de 28.02.1967.

III – os que não estiverem, desde 2 (dois) anos antes, pelo menos, no exercício efetivo da atividade ou da profissão dentro da base territorial do Sindicato, ou no desempenho de representação econômica ou profissional;

Inciso com redação dada pelo DL n. 229, de 28.02.1967.

IV – os que tiverem sido condenados por crime doloso enquanto persistirem os efeitos da pena;

Inciso com redação dada pelo DL n. 229, de 28.02.1967.

V – os que não estiverem no gozo de seus direitos políticos;

Inciso com redação dada pelo DL n. 229, de 28.02.1967.

VI – (*Revogado pela Lei n. 8.865, de 29.03.1994.*)

VII – má conduta, devidamente comprovada;

Inciso acrescentado pelo DL n. 507, de 18.03.1969.

VIII – (*Revogado pela Lei n. 8.865, de 29.03.1994.*)

Parágrafo único. (*Revogado pela Lei n. 2.693, de 23.12.1955.*)

Art. 531. Nas eleições para cargos de Diretoria e do Conselho Fiscal serão considerados eleitos os candidatos que obtiverem maioria absoluta de votos em relação ao total dos associados eleitores.

Veja art. 8º, CF, que dispõe de modo diverso.

§ 1º Não concorrendo à primeira convocação maioria absoluta de eleitores, ou não obtendo nenhum dos candidatos essa maioria, proceder-se-á a nova convocação para dia posterior, sendo então considerados eleitos os candidatos que obtiverem maioria dos eleitores presentes.

§ 2º Havendo somente uma chapa registrada para as eleições, poderá a Assembleia, em última convocação, ser realizada 2 (duas) horas após a primeira convocação, desde que do edital respectivo conste essa advertência.

§ 3º Concorrendo mais de uma chapa, poderá o Ministro do Trabalho, Indústria e Comércio designar o Presidente da sessão eleitoral, desde que o requeiram os associados que encabeçarem as respectivas chapas.

Parágrafo com redação dada pelo DL n. 8.080, de 11.10.1945.

Veja nota no início da CLT.

§ 4º O Ministro do Trabalho, Indústria e Comércio expedirá instruções regulando o processo das eleições.

Art. 532. As eleições para a renovação da Diretoria e do Conselho Fiscal deverão ser procedidas dentro do prazo máximo de 60 (sessenta) dias e mínimo de 30 (trinta) dias, antes do término do mandato dos dirigentes em exercício.

Caput com redação dada pelo DL n. 8.080, de 11.10.1945.

Veja art. 8º, CF, que dispõe de modo diverso.

§ 1º Não havendo protesto na ata da Assembleia Eleitoral ou recurso interposto por algum dos candidatos, dentro de 15 (quinze) dias, a contar da data das eleições, a posse da Diretoria eleita independerá da aprovação das eleições pelo Ministério do Trabalho, Indústria e Comércio.

Parágrafo com redação dada pelo DL n. 8.080, de 11.10.1945.

Veja nota no início da CLT.

§ 2º Competirá à Diretoria em exercício, dentro de 30 (trinta) dias da realização das eleições e não tendo havido recurso, dar publicidade ao resultado do pleito, fazendo comunicação ao órgão local do Ministério do Trabalho, Indústria e Comércio da relação dos eleitos, com os dados pessoais de cada um e a designação da função que vai exercer.

Parágrafo com redação dada pelo DL n. 8.080, de 11.10.1945.

Veja nota no início da CLT.

§ 3º Havendo protesto na ata da Assembleia Eleitoral ou recurso interposto dentro de 15 (quinze) dias da realização das eleições, competirá à Diretoria em exercício encaminhar, devidamente instruído, o processo eleitoral ao órgão local do Ministério do Trabalho, Indústria e Comércio, que o encaminhará para decisão do Ministro de Estado. Nesta hipótese, permanecerão na administração, até despacho final do processo, a Diretoria e o Conselho Fiscal que se encontrarem em exercício.

Parágrafo com redação dada pelo DL n. 8.080, de 11.10.1945.

Veja nota no início da CLT.

§ 4º Não se verificando as hipóteses previstas no parágrafo anterior, a posse da nova Diretoria deverá se verificar dentro de 30 (trinta) dias subsequentes ao término do mandato da anterior.

Parágrafo com redação dada pelo DL n. 8.080, de 11.10.1945.

§ 5º Ao assumir o cargo, o eleito prestará, por escrito e solenemente, o compromisso de respeitar, no exercício do mandato, a Constituição, as leis vigentes e os estatutos da entidade.

Parágrafo acrescentado pelo DL n. 229, de 28.02.1967.

Seção V
Das Associações Sindicais de Grau Superior

Art. 533. Constituem associações sindicais de grau superior as federações e confederações organizadas nos termos desta Lei.

Veja art. 8º, CF, que dispõe de modo diverso.

Art. 534. É facultado aos Sindicatos, quando em número não inferior a 5 (cinco), desde que representem a maioria absoluta de um grupo de atividades ou profissões idênticas, similares ou conexas, organizarem-se em federação.

Caput com redação dada pela Lei n. 3.265, de 22.09.1957.

Veja art. 8º, CF, que dispõe de modo diverso.

§ 1º Se já existir federação no grupo de atividades ou profissões em que deva ser constituída a nova entidade, a criação desta não poderá reduzir a menos de 5 (cinco) o número de Sindicatos que àquela devam continuar filiados.

Parágrafo acrescentado pela Lei n. 3.265, de 22.09.1957.

§ 2º As federações serão constituídas por Estados, podendo o Ministro do Trabalho, Indústria e Comércio autorizar a constituição de Federações interestaduais ou nacionais.

Antigo § 1º renumerado pela Lei n. 3.265, de 22.09.1957.

Veja nota no início da CLT.

§ 3º É permitido a qualquer federação, para o fim de lhes coordenar os interesses, agrupar os Sindicatos de determinado município ou região a ela filiados, mas a União não terá direito de representação das atividades ou profissões agrupadas.

Antigo § 2º renumerado pela Lei n. 3.265, de 22.09.1957.

Art. 535. As Confederações organizar-se-ão com o mínimo de 3 (três) federações e terão sede na Capital da República.

Veja art. 8º, CF, que dispõe de modo diverso.

§ 1º As confederações formadas por federações de Sindicatos de empregadores denominar-se-ão: Confederação Nacional da Indústria, Confederação Nacional do Comércio, Confederação Nacional de Transportes Marítimos, Fluviais e Aéreos, Confederação Nacional de Transportes Terrestres, Confederação Nacional de Comunicações e Publicidade, Confederação Nacional das Empresas de Crédito e Confederação Nacional de Educação e Cultura.

§ 2º As confederações formadas por federações de Sindicatos de empregados terão a denominação de: Confederação Nacional dos Trabalhadores na Indústria, Confederação Nacional dos Trabalhadores no Comércio, Confederação Nacional dos Trabalhadores em Transportes Marítimos, Fluviais e Aéreos, Confederação Nacional dos Trabalhadores em Transportes Terrestres, Confederação Nacional dos Trabalhadores em Comunicações e Publicidade, Confederação Nacional dos Trabalhadores nas Empresas de Crédito e Confederação Nacional dos Trabalhadores em Estabelecimentos de Educação e Cultura.

§ 3º Denominar-se-á Confederação Nacional das Profissões Liberais a reunião das respectivas federações.

§ 4º As associações sindicais de grau superior da Agricultura e Pecuária serão organizadas na conformidade do que dispuser a lei que regular a sindicalização dessas atividades ou profissões.

Art. 536. (*Revogado pelo DL n. 229, de 28.02.1967.*)

Art. 537. O pedido de reconhecimento de uma federação será dirigido ao Ministro do Trabalho, Indústria e Comércio acompanhado de um exemplar dos respectivos estatutos e das cópias autenticadas das atas da Assembleia de cada Sindicato ou federação que autorizar a filiação.

Veja art. 8º, CF, que dispõe de modo diverso.

Veja nota no início da CLT.

§ 1º A organização das federações e confederações obedecerá às exigências contidas nas alíneas *b* e *c* do art. 515.

§ 2º A carta de reconhecimento das federações será expedida pelo Ministro do Trabalho, Indústria e Comércio, na qual será especificada a coordenação econômica ou profissional conferida e mencionada a base territorial outorgada.

Veja nota no início da CLT.

§ 3º O reconhecimento das confederações será feito por decreto do Presidente da República.

Art. 538. A administração das federações e confederações será exercida pelos seguintes órgãos:

Caput com redação dada pela Lei n. 2.693, de 23.12.1955.

Veja art. 8º, CF, que dispõe de modo diverso.

a) Diretoria;

Alínea com redação dada pela Lei n. 2.693, de 23.12.1955.

b) Conselho de Representantes;

Alínea com redação dada pela Lei n. 2.693, de 23.12.1955.

c) Conselho Fiscal.

Alínea com redação dada pela Lei n. 2.693, de 23.12.1955.

§ 1º A Diretoria será constituída no mínimo de 3 (três) membros e de 3 (três) membros se comporá o Conselho Fiscal, os quais serão eleitos pelo Conselho de Representantes com mandato por 3 (três) anos.

Parágrafo com redação dada pelo DL n. 771, de 19.08.1969.

§ 2º Só poderão ser eleitos os integrantes dos grupos das federações ou dos planos das confederações, respectivamente.

Parágrafo acrescentado pela Lei n. 2.693, de 23.12.1955.

§ 3º O Presidente da federação ou confederação será escolhido dentre os seus membros, pela Diretoria.

Antigo § 2º renumerado pela Lei n. 2.693, de 23.12.1955.

§ 4º O Conselho de Representantes será formado pelas delegações dos Sindicatos ou das Federações filiadas, constituída cada delegação de 2 (dois) membros, com mandato por 3 (três) anos, cabendo 1 (um) voto a cada delegação.

Antigo § 3º renumerado e com redação dada pelo DL n. 771, de 19.08.1969.

§ 5º A competência do Conselho Fiscal é limitada à fiscalização da gestão financeira.

Parágrafo acrescentado pela Lei n. 2.693, de 23.12.1955.

Art. 539. Para a constituição e administração das Federações serão observadas, no que for aplicável, as disposições das Seções II e III do presente Capítulo.

Veja art. 8º, CF, que dispõe de modo diverso.

Seção VI
Dos Direitos dos Exercentes de Atividades ou Profissões e dos Sindicalizados

Art. 540. A toda empresa ou indivíduo que exerçam respectivamente atividade ou profissão, desde que satisfaçam as exigências desta Lei, assiste o direito de ser admitido no Sindicato da respectiva categoria, salvo o caso de falta de idoneidade, devidamente comprovada, com recurso para o Ministério do Trabalho, Indústria e Comércio.

Veja nota no início da CLT.

§ 1º Perderá os direitos de associado o sindicalizado que, por qualquer motivo, deixar o exercício de atividade ou de profissão.

§ 2º Os associados de Sindicatos de empregados, de agentes ou trabalhadores autônomos e de profissões liberais que forem aposentados, estiverem em desemprego ou falta de trabalho ou tiverem sido convocados para prestação de serviço militar não perderão os respectivos direitos sindicais e ficarão isentos de qualquer contribuição, não podendo, entretanto, exercer cargo de administração sindical ou de representação econômica ou profissional.

Art. 541. Os que exercerem determinada atividade ou profissão onde não haja Sindicato da respectiva categoria, ou de atividade ou profissão similar ou conexa, poderão filiar-se a Sindicato de profissão idêntica, similar ou conexa, existente na localidade mais próxima.

Parágrafo único. O disposto neste artigo se aplica aos Sindicatos em relação às respectivas federações, na conformidade do Quadro de Atividades e Profissões a que se refere o art. 577.

Art. 542. De todo ato lesivo de direitos ou contrário a esta Lei, emanado da Diretoria, do Conselho ou da Assembleia Geral da entidade sindical, poderá qualquer exercente de atividade ou profissão recorrer, dentro de 30 (trinta) dias, para a autoridade competente do Ministério do Trabalho, Indústria e Comércio.

Veja nota no início da CLT.

Art. 543. O empregado eleito para cargo de administração sindical ou representação profissional, inclusive junto a órgão de deliberação coletiva, não poderá ser impedido do exercício de suas funções, nem transferido para lugar ou mister que lhe dificulte ou torne impossível o desempenho das suas atribuições sindicais.

Caput com redação dada pelo DL n. 229, de 28.02.1967.

§ 1º O empregado perderá o mandato se a transferência for por ele solicitada ou voluntariamente aceita.

Parágrafo com redação dada pelo DL n. 229, de 28.02.1967.

§ 2º Considera-se de licença não remunerada, salvo assentimento da empresa ou cláusula contratual, o tempo em que o empregado se ausentar do trabalho no desempenho das funções a que se refere este artigo.

Parágrafo com redação dada pelo DL n. 229, de 28.02.1967.

§ 3º Fica vedada a dispensa do empregado sindicalizado ou associado, a partir do momento do registro de sua candidatura a cargo de direção ou representação de entidade sindical ou de associação profissional, até 1 (um) ano após o final do seu mandato, caso seja eleito, inclusive como suplente, salvo se cometer falta grave devidamente apurada nos termos desta Consolidação.

Parágrafo com redação dada pela Lei n. 7.543, de 02.10.1986.

Veja art. 8º, VIII, CF.

Veja Súmula n. 369, TST.

§ 4º Considera-se cargo de direção ou de representação sindical aquele cujo exercício ou indicação decorre de eleição prevista em lei.

Parágrafo acrescentado pelo DL n. 229, de 28.02.1967, e com redação dada pela Lei n. 7.223, de 02.10.1984.

§ 5º Para os fins deste artigo, a entidade sindical comunicará por escrito à empresa, dentro de 24 (vinte e quatro) horas, o dia e a hora do registro da candidatura do seu empregado e, em igual prazo, sua eleição e posse, fornecendo, outrossim, a este, comprovante no mesmo sentido. O Ministério do Trabalho e Previdência Social fará no mesmo prazo a comunicação no caso da designação referida no final do § 4º.

Parágrafo acrescentado pelo DL n. 229, de 28.02.1967.

Veja nota no início da CLT.

§ 6º A empresa que, por qualquer modo, procurar impedir que o empregado se associe a Sindicato, organize associação profissional ou sindical ou exerça os direitos inerentes à condição de sindicalizado fica sujeita à penalidade prevista na letra *a* do art. 553, sem prejuízo da reparação a que tiver direito o empregado.

Parágrafo com redação dada pelo DL n. 229, de 28.02.1967.

Art. 544. É livre a associação profissional ou sindical, mas ao empregado sindicalizado é assegurada, em igualdade de condições, preferência:

Caput com redação dada pelo DL n. 229, de 28.02.1967.

Veja art. 8º, CF, que dispõe de modo diverso.

Veja art. 5º, XX, CF.

I – para a admissão nos trabalhos de empresa que explore serviços públicos ou mantenha contrato com os poderes públicos;

Inciso com redação dada pelo DL n. 229, de 28.02.1967.

II – para ingresso em funções públicas ou assemelhadas, em caso de cessação coletiva de trabalho, por motivo de fechamento de estabelecimento;

Inciso com redação dada pelo DL n. 229, de 28.02.1967.

III – nas concorrências para aquisição de casa própria, pelo Plano Nacional de Habitação ou por intermédio de quaisquer instituições públicas;

Inciso com redação dada pelo DL n. 229, de 28.02.1967.

IV – nos loteamentos urbanos ou rurais, promovidos pela União, por seus órgãos de administração direta ou indireta ou sociedades de economia mista;

Inciso com redação dada pelo DL n. 229, de 28.02.1967.

V – na locação ou compra de imóveis, de propriedade de pessoa de direito público ou sociedade de economia mista, quando sob ação de despejo em tramitação judicial;

Inciso com redação dada pelo DL n. 229, de 28.02.1967.

VI – na concessão de empréstimos simples concedidos pelas agências financeiras do Governo ou a ele vinculadas;

Inciso com redação dada pelo DL n. 229, de 28.02.1967.

VII – na aquisição de automóveis, outros veículos e instrumentos relativos ao exercício da profissão, quando financiados pelas autarquias, sociedades de economia mista ou agências financeiras do Governo;

Inciso com redação dada pelo DL n. 229, de 28.02.1967.

VIII – (*Revogado pela Lei n. 8.630, de 25.02.1993.*)

IX – na concessão de bolsas de estudo para si ou para seus filhos, obedecida a legislação que regule a matéria.

Inciso com redação dada pelo DL n. 229, de 28.02.1967.

Art. 545. Os empregadores ficam obrigados a descontar da folha de pagamento dos seus empregados, desde que por eles devidamente autorizados, as contribuições devidas ao sindicato, quando por este notificados.

Caput com redação pela Lei n. 13.467, de 13.07.2017.

Parágrafo único. O recolhimento à entidade sindical beneficiária do importe descontado deverá ser feito até o décimo dia subsequente ao do desconto, sob pena de juros de mora no valor de 10% (dez por cento) sobre o montante retido, sem prejuízo da multa prevista no art. 553 e das cominações penais relativas à apropriação indébita.

Parágrafo com redação dada pelo DL n. 925, de 10.10.1969.

Art. 546. Às empresas sindicalizadas é assegurada preferência, em igualdade de condições, nas concorrências para exploração de serviços públicos, bem como nas concorrências para fornecimento às repartições federais, estaduais e municipais e às entidades paraestatais.

Art. 547. É exigida a qualidade de sindicalizado para o exercício de qualquer função representativa de categoria econômica ou profissional, em órgão oficial de deliberação coletiva, bem como para o gozo de favores ou isenções tributárias, salvo em se tratando de atividades não econômicas.

Parágrafo único. Antes da posse ou exercício das funções a que alude o artigo anterior ou de concessão dos favores, será indispensável comprovar a sindicalização, ou oferecer prova, mediante certidão negativa da autoridade regional do Ministério do Trabalho, Indústria e Comércio, de que não existe Sindicato no local onde o interessado exerce a respectiva atividade ou profissão.

Veja Lei n. 4.923, de 23.12.1965.

Veja nota no início da CLT.

Seção VII
Da Gestão Financeira do Sindicato e sua Fiscalização

Art. 548. Constituem o patrimônio das associações sindicais:

a) as contribuições devidas aos Sindicatos pelos que participem das categorias econômicas ou profissionais ou das profissões liberais representadas pelas referidas entidades, sob a denominação de contribuição sindical, pagas e arrecadadas na forma do Capítulo III deste Título;

O art. 35, V, DL n. 229, de 28.02.1967, determinou que as referências feitas na CLT sobre o "Imposto Sindical" entendem-se como "Contribuição Sindical".

b) as contribuições dos associados, na forma estabelecida nos estatutos ou pelas Assembleias Gerais;

c) os bens e valores adquiridos e as rendas produzidas pelos mesmos;

d) as doações e legados;

e) as multas e outras rendas eventuais.

Art. 549. A receita dos Sindicatos, Federações e Confederações só poderá ter aplicação na forma prevista nos respectivos orçamentos anuais, obedecidas as disposições estabelecidas na lei e nos seus estatutos.

Caput com redação dada e parágrafos acrescentados pela Lei n. 6.386, de 09.12.1976.

§ 1º Para alienação, locação ou aquisição de bens imóveis, ficam as entidades sindicais obrigadas a realizar avaliação prévia pela Caixa Econômica Federal ou pelo Banco Nacional da Habitação ou, ainda, por qualquer outra organização legalmente habilitada a tal fim.

§ 2º Os bens imóveis das entidades sindicais não serão alienados sem a prévia autorização das respectivas Assembleias Gerais, reunidas com a presença da maioria absoluta dos associados com direito a voto ou dos Conselhos de Representantes com a maioria absoluta dos seus membros.

§ 3º Caso não seja obtido o *quorum* estabelecido no parágrafo anterior, a matéria poderá ser decidida em nova Assembleia Geral, reunida com qualquer número de associados com direito a voto, após o transcurso de 10 (dez) dias da primeira convocação.

§ 4º Nas hipóteses previstas nos §§ 2º e 3º a decisão somente terá validade se adotada pelo mínimo de 2/3 (dois terços) dos presentes, em escrutínio secreto.

§ 5º Da deliberação da Assembleia Geral, concernente à alienação de bens imóveis, caberá recurso voluntário, dentro do prazo de 15 (quinze) dias, ao Ministro do Trabalho, com efeito suspensivo.

§ 6º A venda do imóvel será efetuada pela Diretoria da entidade, após a decisão da Assembleia Geral ou do Conselho de Representantes, mediante concorrência pública, com edital publicado no *Diário Oficial da União* e na imprensa diária, com antecedência mínima de 30 (trinta) dias da data de sua realização.

§ 7º Os recursos destinados ao pagamento total ou parcelado dos bens imóveis adquiridos serão consignados, obrigatoriamente, nos orçamentos anuais das entidades sindicais.

Art. 550. Os orçamentos das entidades sindicais serão aprovados, em escrutínio secreto, pelas respectivas Assembleias Gerais ou Conselho de Representantes, até 30 (trinta) dias antes do início do exercício financeiro a que se referem, e conterão a discriminação da receita e da despesa, na forma das instruções e modelos expedidos pelo Ministério do Trabalho.

Caput com redação dada pela Lei n. 6.386, de 09.12.1976.

§ 1º Os orçamentos, após a aprovação prevista no presente artigo, serão publicados, em resumo, no prazo de 30 (trinta) dias, contados da data da realização da respectiva Assembleia Geral ou da reunião do Conselho de Representantes, que os aprovou, observada a seguinte sistemática:

Parágrafo com redação dada pela Lei n. 6.386, de 09.12.1976.

a) no *Diário Oficial da União* – Seção I – Parte II, os orçamentos das Confederações, Federações e Sindicatos de base interestadual ou nacional;

Alínea com redação dada pela Lei n. 6.386, de 09.12.1976.

b) no órgão de Imprensa Oficial do Estado ou Território ou jornal de grande circulação local, os orçamentos das Federações estaduais e Sindicatos distritais municipais, intermunicipais e estaduais.

Alínea com redação dada pela Lei n. 6.386, de 09.12.1976.

§ 2º As dotações orçamentárias que se apresentarem insuficientes para o atendimento das despesas, ou não incluídas nos orçamentos correntes, poderão ser ajustadas ao fluxo dos gastos, mediante a abertura de créditos adicionais solicitados pela Diretoria da entidade às respectivas Assembleias Gerais ou Conselhos de Representantes, cujos atos concessórios serão publicados até o último dia do exercício correspondente, obedecida a mesma sistemática prevista no parágrafo anterior.

Parágrafo com redação dada pela Lei n. 6.386, de 09.12.1976.

§ 3º Os créditos adicionais classificam-se em:

Parágrafo com redação dada pela Lei n. 6.386, de 09.12.1976.

a) suplementares, os destinados a reforçar dotações alocadas no orçamento; e

Alínea acrescentada pela Lei n. 6.386, de 09.12.1976.

b) especiais, os destinados a incluir dotações no orçamento, a fim de fazer face às despesas para as quais não se tenha consignado crédito específico.

Alínea acrescentada pela Lei n. 6.386, de 09.12.1976.

§ 4º A abertura dos créditos adicionais depende da existência de receita para sua compensação, considerando-se, para esse efeito, desde que não comprometidos:

Parágrafo acrescentado pela Lei n. 6.386, de 09.12.1976.

a) o *superavit* financeiro apurado em balanço do exercício anterior;

Alínea acrescentada pela Lei n. 6.386, de 09.12.1976.

b) o excesso de arrecadação, assim entendido o saldo positivo da diferença entre a renda prevista e a realizada, tendo-se em conta, ainda, a tendência do exercício; e

Alínea acrescentada pela Lei n. 6.386, de 09.12.1976.

c) a resultante da anulação parcial ou total de dotações alocadas no orçamento ou de créditos adicionais abertos no exercício.

Alínea acrescentada pela Lei n. 6.386, de 09.12.1976.

§ 5º Para efeito orçamentário e contábil sindical, o exercício financeiro coincidirá com o ano civil, a ele pertencendo todas as receitas arrecadadas e as despesas compromissadas.

Parágrafo acrescentado pela Lei n. 6.386, de 09.12.1976.

Art. 551. Todas as operações de ordem financeira e patrimonial serão evidenciadas pelos registros contábeis das entidades sindicais, executadas sob a responsabilidade de contabilista legalmente habilitado, em conformidade com o plano de contas e as instruções baixadas pelo Ministério do Trabalho.

Caput com redação dada pela Lei n. 6.386, de 09.12.1976.

§ 1º A escrituração contábil a que se refere este artigo será baseada em documentos de receita e despesa, que ficarão arquivados nos serviços de contabilidade, à disposição dos órgãos responsáveis pelo acompanhamento administrativo e da fiscalização financeira da própria entidade, ou do controle que poderá ser exercido pelos órgãos da União, em face da legislação específica.

Parágrafo com redação dada pela Lei n. 6.386, de 09.12.1976.

§ 2º Os documentos comprobatórios dos atos de receita e despesa, a que se refere o parágrafo anterior, poderão ser incinerados, após decorridos 5 (cinco) anos da data de quitação das contas pelo órgão competente.

Parágrafo com redação dada pela Lei n. 6.386, de 09.12.1976.

§ 3º É obrigatório o uso do livro Diário, encadernado, com folhas seguida e tipograficamente numeradas, para a escrituração, pelo método das partidas dobradas, diretamente ou por reprodução, dos atos ou operações que modifiquem ou venham a modificar a situação patrimonial da entidade, o qual conterá, respectivamente, na primeira e na última páginas, os termos de abertura e de encerramento.

Parágrafo com redação dada pela Lei n. 6.386, de 09.12.1976.

§ 4º A entidade sindical que se utilizar de sistema mecânico ou eletrônico para sua escrituração contábil poderá substituir o Diário e os livros facultativos ou auxiliares por fichas ou formulários contínuos, cujos lançamentos deverão satisfazer a todos os requisitos e normas de escrituração exigidos com relação aos livros mercantis, inclusive no que respeita a termos de abertura e de encerramento e numeração sequencial e tipográfica.

Parágrafo com redação dada pela Lei n. 6.386, de 09.12.1976.

§ 5º Na escrituração por processos de fichas ou formulários contínuos, a entidade adotará livro próprio para inscrição do balanço patrimonial e da demonstração do resultado do exercício, o qual conterá os mesmos requisitos exigidos para os livros de escrituração.

Parágrafo com redação dada pela Lei n. 6.386, de 09.12.1976.

§ 6º Os livros e fichas ou formulários contínuos serão obrigatoriamente submetidos a registro e autenticação das Delegacias Regionais do Trabalho localizadas na base territorial da entidade.

Parágrafo com redação dada pela Lei n. 6.386, de 09.12.1976.

§ 7º As entidades sindicais manterão registro específico dos bens de qualquer natureza, de sua propriedade, em livros ou fichas próprias, que atenderão às mesmas formalidades exigidas para o livro Diário, inclusive no que se refere ao registro e autenticação da Delegacia Regional do Trabalho local.

Parágrafo acrescentado pela Lei n. 6.386, de 09.12.1976.

§ 8º As contas dos administradores das entidades sindicais serão aprovadas, em escrutínio secreto, pelas respectivas Assembleias Gerais ou Conselhos de Representantes, com prévio parecer do Conselho Fiscal, cabendo ao Ministro do Trabalho estabelecer prazos e procedimentos para a sua elaboração e destinação.

Parágrafo acrescentado pela Lei n. 6.386, de 09.12.1976.

Art. 552. Os atos que importem em malversação ou dilapidação do patrimônio das associações ou entidades sindicais ficam equiparados ao crime de peculato julgado e punido na conformidade da legislação penal.

Artigo com redação dada pelo DL n. 925, de 10.10.1969.

Seção VIII
Das Penalidades

Art. 553. As infrações ao disposto neste Capítulo serão punidas, segundo o seu caráter e a sua gravidade, com as seguintes penalidades:

a) multa de Cr$ 100 (cem cruzeiros) e Cr$ 5.000 (cinco mil cruzeiros), dobrada na reincidência;

Alínea com redação ajustada nos termos da Lei n. 6.205, de 29.04.1975.

b) suspensão de diretores por prazo não superior a 30 (trinta) dias;

c) destituição de diretores ou de membros de conselho;

d) fechamento de Sindicato, Federação ou Confederação por prazo nunca superior a 6 (seis) meses;

e) cassação da carta de reconhecimento;

f) multa de 1/30 (um trinta avos) do salário mínimo regional, aplicável ao associado que deixar de cumprir, sem causa justificada, o disposto no parágrafo único do art. 529.

Alínea acrescentada pelo DL n. 229, de 28.02.1967.

§ 1º A imposição de penalidades aos administradores não exclui a aplicação das que este artigo prevê para a associação.

Antigo parágrafo único renumerado pelo DL n. 925, de 10.10.1969.

§ 2º Poderá o Ministro do Trabalho e Previdência Social determinar o afastamento preventivo de cargo ou representação sindicais de seus exercentes, com fundamento em elementos constantes de denúncia formalizada que constituam indício veemente ou início de prova bastante do fato e da autoria denunciados.

Parágrafo acrescentado pelo DL n. 925, de 10.10.1969.

Veja nota no início da CLT.

Art. 554. Destituída a administração, na hipótese da alínea *c* do artigo anterior, o Ministro do Trabalho, Indústria e Comércio nomeará um Delegado para dirigir a associação e proceder, dentro do prazo de 90 (noventa) dias, em Assembleia Geral por ele convocada e presidida, à eleição dos novos diretores e membros do Conselho Fiscal.

Veja art. 8º, CF, que dispõe de modo diverso.

Veja nota no início da CLT.

Art. 555. A pena de cassação da carta de reconhecimento será imposta à entidade sindical:

Veja art. 8º, CF, que dispõe de modo diverso.

a) que deixar de satisfazer as condições de constituição e funcionamento estabelecidas nesta Lei;

b) que se recusar ao cumprimento de ato do Presidente da República, no uso da faculdade conferida pelo art. 536;

O DL n. 229, de 28.02.1967, revogou o art. 536.

c) que criar obstáculos à execução da política econômica adotada pelo Governo.

Alínea com redação dada pelo DL n. 8.080, de 11.10.1945.

Art. 556. A cassação da carta de reconhecimento da entidade sindical não importará o cancelamento de seu registro, nem, consequentemente, a sua dissolução, que se processará de acordo com as disposições da lei que regulam a dissolução das associações civis.

Veja art. 8º, CF, que dispõe de modo diverso.

Parágrafo único. No caso de dissolução, por se achar a associação incursa nas leis que definem crimes contra a personalidade internacional, a estrutura e a segurança do Estado e a ordem política e social, os seus bens, pagas as dívidas decorrentes das suas responsabilidades, serão incorporados ao patrimônio da União e aplicados em obras de assistência social.

Art. 557. As penalidades de que trata o art. 553 serão impostas:

Veja art. 8º, CF, que dispõe de modo diverso.

a) as das alíneas a e b, pelo Delegado Regional do Trabalho, com recurso para o Ministro de Estado;

O art. 35, IV, DL n. 229, de 28.02.1967, determinou a substituição da expressão "Departamento Nacional do Trabalho" por "Delegacia Regional do Trabalho".

b) as demais, pelo Ministro de Estado.

§ 1º Quando se tratar de associações de grau superior, as penalidades serão impostas pelo Ministro de Estado, salvo se a pena for de cassação da carta de reconhecimento de confederação, caso em que a pena será imposta pelo Presidente da República.

§ 2º Nenhuma pena será imposta sem que seja assegurada defesa ao acusado.

Seção IX
Disposições Gerais

Art. 558. São obrigadas ao registro todas as associações profissionais constituídas por atividades ou profissões idênticas, similares ou conexas, de acordo com o art. 511 e na conformidade do Quadro de Atividades e Profissões a que alude o Capítulo II deste Título. As associações profissionais registradas nos termos deste artigo poderão representar, perante as autoridades administrativas e judiciárias, os interesses individuais dos associados relativos à sua atividade ou profissão, sendo-lhes também extensivas as prerrogativas contidas na alínea *d* e no parágrafo único do art. 513.

Veja art. 8º, I, CF, que dispõe de modo diverso.

Veja art. 512, CLT.

§ 1º O registro a que se refere o presente artigo competirá às Delegacias Regionais do Ministério do Trabalho e Previdência Social ou às repartições autorizadas em virtude da lei.

Parágrafo com redação dada pelo DL n. 925, de 10.10.1969.

Veja nota no início da CLT.

§ 2º O registro das associações far-se-á mediante requerimento, acompanhado da cópia autêntica dos estatutos e da declaração do número de associados, do patrimônio e dos serviços sociais organizados.

§ 3º As alterações dos estatutos das associações profissionais não entrarão em vigor sem aprovação da autoridade que houver concedido o respectivo registro.

Art. 559. O Presidente da República, excepcionalmente e mediante proposta do Ministro do Trabalho, fundada em razões de utilidade pública, poderá conceder, por decreto, às associações civis constituídas para a defesa e coordenação de interesses econômicos e profissionais e não obrigadas ao registro previsto no artigo anterior, a prerrogativa da alínea *d* do art. 513 deste Capítulo.

Veja art. 8º, I, CF, que dispõe de modo diverso.

Veja nota no início da CLT.

Art. 560. Não se reputará transmissão de bens, para efeitos fiscais, a incorporação do patrimônio de uma associação profissional ao da entidade sindical, ou das entidades aludidas entre si.

Art. 561. A denominação "sindicato" é privativa das associações profissionais de primeiro grau, reconhecidas na forma desta Lei.

Art. 562. As expressões "federação" e "confederação", seguidas da designação de uma atividade econômica ou profissional, constituem denominações privativas das entidades sindicais de grau superior.

Art. 563. (*Revogado pelo DL n. 925, de 10.10.1969.*)

Art. 564. Às entidades sindicais, sendo-lhes peculiar e essencial a atribuição representativa e coordenadora das correspondentes categorias ou profissões, é vedado, direta ou indiretamente, o exercício de atividade econômica.

Veja art. 8º, CF, que dispõe de modo diverso.

Art. 565. As entidades sindicais reconhecidas nos termos desta Lei não poderão filiar-se a organizações internacionais, nem com elas manter relações, sem prévia licença concedida por decreto do Presidente da República.

Artigo com redação dada pela Lei n. 2.802, de 18.06.1956.

Veja art. 8º, I, CF, que dispõe de modo diverso.

Art. 566. Não podem sindicalizar-se os servidores do Estado e os das instituições paraestatais.

Veja art. 8º, I, CF, que dispõe de modo diverso.

Parágrafo único. Excluem-se da proibição constante deste artigo os empregados das sociedades de economia mista, da Caixa Econômica Federal e das fundações criadas ou mantidas pelo Poder Público da União, dos Estados e Municípios.

Parágrafo acrescentado pela Lei n. 6.128, de 06.11.1974, e com redação dada pela Lei n. 7.449, de 20.12.1985.

Veja art. 8º, CF, que dispõe de modo diverso.

Arts. 567 a 569. (*Revogados pelo DL n. 229, de 28.02.1967.*)

CAPÍTULO II
DO ENQUADRAMENTO SINDICAL

Art. 570. Os Sindicatos constituir-se-ão, normalmente, por categorias econômicas ou profissionais específicas, na conformidade da discriminação do Quadro de Atividades e Profissões a que se refere o art. 577, ou segundo as subdivisões que, sob proposta da Comissão do Enquadramento Sindical, de que trata o art. 576, forem criadas pelo Ministro do Trabalho, Indústria e Comércio.

Veja art. 8º, CF, que dispõe de modo diverso.

Veja nota no início da CLT.

Parágrafo único. Quando os exercentes de quaisquer atividades ou profissões se constituírem, seja pelo número reduzido, seja pela natureza mesma dessas atividades ou profissões, seja pelas afinidades existentes entre elas, em condições tais que não se possam sindicalizar eficientemente pelo critério de especificidade de categoria, é-lhes permitido sindicalizar-se pelo critério de categorias similares ou conexas, entendendo-se como tais as que se acham compreendidas nos limites de cada grupo constante do Quadro de Atividades e Profissões.

Art. 571. Qualquer das atividades ou profissões concentradas na forma do parágrafo único do artigo anterior poderá dissociar-se do Sindicato principal, formando um Sindicato específico, desde que o novo Sindicato, a juízo da Comissão do Enquadramento Sindical, ofereça possibilidade de vida associativa regular e de ação sindical eficiente.

Veja art. 8º, CF, que dispõe de modo diverso.

Art. 572. Os sindicatos que se constituírem por categorias similares ou conexas, nos termos do parágrafo único do art. 570, adotarão denominação em que fiquem, tanto quanto possível, explicitamente mencionadas as atividades ou profissões concentradas, de conformidade com o Quadro de Atividades e Profissões, ou se se tratar de subdivisões, de acordo com o que determinar a Comissão do Enquadramento Sindical.

Veja art. 8º, CF, que dispõe de modo diverso.

Parágrafo único. Ocorrendo a hipótese do artigo anterior, o Sindicato principal terá a denominação alterada, eliminando-se-lhe a designação relativa à atividade ou profissão dissociada.

Art. 573. O agrupamento dos Sindicatos em Federações obedecerá às mesmas regras que as estabelecidas neste Capítulo para o agrupamento das atividades e profissões em Sindicatos.

Veja art. 8º, CF, que dispõe de modo diverso.

Parágrafo único. As Federações de Sindicatos de profissões liberais poderão ser organizadas independentemente do grupo básico da Confederação, sempre que as respectivas profissões se acharem submetidas, por disposições de lei, a um único regulamento.

Antigo § 1º renumerado pelo DL n. 229, de 28.02.1967.

§ 2º (*Revogado pelo DL n. 229, de 28.02.1967.*)

Art. 574. Dentro da mesma base territorial, as empresas industriais do tipo artesanal poderão constituir entidades sindicais, de primeiro e segundo graus, distintas das associações sindicais das empresas congêneres, de tipo diferente.

Veja art. 8º, CF, que dispõe de modo diverso.

Parágrafo único. Compete à Comissão do Enquadramento Sindical definir, de modo genérico, com a aprovação do Ministro do Trabalho, Indústria e Comércio, a dimensão e os demais característicos das empresas industriais de tipo artesanal.

Art. 575. O Quadro de Atividades e Profissões será revisto de dois em dois anos, por proposta da Comissão do Enquadramento Sindical, para o fim de ajustá-lo às condições da estrutura econômica e profissional do País.

Veja art. 8º, CF, que dispõe de modo diverso.

§ 1º Antes de proceder à revisão do Quadro, a Comissão deverá solicitar sugestões às entidades sindicais e às associações profissionais.

§ 2º A proposta de revisão será submetida à aprovação do Ministro do Trabalho, Indústria e Comércio.

Veja nota no início da CLT.

Art. 576. A Comissão do Enquadramento Sindical será constituída pelo Diretor-Geral do Departamento Nacional do Trabalho, que a presidirá, e pelos seguintes membros:

Caput com redação dada pela Lei n. 5.819, de 06.11.1972.

Veja art. 8º, CF, que dispõe de modo diverso.

I – 2 (dois) representantes do Departamento Nacional do Trabalho;

Inciso com redação dada pela Lei n. 5.819, de 06.11.1972.

II – 1 (um) representante da Secretaria de Emprego e Salário;

Inciso com redação dada pela Lei n. 5.819, de 06.11.1972.

III – 1 (um) representante do Instituto Nacional de Tecnologia, do Ministério da Indústria e do Comércio;

Inciso com redação dada pela Lei n. 5.819, de 06.11.1972.

IV – 1 (um) representante do Instituto Nacional de Colonização e Reforma Agrária, do Ministério da Agricultura;

Inciso com redação dada pela Lei n. 5.819, de 06.11.1972.

V – 1 (um) representante do Ministério dos Transportes;

Inciso com redação dada pela Lei n. 5.819, de 06.11.1972.

VI – 2 (dois) representantes das categorias econômicas; e

Inciso com redação dada pela Lei n. 5.819, de 06.11.1972.

VII – 2 (dois) representantes das categorias profissionais.

Inciso com redação dada pela Lei n. 5.819, de 06.11.1972.

§ 1º Os membros da CES serão designados pelo Ministro do Trabalho e Previdência Social, mediante:

Parágrafo acrescentado pelo DL n. 229, de 28.02.1967.

a) indicação dos titulares das Pastas, quanto aos representantes dos outros Ministérios;

Alínea acrescentada pelo DL n. 229, de 28.02.1967.

b) indicação do respectivo Diretor-Geral, quanto ao do DNMO;

Alínea acrescentada pelo DL n. 229, de 28.02.1967.

c) eleição pelas respectivas Confederações, em conjunto, quanto aos representantes das categorias econômicas e profissionais, de acordo com as instruções que forem expedidas pelo Ministro do Trabalho e Previdência Social.

Alínea acrescentada pelo DL n. 229, de 28.02.1967.

Veja nota no início da CLT.

§ 2º Cada membro terá um suplente designado juntamente com o titular.

Parágrafo acrescentado pelo DL n. 229, de 28.02.1967.

§ 3º Será de 3 (três) anos o mandato dos representantes das categorias econômica e profissional.

Parágrafo acrescentado pelo DL n. 229, de 28.02.1967, e com redação pelo DL n. 925, de 10.10.1969.

§ 4º Os integrantes da Comissão perceberão a gratificação de presença que for estabelecida por decreto executivo.

Parágrafo acrescentado pelo DL n. 229, de 28.02.1967.

§ 5º Em suas faltas ou impedimentos o Diretor-Geral do DNT será substituído na presidência pelo Diretor substituto do Departamento ou pelo representante desse na Comissão, nesta ordem.

Parágrafo acrescentado pelo DL n. 229, de 28.02.1967, e com redação dada pelo DL n. 506, de 18.03.1969.

§ 6º Além das atribuições fixadas no presente Capítulo e concernentes ao enquadramento sindical, individual ou coletivo, e à classificação das atividades e profissões, competirá também à CES resolver, com recurso para o Ministro do Trabalho e Previdência Social, todas as dúvidas e controvérsias concernentes à organização sindical.

Parágrafo acrescentado pelo DL n. 229, de 28.02.1967.

Veja nota no início da CLT.

Art. 577. O Quadro de Atividades e Profissões em vigor fixará o plano básico do enquadramento sindical.

Veja art. 8º, CF, que dispõe de modo diverso.

CAPÍTULO III
DA CONTRIBUIÇÃO SINDICAL

O art. 7º, Lei n. 11.648, de 31.03.2008, dispõe que os arts. 578 a 610, CLT, vigorarão até que lei venha a disciplinar a contribuição negocial, vinculada ao exercício efetivo da negociação coletiva e à aprovação em assembleia geral da categoria.

Veja DL n. 27, de 14.11.1966, que passou a denominar "contribuição sindical" a antiga expressão "imposto sindical".

Seção I
Da Fixação e do Recolhimento da Contribuição Sindical

Art. 578. As contribuições devidas aos sindicatos pelos participantes das categorias econômicas ou profissionais ou das profissões liberais representadas pelas referidas entidades serão, sob a denominação de contribuição sindical, pagas, recolhidas e aplicadas na forma estabelecida neste Capítulo, desde que prévia e expressamente autorizadas.

Artigo com redação dada pela Lei n. 13.467, de 13.07.2017.

Veja Súmulas ns. 222 e 396, STJ.

Art. 579. O desconto da contribuição sindical está condicionado à autorização prévia e expressa dos que participarem de uma determinada categoria econômica ou profissional, ou de uma profissão liberal, em favor do sindicato representativo da mesma categoria ou profissão ou, inexistindo este, na conformidade do disposto no art. 591 desta Consolidação.

Artigo com redação dada pela Lei n. 13.467, de 13.07.2017.

Veja art. 583, CLT.

Art. 580. A contribuição sindical será recolhida, de uma só vez, anualmente, e consistirá:

Caput com redação dada pela Lei n. 6.386, de 09.12.1976.

I – na importância correspondente à remuneração de 1 (um) dia de trabalho, para os empregados, qualquer que seja a forma da referida remuneração;

Inciso com redação dada pela Lei n. 6.386, de 09.12.1976.

II – para os agentes ou trabalhadores autônomos e para os profissionais liberais, numa importância correspondente a 30% (trinta por cento) do maior valor de referência fixado pelo Poder Executivo, vigente à época em que é devida a contribuição sindical, arredondada para Cr$ 1,00 (um cruzeiro) a fração porventura existente;

Inciso com redação dada pela Lei n. 7.047, de 01.12.1982.

III – para os empregadores, numa importância proporcional ao capital social da firma ou empresa, registrado nas respectivas Juntas Comerciais ou órgãos equivalentes, mediante a aplicação de alíquotas, conforme a seguinte Tabela progressiva:

Inciso com redação dada pela Lei n. 7.047, de 01.12.1982.

Classes de Capital	Alíquota %
1 – Até 150 vezes o maior valor de referência	0,8
2 – Acima de 150, até 1.500 vezes o maior valor de referência	0,2
3 – Acima de 1.500, até 150.000 vezes o maior valor de referência	0,1
4 – Acima de 150.000, até 800.000 vezes o maior valor de referência	0,02

§ 1º A contribuição sindical prevista na Tabela constante do item III deste artigo corresponderá à soma da aplicação das alíquotas sobre a porção do capital distribuído em cada classe, observados os respectivos limites.

Parágrafo acrescentado pela Lei n. 4.140, de 21.09.1962, e com redação dada pela Lei n. 6.386, de 09.12.1976.

§ 2º Para efeito do cálculo de que trata a Tabela progressiva inserta no item III deste artigo, considerar-se-á o valor de referência fixado pelo Poder Executivo, vigente à data de competência da contribuição, arredondando-se para Cr$ 1,00 (um cruzeiro) a fração porventura existente.

Parágrafo acrescentado pela Lei n. 4.140, de 21.09.1962, e com redação dada pela Lei n. 6.386, de 09.12.1976.

§ 3º É fixada em 60% (sessenta por cento) do maior valor de referência, a que alude o parágrafo anterior, a contribuição mínima devida pelos empregadores, independentemente do capital social da firma ou empresa, ficando, do mesmo modo, estabelecido o capital equivalente a 800.000 (oitocentas mil) vezes o maior valor de referência, para efeito do cálculo da contribuição máxima, respeitada a Tabela progressiva constante do item III.

Parágrafo acrescentado pela Lei n. 4.140, de 21.09.1962, e com redação dada pela Lei n. 7.047, de 01.12.1982.

§ 4º Os agentes ou trabalhadores autônomos e os profissionais liberais, organizados em firma ou empresa, com capital social registrado, recolherão a contribuição sindical de acordo com a Tabela progressiva a que se refere o item III.

Parágrafo acrescentado pela Lei n. 6.386, de 09.12.1976.

§ 5º As entidades ou instituições que não estejam obrigadas ao registro de capital social considerarão como capital, para efeito do cálculo de que trata a Tabela progressiva constante do item III deste artigo, o valor resultante da aplicação do percentual de 40% (quarenta por cento) sobre o movimento econômico registrado no exercício imediatamente anterior, do que darão conhecimento à respectiva entidade sindical ou à Delegacia Regional do Trabalho, observados os limites estabelecidos no § 3º deste artigo.

Parágrafo acrescentado pela Lei n. 6.386, de 09.12.1976.

§ 6º Excluem-se da regra do § 5º as entidades ou instituições que comprovarem, através de requerimento dirigido ao Ministério do Trabalho, que não exercem atividade econômica com fins lucrativos.

Parágrafo acrescentado pela Lei n. 6.386, de 09.12.1976.

Art. 581. Para os fins do item III do artigo anterior, as empresas atribuirão parte do respectivo capital às suas sucursais, filiais ou agências, desde que localizadas fora da base territorial da entidade sindical representativa da atividade econômica do estabelecimento principal, na proporção das correspondentes operações econômicas, fazendo a devida comunicação às Delegacias Regionais do Trabalho, conforme a localidade da sede da empresa, sucursais, filiais ou agências.

Caput com redação dada pela Lei n. 6.386, de 09.12.1976.

§ 1º Quando a empresa realizar diversas atividades econômicas, sem que nenhuma delas seja preponderante, cada uma dessas atividades será incorporada à respectiva categoria econômica, sendo a contribuição sindical devida à entidade sindical representativa da mesma categoria, procedendo-se, em relação às correspondentes sucursais, agências ou filiais, na forma do presente artigo.

Antigo § 2º renumerado e com redação dada pela Lei n. 6.386, de 09.12.1976.

§ 2º Entende-se por atividade preponderante a que caracterizar a unidade de produto, operação ou objetivo final, para cuja obtenção todas as demais atividades convirjam, exclusivamente, em regime de conexão funcional.

Antigo § 3º renumerado pela Lei n. 6.386, de 09.12.1976.

Art. 582. Os empregadores são obrigados a descontar da folha de pagamento de seus empregados relativa ao mês de março de cada ano a contribuição sindical dos empregados que autorizaram prévia e expressamente o seu recolhimento aos respectivos sindicatos.

Caput com redação dada pela Lei n. 13.467, de 13.07.2017.

Veja art. 585, parágrafo único, CLT.

§ 1º Considera-se 1 (um) dia de trabalho para efeito de determinação da importância a que alude o item I do art. 580 o equivalente:

Parágrafo com redação dada pela Lei n. 6.386, de 09.12.1976.

a) a 1 (uma) jornada normal de trabalho, se o pagamento ao empregado for feito por unidade de tempo;

Alínea com redação dada pela Lei n. 6.386, de 09.12.1976.

b) a 1/30 (um trinta avos) da quantia percebida no mês anterior, se a remuneração for paga por tarefa, empreitada ou comissão.

Alínea com redação dada pela Lei n. 6.386, de 09.12.1976.

§ 2º Quando o salário for pago em utilidades, ou nos casos em que o empregado receba, habitualmente, gorjetas, a contribuição sindical corresponderá a 1/30 (um trinta avos) da importância que tiver servido de base, no mês de janeiro, para a contribuição do empregado à Previdência Social.

Parágrafo com redação dada pela Lei n. 6.386, de 09.12.1976.

Art. 583. O recolhimento da contribuição sindical referente aos empregados e trabalhadores avulsos será efetuado no mês de abril de cada ano, e o relativo aos agentes ou trabalhadores autônomos e profissionais liberais realizar-se-á no mês de fevereiro, observada a exigência de autorização prévia e expressa prevista no art. 579 desta Consolidação.

Caput com redação pela Lei n. 13.467, de 13.07.2017.

§ 1º O recolhimento obedecerá ao sistema de guias, de acordo com as instruções expedidas pelo Ministro do Trabalho.

Parágrafo acrescentado pela Lei n. 6.386, de 09.12.1976.

§ 2º O comprovante de depósito da contribuição sindical será remetido ao respectivo Sindicato; na falta deste, à correspondente entidade sindical de grau superior, e, se for o caso, ao Ministério do Trabalho.

Parágrafo acrescentado pela Lei n. 6.386, de 09.12.1976.

Art. 584. Servirá de base para o pagamento da contribuição sindical, pelos agentes ou trabalhadores autônomos e profissionais liberais, a lista de contribuintes organizada pelos respectivos Sindicatos e, na falta destes, pelas federações ou confederações coordenadoras da categoria.

Artigo com redação dada pela Lei n. 6.386, de 09.12.1976.

Art. 585. Os profissionais liberais poderão optar pelo pagamento da contribuição sindical unicamente à entidade sindical representativa da respectiva profissão, desde que a exerça, efetivamente, na firma ou empresa e como tal sejam nelas registrados.

Caput com redação dada pela Lei n. 6.386, de 09.12.1976.

Parágrafo único. Na hipótese referida neste artigo, à vista da manifestação do contribuinte e da exibição da prova de quitação da contribuição, dada por Sindicato de profissionais liberais, o empregador deixará de efetuar, no salário do contribuinte, o desconto a que se refere o art. 582.

Parágrafo com redação dada pela Lei n. 6.386, de 09.12.1976.

Art. 586. A contribuição sindical será recolhida, nos meses fixados no presente Capítulo, à Caixa Econômica Federal, ao Banco do Brasil S/A, ou aos estabelecimentos bancários nacionais integrantes do Sistema de Arrecadação dos Tributos Federais, os quais, de acordo com instruções expedidas pelo Conselho Monetário Nacional, repassarão à Caixa Econômica Federal as importâncias arrecadadas.

Caput com redação dada pela Lei n. 6.386, de 09.12.1976.

§ 1º Integrarão a rede arrecadadora as Caixas Econômicas Estaduais, nas localidades onde inexistam os estabelecimentos previstos no *caput* deste artigo.

Parágrafo com redação dada pela Lei n. 6.386, de 09.12.1976.

§ 2º Tratando-se de empregador, agentes ou trabalhadores autônomos ou profissionais liberais, o recolhimento será efetuado pelos próprios, diretamente ao estabelecimento arrecadador.

Parágrafo com redação dada pela Lei n. 6.386, de 09.12.1976.

§ 3º A contribuição sindical devida pelos empregados e trabalhadores avulsos será recolhida pelo empregador e pelo Sindicato, respectivamente.

Parágrafo com redação dada pela Lei n. 6.386, de 09.12.1976.

§§ 4º a 6º (*Suprimidos pela Lei n. 6.386, de 09.12.1976.*)

Art. 587. Os empregadores que optarem pelo recolhimento da contribuição sindical deverão fazê-lo no mês de janeiro de cada ano, ou, para os que venham a se estabelecer após o referido mês, na ocasião em que requererem às repartições o registro ou a licença para o exercício da respectiva atividade.

Artigo com redação pela Lei n. 13.467, de 13.07.2017.

Art. 588. A Caixa Econômica Federal manterá conta-corrente intitulada "Depósitos da Arrecadação da Contribuição Sindical", em nome de cada uma das entidades sindicais beneficiadas, cabendo ao Ministério do Trabalho cientificá-la das ocorrências pertinentes à vida administrativa dessas entidades.

Caput com redação dada pela Lei n. 6.386, de 09.12.1976.

§ 1º Os saques na conta-corrente referida no *caput* deste artigo far-se-ão mediante ordem bancária ou cheque com as assinaturas conjuntas do Presidente e do Tesoureiro da entidade sindical.

Parágrafo com redação dada pela Lei n. 6.386, de 09.12.1976.

§ 2º A Caixa Econômica Federal remeterá, mensalmente, a cada entidade sindical, um extrato da respectiva conta-corrente, e, quando solicitado, aos órgãos do Ministério do Trabalho.

Parágrafo com redação dada pela Lei n. 6.386, de 09.12.1976.

Art. 589. Da importância da arrecadação da contribuição sindical serão feitos os seguintes créditos pela Caixa Econômica Federal, na forma das instruções que forem expedidas pelo Ministro do Trabalho:

Caput com redação dada pela Lei n. 6.386, de 09.12.1976.

Veja art. 590 da CLT.

I – para os empregadores:

Inciso com redação dada e alíneas acrescentadas pela Lei n. 11.648, de 31.03.2008.

a) 5% (cinco por cento) para a confederação correspondente;

Veja art. 591, parágrafo único, CLT.

b) 15% (quinze por cento) para a federação;

Veja art. 591, parágrafo único, CLT.

c) 60% (sessenta por cento) para o sindicato respectivo; e

Veja art. 591, *caput*, CLT.

d) 20% (vinte por cento) para a "Conta Especial Emprego e Salário";

II – para os trabalhadores:

Inciso com redação dada e alíneas acrescentadas pela Lei n. 11.648, de 31.03.2008.

Veja art. 591, *caput*, CLT.

a) 5% (cinco por cento) para a confederação correspondente;

Veja art. 591, parágrafo único, CLT.

b) 10% (dez por cento) para a central sindical;

c) 15% (quinze por cento) para a federação;

Veja art. 591, parágrafo único, CLT.

d) 60% (sessenta por cento) para o sindicato respectivo; e

e) 10% (dez por cento) para a "Conta Especial Emprego e Salário";

III e IV – (*Revogados pela Lei n. 11.648, de 31.03.2008.*)

§ 1º O sindicato de trabalhadores indicará ao Ministério do Trabalho e Emprego a central sindical a que estiver filiado como beneficiária da respectiva contribuição sindical, para fins de destinação dos créditos previstos neste artigo.

Parágrafo acrescentado pela Lei n. 11.648, de 31.03.2008.

§ 2º A central sindical a que se refere a alínea *b* do inciso II do *caput* deste artigo deverá atender aos requisitos de representatividade previstos na legislação específica sobre a matéria.

Parágrafo acrescentado pela Lei n. 11.648, de 31.03.2008.

Art. 590. Inexistindo confederação, o percentual previsto no art. 589 desta Consolidação caberá à federação representativa do grupo.

Caput com redação dada pela Lei n. 11.648, de 31.03.2008.

§§ 1º e 2º (*Revogados pela Lei n. 11.648, de 31.03.2008.*)

§ 3º Não havendo sindicato, nem entidade sindical de grau superior ou central sindical, a contribuição sindical será creditada, integralmente, à "Conta Especial Emprego e Salário".

Parágrafo com redação dada pela Lei n. 11.648, de 31.03.2008.

§ 4º Não havendo indicação de central sindical, na forma do § 1º do art. 589 desta Consolidação, os percentuais que lhe caberiam serão destinados à "Conta Especial Emprego e Salário".

Parágrafo acrescentado pela Lei n. 11.648, de 31.03.2008.

Art. 591. Inexistindo sindicato, os percentuais previstos na alínea *c* do inciso I e na alínea *d* do inciso II do *caput* do art. 589 desta Consolidação serão creditados à federação correspondente à mesma categoria econômica ou profissional.

Caput com redação dada pela Lei n. 11.648, de 31.03.2008.

Veja art. 579, CLT.

Parágrafo único. Na hipótese do *caput* deste artigo, os percentuais previstos nas alíneas *a* e *b* do inciso I e nas alíneas *a* e *c* do inciso II do *caput* do art. 589 desta Consolidação caberão à confederação.

Parágrafo com redação dada pela Lei n. 11.648, de 31.03.2008.

Seção II
Da Aplicação da Contribuição Sindical

Veja DL n. 27, de 14.11.1966, que passou a denominar "contribuição sindical" a antiga expressão "imposto sindical".

Art. 592. A contribuição sindical, além das despesas vinculadas à sua arrecadação, recolhimento e controle, será aplicada pelos Sindicatos, na conformidade dos respectivos estatutos, visando aos seguintes objetivos:

Caput com redação dada pela Lei n. 6.386, de 09.12.1976.

I – Sindicatos de Empregadores e de Agentes Autônomos:

Inciso com redação dada pela Lei n. 6.386, de 09.12.1976.

a) assistência técnica e jurídica;

Alínea com redação dada pela Lei n. 6.386, de 09.12.1976.

Veja Súmula n. 82, TST.

b) assistência médica, dentária, hospitalar e farmacêutica;

Alínea com redação dada pela Lei n. 6.386, de 09.12.1976.

c) realização de estudos econômicos e financeiros;

Alínea com redação dada pela Lei n. 6.386, de 09.12.1976.

d) agências de colocação;

Alínea com redação dada pela Lei n. 6.386, de 09.12.1976.

e) cooperativas;

Alínea com redação dada pela Lei n. 6.386, de 09.12.1976.

f) bibliotecas;

Alínea com redação dada pela Lei n. 6.386, de 09.12.1976.

g) creches;

Alínea com redação dada pela Lei n. 6.386, de 09.12.1976.

h) congressos e conferências;

Alínea com redação dada pela Lei n. 6.386, de 09.12.1976.

i) medidas de divulgação comercial e industrial no País, e no estrangeiro, bem como em outras tendentes a incentivar e aperfeiçoar a produção nacional;

Alínea com redação dada pela Lei n. 6.386, de 09.12.1976.

j) feiras e exposições;

Alínea com redação dada pela Lei n. 6.386, de 09.12.1976.

l) prevenção de acidentes do trabalho;

Alínea com redação dada pela Lei n. 6.386, de 09.12.1976.

m) finalidades desportivas;

Alínea com redação dada pela Lei n. 6.386, de 09.12.1976.

II – Sindicatos de Empregados:

Inciso e alíneas com redação dada pela Lei n. 6.386, de 09.12.1976.

a) assistência jurídica;
b) assistência médica, dentária, hospitalar e farmacêutica;
c) assistência à maternidade;
d) agências de colocação;
e) cooperativas;
f) bibliotecas;
g) creches;
h) congressos e conferências;
i) auxílio-funeral;
j) colônias de férias e centros de recreação;
l) prevenção de acidentes do trabalho;
m) finalidades desportivas e sociais;
n) educação e formação profissional;
o) bolsas de estudo;

III – Sindicatos de Profissionais Liberais:

Inciso e alíneas com redação dada pela Lei n. 6.386, de 09.12.1976.

a) assistência jurídica;
b) assistência médica, dentária, hospitalar e farmacêutica;
c) assistência à maternidade;
d) bolsas de estudo;
e) cooperativas;
f) bibliotecas;
g) creches;
h) congressos e conferências;
i) auxílio-funeral;
j) colônias de férias e centros de recreação;
l) estudos técnicos e científicos;
m) finalidades desportivas e sociais;
n) educação e formação profissional;
o) prêmios por trabalhos técnicos e científicos;

IV – Sindicatos de Trabalhadores Autônomos:

Inciso e alíneas com redação dada pela Lei n. 6.386, de 09.12.1976.

a) assistência técnica e jurídica;
b) assistência médica, dentária, hospitalar e farmacêutica;
c) assistência à maternidade;
d) bolsas de estudo;
e) cooperativas;
f) bibliotecas;
g) creches;
h) congressos e conferências;
i) auxílio-funeral;
j) colônias de férias e centros de recreação;
l) educação e formação profissional;
m) finalidades desportivas e sociais.

§ 1º A aplicação prevista neste artigo ficará a critério de cada entidade, que, para tal fim, obedecerá, sempre, às peculiaridades do respectivo grupo ou categoria, facultado ao Ministro do Trabalho permitir a inclusão de novos programas, desde que assegurados os serviços assistenciais fundamentais da entidade.

Antigo parágrafo único renumerado pelo DL n. 229, de 28.02.1967, e com redação dada pela Lei n. 6.386, de 09.12.1976.

§ 2º Os Sindicatos poderão destacar, em seus orçamentos anuais, até 20% (vinte por cento) dos recursos da contribuição sindical para o custeio das suas atividades administrativas, independentemente de autorização ministerial.

Parágrafo acrescentado pelo DL n. 229, de 28.02.1967, e com redação dada pela Lei n. 6.386, de 09.12.1976.

§ 3º O uso da contribuição sindical prevista no § 2º não poderá exceder do valor total das mensalidades sociais consignadas nos orçamentos dos Sindicatos, salvo autorização expressa do Ministro do Trabalho.

Parágrafo acrescentado pelo DL n. 925, de 10.10.1969, e com redação dada pela Lei n. 6.386, de 09.12.1976.

Art. 593. As percentagens atribuídas às entidades sindicais de grau superior e às centrais sindicais serão aplicadas de conformidade com o que dispuserem os respectivos conselhos de representantes ou estatutos.

Caput com redação dada pela Lei n. 11.648, de 31.03.2008.

Parágrafo único. Os recursos destinados às centrais sindicais deverão ser utilizados no custeio das atividades de representação geral dos trabalhadores decorrentes de suas atribuições legais.

Parágrafo acrescentado pela Lei n. 11.648, de 31.03.2008.

Art. 594. (*Revogado pela Lei n. 4.589, de 11.12.1964.*)

Seção III
Da Comissão da Contribuição Sindical

Veja DL n. 27, de 14.11.1966, que passou a denominar "contribuição sindical" a antiga expressão "imposto sindical".

Arts. 595 a 597. (*Revogados pela Lei n. 4.589, de 11.12.1964.*)

Seção IV
Das Penalidades

Art. 598. Sem prejuízo da ação criminal e das penalidades previstas no art. 553, serão aplicadas multas de Cr$ 10,00 (dez cruzeiros) a Cr$ 10.000,00 (dez mil cruzeiros) pelas infrações deste Capítulo impostas no Distrito Federal pela autoridade competente de 1ª instância da Delegacia Regional do Trabalho e nos Estados e no Território do Acre pelas autoridades regionais do Ministério do Trabalho, Indústria e Comércio.

O art. 35, IV, DL n. 229, de 28.02.1967, determinou a substituição da expressão "Departamento Nacional do Trabalho" por "Delegacia Regional do Trabalho".

Veja nota no início da CLT.

Veja Lei n. 4.070, de 15.06.1962 (eleva o Território do Acre à categoria de Estado).

Parágrafo único. A gradação da multa atenderá à natureza da infração e às condições sociais e econômicas do infrator.

Art. 599. Para os profissionais liberais, a penalidade consistirá na suspensão do exercício profissional, até a necessária quitação, e será aplicada pelos órgãos públicos ou autárquicos disciplinadores das respectivas profissões mediante comunicação das autoridades fiscalizadoras.

Art. 600. O recolhimento da contribuição sindical efetuado fora do prazo referido neste Capítulo, quando espontâneo, será acrescido da multa de 10% (dez por cento), nos 30 (trinta) primeiros dias, com o adicional de 2% (dois por cento) por mês subsequente de atraso, além de juros de mora de 1% (um por cento) ao mês e correção monetária, ficando, nesse caso, o infrator, isento de outra penalidade.

Caput com redação dada pela Lei n. 6.181, de 11.12.1974.

§ 1º O montante das cominações previstas neste artigo reverterá sucessivamente:

Parágrafo com redação dada e alíneas acrescentadas pela Lei n. 6.181, de 11.12.1974.

a) ao Sindicato respectivo;

b) à Federação respectiva, na ausência de Sindicato;

c) à Confederação respectiva, inexistindo Federação.

§ 2º Na falta de Sindicato ou entidade de grau superior, o montante a que alude o parágrafo precedente reverterá à conta "Emprego e Salário".

Parágrafo acrescentado pela Lei n. 4.589, de 11.12.1964, e com redação dada pela Lei n. 6.181, de 11.12.1974.

Seção V
Disposições Gerais

Art. 601. (*Revogado pela Lei n. 13.467, de 13.07.2017.*)

Art. 602. Os empregados que não estiverem trabalhando no mês destinado ao desconto da contribuição sindical e que venham a autorizar prévia e expressamente o recolhimento serão descontados no primeiro mês subsequente ao do reinício do trabalho.

Caput com redação pela Lei n. 13.467, de 13.07.2017.

Parágrafo único. De igual forma se procederá com os empregados que forem admitidos depois daquela data e que não tenham trabalhado anteriormente nem apresentado a respectiva quitação.

Art. 603. Os empregadores são obrigados a prestar aos encarregados da fiscalização os esclarecimentos necessários ao desempenho de sua missão e a exibir-lhes, quando exigidos, na parte relativa ao pagamento de empregados, os seus livros, folhas de pagamento e outros documentos comprobatórios desses pagamentos, sob pena da multa cabível.

Art. 604. (*Revogado pela Lei n. 13.467, de 13.07.2017.*)

Art. 605. As entidades sindicais são obrigadas a promover a publicação de editais concernentes ao recolhimento da contribuição sindical, durante 3 (três) dias, nos jornais de maior circulação local e até 10 (dez) dias da data fixada para depósito bancário.

Art. 606. Às entidades sindicais cabe, em caso de falta de pagamento da contribuição sindical, promover a respectiva cobrança judicial, mediante ação executiva, valendo como título de dívida a certidão expedida pelas autoridades regionais do Ministério do Trabalho e Previdência Social.

Caput com redação dada pelo DL n. 925, de 10.10.1969.

Veja nota no início da CLT.

§ 1º O Ministério do Trabalho, Indústria e Comércio baixará as instruções regulando a expedição das certidões a que se refere o presente artigo, das quais deverá constar a individualização do contribuinte, a indicação do débito e a designação da entidade a favor da qual é recolhida a importância da contribuição sindical, de acordo com o respectivo enquadramento sindical.

Veja nota no início da CLT.

§ 2º Para os fins da cobrança judicial da contribuição sindical, são extensivos às entidades sindicais, com exceção do foro especial, os privilégios da Fazenda Pública, para cobrança da dívida ativa.

Art. 607. São consideradas como documento essencial ao comparecimento às concorrências públicas ou administrativas e para o fornecimento às repartições paraestatais ou autárquicas a prova da quitação da respectiva contribuição sindical e a de recolhimento da contribuição sindical, descontada dos respectivos empregados.

Veja art. 608, parágrafo único, CLT.

Art. 608. As repartições federais, estaduais ou municipais não concederão registro ou licenças para funcionamento ou renovação de atividades aos estabelecimentos de empregadores e aos escritórios ou congêneres dos agentes ou trabalhadores autônomos e profissionais liberais, nem concederão alvarás de licença ou localização, sem que sejam exibidas as provas de quitação da contribuição sindical, na forma do artigo anterior.

Parágrafo único. A não observância do disposto neste artigo acarretará, de pleno direito, a nulidade dos atos nele referidos, bem como dos mencionados no art. 607.

Parágrafo acrescentado pela Lei n. 6.386, de 09.12.1976.

Art. 609. O recolhimento da contribuição sindical e todos os lançamentos e movimentos nas contas respectivas são isentos de selos e taxas federais, estaduais ou municipais.

Art. 610. As dúvidas no cumprimento deste Capítulo serão resolvidas pelo Diretor-Geral do Departamento Nacional do Trabalho, que expedirá as instruções que se tornarem necessárias à sua execução.

Artigo com redação dada pela Lei n. 4.589, de 11.12.1964.

TÍTULO VI
DAS CONVENÇÕES COLETIVAS DE TRABALHO

Título com denominação dada pelo DL n. 229, de 28.02.1967.

Veja art. 7º, XXVI, CF.

Art. 611. Convenção Coletiva de Trabalho é o acordo de caráter normativo, pelo qual dois ou mais Sindicatos representativos de categorias econômicas e profissionais estipulam condições de trabalho aplicáveis, no âmbito das respectivas representações, às relações individuais do trabalho.

Caput com redação dada pelo DL n. 229, de 28.02.1967.

Veja arts. 44 e 45, Lei n. 14.437, de 15.08.2022.

Veja OJ n. 413, SDI-1.

§ 1º É facultado aos Sindicatos representativos de categorias profissionais celebrar Acordos Coletivos com uma ou mais empresas da correspondente categoria econômica, que estipulem condições de trabalho, aplicáveis no âmbito da empresa ou das empresas acordantes às respectivas relações de trabalho.

Antigo parágrafo único renumerado pela Lei n. 2.693, de 23.12.1955, e com redação dada pelo DL n. 229, de 28.02.1967.

§ 2º As Federações e, na falta destas, as Confederações representativas de categorias econômicas ou profissionais poderão celebrar convenções coletivas de trabalho para reger as relações das categorias a elas vinculadas, inorganizadas em Sindicatos, no âmbito de suas representações.

Parágrafo acrescentado pela Lei n. 2.693, de 23.12.1955, e com redação dada pelo DL n. 229, de 28.02.1967.

Art. 611-A. A convenção coletiva e o acordo coletivo de trabalho têm prevalência sobre a lei quando, entre outros, dispuserem sobre:

Artigo acrescentado pela Lei n. 13.467, de 13.07.2017.

Veja art. 444, parágrafo único, CLT.

I – pacto quanto à jornada de trabalho, observados os limites constitucionais;

II – banco de horas anual;

III – intervalo intrajornada, respeitado o limite mínimo de trinta minutos para jornadas superiores a seis horas;

IV – adesão ao Programa Seguro-Emprego (PSE), de que trata a Lei n. 13.189, de 19 de novembro de 2015;

V – plano de cargos, salários e funções compatíveis com a condição pessoal do empregado, bem como identificação dos cargos que se enquadram como funções de confiança;

VI – regulamento empresarial;

VII – representante dos trabalhadores no local de trabalho;

VIII – teletrabalho, regime de sobreaviso, e trabalho intermitente;

IX – remuneração por produtividade, incluídas as gorjetas percebidas pelo empregado, e remuneração por desempenho individual;

X – modalidade de registro de jornada de trabalho;

XI – troca do dia de feriado;

XII – enquadramento do grau de insalubridade;

XIII – prorrogação de jornada em ambientes insalubres, sem licença prévia das autoridades competentes do Ministério do Trabalho;

XIV – prêmios de incentivo em bens ou serviços, eventualmente concedidos em programas de incentivo;

XV – participação nos lucros ou resultados da empresa.

§ 1º No exame da convenção coletiva ou do acordo coletivo de trabalho, a Justiça do Trabalho observará o disposto no § 3º do art. 8º desta Consolidação.

§ 2º A inexistência de expressa indicação de contrapartidas recíprocas em convenção coletiva ou acordo coletivo de trabalho não ensejará sua nulidade por não caracterizar um vício do negócio jurídico.

§ 3º Se for pactuada cláusula que reduza o salário ou a jornada, a convenção coletiva ou o acordo coletivo de trabalho deverão prever a proteção dos empregados contra dispensa imotivada durante o prazo de vigência do instrumento coletivo.

§ 4º Na hipótese de procedência de ação anulatória de cláusula de convenção coletiva ou de acordo coletivo de trabalho, quando houver a cláusula compensatória, esta deverá ser igualmente anulada, sem repetição do indébito.

§ 5º Os sindicatos subscritores de convenção coletiva ou de acordo coletivo de trabalho deverão participar, como litisconsortes necessários, em ação individual ou coletiva, que tenha como objeto a anulação de cláusulas desses instrumentos.

Art. 611-B. Constituem objeto ilícito de convenção coletiva ou de acordo coletivo de trabalho, exclusivamente, a supressão ou a redução dos seguintes direitos:

Artigo acrescentado pela Lei n. 13.467, de 13.07.2017.

I – normas de identificação profissional, inclusive as anotações na Carteira de Trabalho e Previdência Social;

II – seguro-desemprego, em caso de desemprego involuntário;

III – valor dos depósitos mensais e da indenização rescisória do Fundo de Garantia do Tempo de Serviço (FGTS);

IV – salário mínimo;

V – valor nominal do décimo terceiro salário;

VI – remuneração do trabalho noturno superior à do diurno;

VII – proteção do salário na forma da lei, constituindo crime sua retenção dolosa;

VIII – salário-família;

IX – repouso semanal remunerado;

X – remuneração do serviço extraordinário superior, no mínimo, em 50% (cinquenta por cento) à do normal;

XI – número de dias de férias devidas ao empregado;

XII – gozo de férias anuais remuneradas com, pelo menos, um terço a mais do que o salário normal;

XIII – licença-maternidade com a duração mínima de cento e vinte dias;

XIV – licença-paternidade nos termos fixados em lei;

XV – proteção do mercado de trabalho da mulher, mediante incentivos específicos, nos termos da lei;

XVI – aviso prévio proporcional ao tempo de serviço, sendo no mínimo de trinta dias, nos termos da lei;

XVII – normas de saúde, higiene e segurança do trabalho previstas em lei ou em normas regulamentadoras do Ministério do Trabalho;

XVIII – adicional de remuneração para as atividades penosas, insalubres ou perigosas;

XIX – aposentadoria;

XX – seguro contra acidentes de trabalho, a cargo do empregador;

XXI – ação, quanto aos créditos resultantes das relações de trabalho, com prazo prescricional de cinco anos para os trabalhadores urbanos e rurais, até o limite de dois anos após a extinção do contrato de trabalho;

XXII – proibição de qualquer discriminação no tocante a salário e critérios de admissão do trabalhador com deficiência;

XXIII – proibição de trabalho noturno, perigoso ou insalubre a menores de dezoito anos e de qualquer trabalho a menores de dezesseis anos, salvo na condição de aprendiz, a partir de quatorze anos;

XXIV – medidas de proteção legal de crianças e adolescentes;

XXV – igualdade de direitos entre o trabalhador com vínculo empregatício permanente e o trabalhador avulso;

XXVI – liberdade de associação profissional ou sindical do trabalhador, inclusive o direito de não sofrer, sem sua expressa e prévia anuência, qualquer cobrança ou desconto salarial estabelecidos em convenção coletiva ou acordo coletivo de trabalho;

XXVII – direito de greve, competindo aos trabalhadores decidir sobre a oportunidade de exercê-lo e sobre os interesses que devam por meio dele defender;

XXVIII – definição legal sobre os serviços ou atividades essenciais e disposições legais sobre o atendimento das necessidades inadiáveis da comunidade em caso de greve;

XXIX – tributos e outros créditos de terceiros;

XXX – as disposições previstas nos arts. 373-A, 390, 392, 392-A, 394, 394-A, 395, 396 e 400 desta Consolidação.

Parágrafo único. Regras sobre duração do trabalho e intervalos não são consideradas como normas de saúde, higiene e segurança do trabalho para os fins do disposto neste artigo.

Art. 612. Os Sindicatos só poderão celebrar Convenções ou Acordos Coletivos de Trabalho, por deliberação de Assembleia Geral especialmente convocada para esse fim, consoante o disposto nos respectivos Estatutos, dependendo a validade da mesma do comparecimento e votação, em primeira convocação, de 2/3 (dois terços) dos associados da entidade, se se tratar de Convenção, e dos interessados, no caso de Acordo e, em segunda, de 1/3 (um terço) dos membros.

Caput com redação dada pelo DL n. 229, de 28.02.1967.

Veja arts. 457, § 5º, 615, *caput*, e 617, § 2º, CLT.

Parágrafo único. O *quorum* de comparecimento e votação será de 1/8 (um oitavo) dos associados em segunda convocação, nas entidades sindicais que tenham mais de 5.000 (cinco mil) associados.

Parágrafo com redação dada pelo DL n. 229, de 28.02.1967.

Art. 613. As Convenções e os Acordos deverão conter obrigatoriamente:

Caput com redação dada pelo DL n. 229, de 28.02.1967.

I – designação dos Sindicatos convenentes ou dos Sindicatos e empresas acordantes;

Inciso com redação dada pelo DL n. 229, de 28.02.1967.

II – prazo de vigência;

Inciso com redação dada pelo DL n. 229, de 28.02.1967.

III – categorias ou classes de trabalhadores abrangidas pelos respectivos dispositivos;

Inciso com redação dada pelo DL n. 229, de 28.02.1967.

IV – condições ajustadas para reger as relações individuais de trabalho durante sua vigência;

Inciso com redação dada pelo DL n. 229, de 28.02.1967.

V – normas para a conciliação das divergências surgidas entre os convenentes por motivos da aplicação de seus dispositivos;

Inciso com redação dada pelo DL n. 229, de 28.02.1967.

VI – disposições sobre o processo de sua prorrogação e de revisão total ou parcial de seus dispositivos;

Inciso com redação dada pelo DL n. 229, de 28.02.1967.

VII – direitos e deveres dos empregados e empresas;

Inciso com redação dada pelo DL n. 229, de 28.02.1967.

VIII – penalidades para os Sindicatos convenentes, os empregados e as empresas em caso de violação de seus dispositivos.

Inciso com redação dada pelo DL n. 229, de 28.02.1967.

Parágrafo único. As Convenções e os Acordos serão celebrados por escrito, sem emendas nem rasuras, em tantas vias quantos forem os Sindicatos convenentes ou as empresas acordantes, além de uma destinada a registro.

Parágrafo com redação dada pelo DL n. 229, de 28.02.1967.

Art. 614. Os Sindicatos convenentes ou as empresas acordantes promoverão, conjunta ou separadamente, dentro de 8 (oito) dias da assinatura da Convenção ou Acordo, o depósito de uma via do mesmo, para fins de registro e arquivo, no Departamento Nacional do Trabalho, em se tratando de instrumento de caráter nacional ou interestadual, ou nos órgãos regionais do Ministério do Trabalho e Previdência Social nos demais casos.

Caput com redação dada pelo DL n. 229, de 28.02.1967.

Veja nota no início da CLT.

Veja art. 615, § 1º, CLT.

§ 1º As Convenções e os Acordos entrarão em vigor 3 (três) dias após a data da entrega dos mesmos no órgão referido neste artigo.

Parágrafo com redação dada pelo DL n. 229, de 28.02.1967.

§ 2º Cópias autênticas das Convenções e dos Acordos deverão ser afixadas de modo visível, pelos Sindicatos convenentes, nas respectivas sedes e nos estabelecimentos das empresas compreendidas no seu campo de aplicação, dentro de 5 (cinco) dias da data do depósito previsto neste artigo.

Parágrafo com redação dada pelo DL n. 229, de 28.02.1967.

§ 3º Não será permitido estipular duração de convenção coletiva ou acordo coletivo de trabalho superior a dois anos, sendo vedada a ultratividade.

Parágrafo com redação dada pela Lei n. 13.467, de 13.07.2017.

Art. 615. O processo de prorrogação, revisão, denúncia ou revogação total ou parcial de Convenção ou Acordo ficará subordinado, em qualquer caso, à aprovação de Assembleia Geral dos Sindicatos convenentes ou partes acordantes, com observância do disposto no art. 612.

Caput com redação dada pelo DL n. 229, de 28.02.1967.

§ 1º O instrumento de prorrogação, revisão, denúncia ou revogação de Convenção ou Acordo será depositado, para fins de registro e arquivamento, na repartição em que o mesmo originariamente foi depositado, observado o disposto no art. 614.

Parágrafo com redação dada pelo DL n. 229, de 28.02.1967.

§ 2º As modificações introduzidas em Convenção ou Acordo, por força de revisão ou de revogação parcial de suas cláusulas, passarão a vigorar 3 (três) dias após a realização do depósito previsto no § 1º.

Parágrafo com redação dada pelo DL n. 229, de 28.02.1967.

Art. 616. Os Sindicatos representativos de categorias econômicas ou profissionais e as empresas, inclusive as que não tenham representação sindical, quando provocados, não podem recusar-se à negociação coletiva.

Caput com redação dada pelo DL n. 229, de 28.02.1967.

Veja art. 8º, VI, CF.

§ 1º Verificando-se recusa à negociação coletiva, cabe aos Sindicatos ou empresas interessadas dar ciência do fato, conforme o caso, ao Departamento Nacional do Trabalho ou aos órgãos regionais do Ministério do Trabalho e Previdência Social para convocação compulsória dos Sindicatos ou empresas recalcitrantes.

Parágrafo com redação dada pelo DL n. 229, de 28.02.1967.

Veja OJ n. 5, SDC.

§ 2º No caso de persistir a recusa à negociação coletiva, pelo desatendimento às convocações feitas pelo Departamento Nacional do Trabalho ou órgãos regionais do Ministério do Trabalho e Previdência Social ou se malograr a negociação entabulada é facultada aos Sindicatos ou empresas interessadas a instauração de dissídio coletivo.

Parágrafo com redação dada pelo DL n. 229, de 28.02.1967.

Veja nota no início da CLT.

§ 3º Havendo convenção, acordo ou sentença normativa em vigor, o dissídio coletivo deverá ser instaurado dentro dos 60 (sessenta) dias anteriores ao respectivo termo final, para que o novo instrumento possa ter vigência no dia imediato a esse termo.

Parágrafo com redação dada pelo DL n. 424, de 21.01.1969.

Veja art. 867, parágrafo único, *b*, CLT.

§ 4º Nenhum processo de dissídio coletivo de natureza econômica será admitido sem antes se esgotarem as medidas relativas à formalização da Convenção ou Acordo correspondente.

Parágrafo com redação dada pelo DL n. 229, de 28.02.1967.

Art. 617. Os empregados de uma ou mais empresas que decidirem celebrar Acordo Coletivo de Trabalho com as respectivas empresas darão ciência de sua resolução, por escrito, ao Sindicato representativo da categoria profissional, que terá o prazo de 8 (oito) dias para assumir a direção dos entendimentos entre os interessados, devendo igual procedimento ser observado pelas empresas interessadas com relação ao Sindicato da respectiva categoria econômica.

Caput com redação dada pelo DL n. 229, de 28.02.1967.

§ 1º Expirado o prazo de 8 (oito) dias sem que o Sindicato tenha se desincumbido do encargo recebido, poderão os interessados dar conhecimento do fato à Federação a que estiver vinculado o Sindicato e, em falta dessa, à correspondente Confederação, para que, no mesmo prazo, assuma a direção dos entendimentos. Esgotado esse prazo, poderão os interessados prosseguir diretamente na negociação coletiva até final.

Parágrafo com redação dada pelo DL n. 229, de 28.02.1967.

Veja art. 8º, VI, CF.

§ 2º Para o fim de deliberar sobre o Acordo, a entidade sindical convocará Assembleia Geral dos diretamente interessados, sindicalizados ou não, nos termos do art. 612.

Parágrafo com redação dada pelo DL n. 229, de 28.02.1967.

Art. 618. As empresas e instituições que não estiverem incluídas no enquadramento sindical a que se refere o art. 577 desta Consolidação poderão celebrar Acordos Coletivos de Trabalho com os Sindicatos representativos dos respectivos empregados, nos termos deste Título.

Artigo com redação dada pelo DL n. 229, de 28.02.1967.

Art. 619. Nenhuma disposição de contrato individual de trabalho que contrarie normas de Convenção ou Acordo Coletivo de Trabalho poderá prevalecer na execução do mesmo, sendo considerada nula de pleno direito.

Artigo com redação dada pelo DL n. 229, de 28.02.1967.

Art. 620. As condições estabelecidas em acordo coletivo de trabalho sempre prevalecerão sobre as estipuladas em convenção coletiva de trabalho.

Artigo com redação dada pela Lei n. 13.467, de 13.07.2017.

Art. 621. As Convenções e os Acordos poderão incluir, entre suas cláusulas, disposição sobre a constituição e funcionamento de comissões mistas de consulta e colaboração, no plano da empresa e participação nos lucros. Estas disposições mencionarão a forma de constituição, o modo de funcionamento e as atribuições das comissões, assim como o plano de participação, quando for o caso.

Artigo com redação dada pelo DL n. 229, de 28.02.1967.

Veja art. 7º, XI, CF.

Art. 622. Os empregados e as empresas que celebrarem contratos individuais de trabalho, estabelecendo condições contrárias ao que tiver sido ajustado em Convenção ou Acordo que lhes for aplicável, serão passíveis da multa neles fixada.

Caput com redação dada pelo DL n. 229, de 28.02.1967.

Parágrafo único. A multa a ser imposta ao empregado não poderá exceder da metade daquela que, nas mesmas condições, seja estipulada para a empresa.

Parágrafo com redação dada pelo DL n. 229, de 28.02.1967.

Veja Súmula n. 384, TST.

Art. 623. Será nula de pleno direito disposição de Convenção ou Acordo que, direta ou indiretamente, contrarie proibição ou norma disciplinadora da política econômico-financeira do Governo ou concernente à política salarial vigente, não produzindo quaisquer efeitos perante autoridades e repartições públicas, inclusive para fins de revisão de preços e tarifas de mercadorias e serviços.

Caput com redação dada pelo DL n. 229, de 28.02.1967.

Parágrafo único. Na hipótese deste artigo, a nulidade será declarada, de ofício ou mediante representação, pelo Ministro do Trabalho e Previdência Social ou pela Justiça do Trabalho, em processo submetido ao seu julgamento.

Parágrafo com redação dada pelo DL n. 229, de 28.02.1967.

Veja nota no início da CLT.

Art. 624. A vigência de cláusula de aumento ou reajuste salarial, que implique elevação de tarifas ou de preços sujeitos à fixação por autoridade pública ou repartição governamental, dependerá de prévia audiência dessa autoridade ou repartição e sua expressa declaração no tocante à possibilidade de elevação da tarifa ou do preço e quanto ao valor dessa elevação.

Artigo com redação dada pelo DL n. 229, de 28.02.1967.

Art. 625. As controvérsias resultantes da aplicação de Convenção ou de Acordo celebrado nos termos deste Título serão dirimidas pela Justiça do Trabalho.

Artigo com redação dada pelo DL n. 229, de 28.02.1967.

TÍTULO VI-A
DAS COMISSÕES DE CONCILIAÇÃO PRÉVIA

Título acrescentado pela Lei n. 9.958, de 12.01.2000.

Art. 625-A. As empresas e os sindicatos podem instituir Comissões de Conciliação Prévia, de composição paritária, com representantes dos empregados e dos empregadores, com a atribuição de tentar conciliar os conflitos individuais do trabalho.

Artigo acrescentado pela Lei n. 9.958, de 12.01.2000.

Parágrafo único. As Comissões referidas no *caput* deste artigo poderão ser constituídas por grupos de empresas ou ter caráter intersindical.

Art. 625-B. A Comissão instituída no âmbito da empresa será composta de, no mínimo, 2 (dois) e, no máximo, 10 (dez) membros, e observará as seguintes normas:

Artigo acrescentado pela Lei n. 9.958, de 12.01.2000.

I – a metade de seus membros será indicada pelo empregador e a outra metade eleita pelos empregados, em escrutínio secreto, fiscalizado pelo sindicato da categoria profissional;

II – haverá na Comissão tantos suplentes quantos forem os representantes titulares;

III – o mandato dos seus membros, titulares e suplentes, é de um ano, permitida uma recondução.

§ 1º É vedada a dispensa dos representantes dos empregados membros da Comissão de Conciliação Prévia, titulares e suplentes, até 1 (um) ano após o final do mandato, salvo se cometerem falta grave, nos termos da lei.

§ 2º O representante dos empregados desenvolverá seu trabalho normal na empresa, afastando-se de suas atividades apenas quando convocado para atuar como conciliador, sendo computado como tempo de trabalho efetivo o despendido nessa atividade.

Art. 625-C. A Comissão instituída no âmbito do sindicato terá sua constituição e normas de funcionamento definidas em convenção ou acordo coletivo.

Artigo acrescentado pela Lei n. 9.958, de 12.01.2000.

Art. 625-D. Qualquer demanda de natureza trabalhista será submetida à Comissão de Conciliação Prévia se, na localidade da prestação de serviços, houver sido instituída a Comissão no âmbito da empresa ou do sindicato da categoria.

Artigo acrescentado pela Lei n. 9.958, de 12.01.2000.

O STF concedeu, em 13.05.2009, medida cautelar nas ADI ns. 2.139-7 e 2.160-5, para dar interpretação conforme a CF relativamente a este artigo.

§ 1º A demanda será formulada por escrito ou reduzida a termo por qualquer dos membros da Comissão, sendo entregue cópia datada e assinada pelo membro aos interessados.

§ 2º Não prosperando a conciliação, será fornecida ao empregado e ao empregador declaração da tentativa conciliatória frustrada com a descrição de seu objeto, firmada pelos membros da Comissão, que deverá ser juntada à eventual reclamação trabalhista.

Veja art. 625-F, parágrafo único, CLT.

§ 3º Em caso de motivo relevante que impossibilite a observância do procedimento previsto no *caput* deste artigo, será a circunstância declarada na petição inicial da ação intentada perante a Justiça do Trabalho.

§ 4º Caso exista, na mesma localidade e para a mesma categoria, Comissão de empresa e Comissão sindical, o interessado optará por uma delas para submeter a sua demanda, sendo competente aquela que primeiro conhecer do pedido.

Art. 625-E. Aceita a conciliação, será lavrado termo assinado pelo empregado, pelo empregador ou seu preposto e pelos membros da Comissão, fornecendo-se cópia às partes.

Artigo acrescentado pela Lei n. 9.958, de 12.01.2000.

Parágrafo único. O termo de conciliação é título executivo extrajudicial e terá eficácia liberatória geral, exceto quanto às parcelas expressamente ressalvadas.

Art. 625-F. As Comissões de Conciliação Prévia têm prazo de 10 (dez) dias para a realização da sessão de tentativa de conciliação a partir da provocação do interessado.

Artigo acrescentado pela Lei n. 9.958, de 12.01.2000.

Veja art. 625-G, CLT.

Parágrafo único. Esgotado o prazo sem a realização da sessão, será fornecida, no último dia do prazo, a declaração a que se refere o § 2º do art. 625-D.

Art. 625-G. O prazo prescricional será suspenso a partir da provocação da Comissão de Conciliação Prévia, recomeçando a fluir, pelo que lhe resta, a partir da tentativa frustrada de conciliação ou do esgotamento do prazo previsto no art. 625-F.

Artigo acrescentado pela Lei n. 9.958, de 12.01.2000.

Art. 625-H. Aplicam-se aos Núcleos Intersindicais de Conciliação Trabalhista em funcionamento ou que vierem a ser criados, no que couber, as disposições previstas neste Título, desde que observados os princípios da paridade e da negociação coletiva na sua constituição.

Artigo acrescentado pela Lei n. 9.958, de 12.01.2000.

TÍTULO VII
DO PROCESSO DE MULTAS ADMINISTRATIVAS

CAPÍTULO I
DA FISCALIZAÇÃO, DA AUTUAÇÃO E DA IMPOSIÇÃO DE MULTAS

Veja art. 114, VII, CF.

Veja arts. 105, § 2º, e 162, Decreto n. 10.854, de 10.11.2021.

Art. 626. Incumbe às autoridades competentes do Ministério do Trabalho, Indústria e Comércio, ou àquelas que exerçam funções delegadas, a fiscalização do fiel cumprimento das normas de proteção ao trabalho.

Veja nota no início da CLT.

Veja arts. 105, § 2º, e 162, Decreto n. 10.854, de 10.11.2021.

Veja art. 36, parágrafo único, Lei n. 14.437, de 15.08.2022.

Parágrafo único. Os fiscais dos Institutos Nacional de Previdência Social e das entidades paraestatais em geral, dependentes do Ministério do Trabalho, Indústria e Comércio serão competentes para a fiscalização a que se refere o presente artigo, na forma das instruções que forem expedidas pelo Ministro do Trabalho, Indústria e Comércio.

Art. 627. A fim de promover a instrução dos responsáveis no cumprimento das leis de proteção do trabalho, a fiscalização deverá observar o critério de dupla visita nos seguintes casos:

Veja art. 628, CLT.

a) quando ocorrer promulgação ou expedição de novas leis, regulamentos ou instruções ministeriais, sendo que, com relação exclusivamente a esses atos, será feita apenas a instrução dos responsáveis;

b) em se realizando a primeira inspeção dos estabelecimentos ou dos locais de trabalho, recentemente inaugurados ou empreendidos.

Art. 627-A. Poderá ser instaurado procedimento especial para a ação fiscal, objetivando a orientação sobre o cumprimento das leis de proteção ao trabalho, bem como a prevenção e o saneamento de infrações à legislação mediante Termo de Compromisso, na forma a ser disciplinada no Regulamento da Inspeção do Trabalho.

Artigo com redação dada pela MP n. 2.164-41, de 24.08.2001.

Veja art. 628, CLT.

Art. 628. Salvo o disposto nos arts. 627 e 627-A, a toda verificação em que o Auditor-Fiscal do Trabalho concluir pela existência de violação de preceito legal deve corresponder, sob pena de responsabilidade administrativa, a lavratura de auto de infração.

Caput com redação dada pela MP n. 2.164-41, de 24.08.2001.

§ 1º Ficam as empresas obrigadas a possuir o livro intitulado "Inspeção do Trabalho", cujo modelo será aprovado por portaria ministerial.

Parágrafo acrescentado pelo DL n. 229, de 28.02.1967.

§ 2º Nesse livro, registrará o agente da inspeção sua visita ao estabelecimento, declarando a data e a hora do início e término da mesma, bem como o resultado da inspeção, nele consignando, se for o caso, todas as irregularidades verificadas e as exigências feitas, com os respectivos prazos para seu atendimento, e, ainda, de modo legível, os elementos de sua identificação funcional.

Parágrafo acrescentado pelo DL n. 229, de 28.02.1967.

§ 3º Comprovada a má-fé do agente da inspeção, quanto à omissão ou lançamento de qualquer elemento no livro, responderá ele por falta grave no cumprimento do dever, ficando passível, desde logo, da pena de suspensão até 30 (trinta) dias, instaurando-se, obrigatoriamente, em caso de reincidência, inquérito administrativo.

Parágrafo acrescentado pelo DL n. 229, de 28.02.1967.

§ 4º A lavratura de autos contra empresas fictícias e de endereços inexistentes, assim como a apresentação de falsos relatórios, constitui falta grave, punível na forma do § 3º.

Parágrafo acrescentado pelo DL n. 229, de 28.02.1967.

Art. 628-A. Fica instituído o Domicílio Eletrônico Trabalhista, regulamentado pelo Ministério do Trabalho e Previdência, destinado a:

Caput acrescentado pela Lei n. 14.261, de 16.12.2021.

Veja art. 11, *caput*, Decreto n. 10.854, de 10.11.2021.

I – cientificar o empregador de quaisquer atos administrativos, ações fiscais, intimações e avisos em geral; e

Inciso acrescentado pela Lei n. 14.261, de 16.12.2021.

II – receber, por parte do empregador, documentação eletrônica exigida no curso das ações fiscais ou apresentação de defesa e recurso no âmbito de processos administrativos.

Inciso acrescentado pela Lei n. 14.261, de 16.12.2021.

§ 1º As comunicações eletrônicas realizadas pelo Domicílio Eletrônico Trabalhista dispensam a sua publicação no *Diário Oficial da União* e o envio por via postal e são consideradas pessoais para todos os efeitos legais.

Parágrafo acrescentado pela Lei n. 14.261, de 16.12.2021.

§ 2º A ciência por meio do sistema de comunicação eletrônica, com utilização de certificação digital ou de código de acesso, possuirá os requisitos de validade.

Parágrafo acrescentado pela Lei n. 14.261, de 16.12.2021.

Art. 629. O auto de infração será lavrado em duplicata, nos termos dos modelos e instruções expedidos, sendo uma via entregue ao infrator, contra recibo, ou ao mesmo enviada, dentro de 10 (dez) dias da lavratura, sob pena de responsabilidade, em registro postal, com franquia e recibo de volta.

Caput com redação dada pelo DL n. 229, de 28.02.1967:

§ 1º O auto não terá o seu valor probante condicionado à assinatura do infrator ou de testemunhas, e será lavrado no local da inspeção, salvo havendo motivo justificado que será declarado no próprio auto, quando então deverá ser lavrado no prazo de 24 (vinte e quatro) horas, sob pena de responsabilidade.

Parágrafo com redação dada pelo DL n. 229, de 28.02.1967.

§ 2º Lavrado o auto de infração, não poderá ele ser inutilizado, nem sustado o curso do respectivo processo, devendo o agente da inspeção apresentá-lo à autoridade competente, mesmo se incidir em erro.

Parágrafo com redação dada pelo DL n. 229, de 28.02.1967.

§ 3º O infrator terá, para apresentar defesa, o prazo de 10 (dez) dias contados do recebimento do auto.

Parágrafo com redação dada pelo DL n. 229, de 28.02.1967.

§ 4º O auto de infração será registrado com a indicação sumária de seus elementos característicos, em livro próprio que deverá existir em cada órgão fiscalizador, de modo a assegurar o controle do seu processamento.

Parágrafo acrescentado pelo DL n. 229, de 28.02.1967.

Art. 630. Nenhum agente da inspeção poderá exercer as atribuições do seu cargo sem exibir a carteira de identidade fiscal, devidamente autenticada, fornecida pela autoridade competente.

Caput com redação dada pelo DL n. 229, de 28.02.1967:

§ 1º É proibida a outorga de identidade fiscal a quem não esteja autorizado, em razão do cargo ou função, a exercer ou praticar, no âmbito da legislação trabalhista, atos de fiscalização.

Parágrafo acrescentado pelo DL n. 229, de 28.02.1967.

§ 2º A credencial a que se refere este artigo deverá ser devolvida para inutilização, sob as penas da lei, em casos de provimento em outro cargo público, exoneração ou demissão, bem como nos de licenciamento por prazo superior a 60 (sessenta) dias e de suspensão do exercício do cargo.

Parágrafo acrescentado pelo DL n. 229, de 28.02.1967.

§ 3º O agente da inspeção terá livre acesso a todas as dependências dos estabelecimentos sujeitos ao regime da legislação trabalhista, sendo as empresas, por seus dirigentes, ou prepostos, obrigadas a prestar-lhe os esclarecimentos necessários ao desempenho de suas atribuições legais e a exibir-lhe, quando exigidos, quaisquer documentos que digam respeito ao fiel cumprimento das normas de proteção ao trabalho.

Parágrafo acrescentado pelo DL n. 229, de 28.02.1967.

§ 4º Os documentos sujeitos à inspeção deverão permanecer, sob as penas da lei, nos locais de trabalho, somente se admitindo, por exceção, a critério da autoridade competente, sejam os mesmos apresentados em dia e hora previamente fixados pelo agente da inspeção.

Parágrafo acrescentado pelo DL n. 229, de 28.02.1967.

§ 5º No território do exercício de sua função, o agente da inspeção gozará de passe livre nas empresas de transportes, públicas ou privadas, mediante a apresentação da carteira de identidade fiscal.

Parágrafo acrescentado pelo DL n. 229, de 28.02.1967.

§ 6º A inobservância do disposto nos §§ 3º, 4º e 5º configurará resistência ou embaraço à fiscalização e justificará a lavratura do respectivo auto de infração, cominada a multa de valor igual a meio (1/2) salário mínimo regional até 5 (cinco) vezes esse salário, levando-se em conta, além das circunstâncias atenuantes ou agravantes, a situação econômico-financeira do infrator e os meios a seu alcance para cumprir a lei.

Parágrafo acrescentado pelo DL n. 229, de 28.02.1967.

§ 7º Para o efeito do disposto no § 5º, a autoridade competente divulgará, em janeiro e julho de cada ano, a relação dos agentes da inspeção titulares da carteira de identidade fiscal.

§ 8º As autoridades policiais, quando solicitadas, deverão prestar aos agentes da inspeção a assistência de que necessitarem para o fiel cumprimento de suas atribuições legais.

Parágrafo acrescentado pelo DL n. 229, de 28.02.1967.

Art. 631. Qualquer funcionário público federal, estadual ou municipal, ou representante legal de associação sindical, poderá comunicar à autoridade competente do Ministério do Trabalho, Indústria e Comércio as infrações que verificar.

Veja nota no início da CLT.

Parágrafo único. De posse dessa comunicação, a autoridade competente procederá desde logo às necessárias diligências, lavrando os autos de que haja mister.

Art. 632. Poderá o autuado requerer a audiência de testemunhas e as diligências que lhe parecerem necessárias à elucidação do processo, cabendo, porém, à autoridade, julgar da necessidade de tais provas.

Art. 633. (*Revogado pela Lei n. 13.874, de 20.09.2019.*)

Art. 634. Na falta de disposição especial, a imposição das multas incumbe às autoridades regionais competentes em matéria de trabalho, na forma estabelecida por este Título.

Veja art. 20, *caput*, Decreto n. 10.854, de 10.11.2021.

§ 1º A aplicação da multa não eximirá o infrator da responsabilidade em que incorrer por infração das leis penais.

Parágrafo renumerado pela Lei n. 13.467, de 13.07.2017.

§ 2º Os valores das multas administrativas expressos em moeda corrente serão reajustados anualmente pela Taxa Referencial (TR), divulgada pelo Banco Central do Brasil, ou pelo índice que vier a substituí-lo.

Parágrafo acrescentado pela Lei n. 13.467, de 13.07.2017.

CAPÍTULO II
DOS RECURSOS

Art. 635. De toda decisão que impuser multa por infração das leis e disposições reguladoras do trabalho, e não havendo forma especial de processo, caberá recurso para o Diretor-Geral do Departamento ou Serviço do Ministério do Trabalho e Previdência Social que for competente na matéria.

Caput com redação dada pelo DL n. 229, de 28.02.1967.

Veja nota no início da CLT.

Parágrafo único. As decisões serão sempre fundamentadas.

Parágrafo acrescentado pelo DL n. 229, de 28.02.1967.

Veja art. 637, CLT.

Art. 636. Os recursos devem ser interpostos no prazo de 10 (dez) dias, contados do recebimento da notificação, perante a autoridade que houver imposto a multa, a qual, depois de os informar, encaminhá-los-á à autoridade de instância superior.

Caput com redação dada pelo DL n. 229, de 28.02.1967.

§ 1º O recurso só terá seguimento se o interessado o instruir com a prova do depósito da multa.

Parágrafo acrescentado pelo DL n. 229, de 28.02.1967.

Veja ADPF n. 156 (18.08.2011), em que o STF declarou a não recepção deste parágrafo pela CF.

Veja art. 5º, LV, CF.

§ 2º A notificação somente será realizada por meio de edital, publicada no órgão oficial, quando o infrator estiver em lugar incerto e não sabido.

Parágrafo acrescentado pelo DL n. 229, de 28.02.1967.

§ 3º A notificação de que trata este artigo fixará igualmente o prazo de 10 (dez) dias para que o infrator recolha o valor da multa, sob pena de cobrança executiva.

Parágrafo acrescentado pelo DL n. 229, de 28.02.1967.

§ 4º As guias de depósito ou recolhimento serão emitidas em 3 (três) vias e o recolhimento da multa deverá proceder-se dentro de 5 (cinco) dias às repartições federais competentes, que escriturarão a receita a crédito do Ministério do Trabalho e Previdência Social.

Parágrafo acrescentado pelo DL n. 229, de 28.02.1967.

§ 5º A segunda via da guia de recolhimento será devolvida pelo infrator à repartição que a emitiu, até o sexto dia depois de sua expedição, para a averbação no processo.

Parágrafo acrescentado pelo DL n. 229, de 28.02.1967.

§ 6º A multa será reduzida de 50% (cinquenta por cento) se o infrator, renunciando ao recurso, a recolher ao Tesouro Nacional dentro do prazo de 10 (dez) dias contados do recebimento da notificação ou da publicação do edital.

Parágrafo acrescentado pelo DL n. 229, de 28.02.1967.

§ 7º Para a expedição da guia, no caso do § 6º, deverá o infrator juntar a notificação com a prova da data do seu recebimento, ou a folha do órgão oficial que publicou o edital.

Parágrafo acrescentado pelo DL n. 229, de 28.02.1967.

Art. 637. De todas as decisões que proferirem em processos de infração das leis de proteção ao trabalho e que impliquem arquivamento destes, observado o disposto no parágrafo único do art. 635, deverão as autoridades prolatoras recorrer de ofício para a autoridade competente de instância superior.

Caput com redação dada pelo DL n. 229, de 28.02.1967.

Parágrafo único. (*Suprimido pelo DL n. 229, de 28.02.1967.*)

Art. 638. Ao Ministro do Trabalho, Indústria e Comércio é facultado avocar ao seu exame e decisão, dentro de 90 (noventa) dias do despacho final do assunto, ou no curso do processo, as questões referentes à fiscalização dos preceitos estabelecidos nesta Consolidação.

Veja nota no início da CLT.

CAPÍTULO III
DO DEPÓSITO, DA INSCRIÇÃO E DA COBRANÇA

Art. 639. Não sendo provido o recurso, o depósito se converterá em pagamento.

Art. 640. É facultado às Delegacias Regionais do Trabalho, na conformidade de instruções expedidas pelo Ministro de Estado, promover a cobrança amigável das multas antes do encaminhamento dos processos à cobrança executiva.

Caput com redação dada pelo DL n. 229, de 28.02.1967.

§§ 1º e 2º (*Suprimidos pelo DL n. 229, de 28.02.1967.*)

Art. 641. Não comparecendo o infrator, ou não depositando a importância da multa ou penalidade, far-se-á a competente inscrição em livro especial, existente nas repartições das quais se tiver originado a multa ou penalidade, ou de onde tenha provindo a reclamação que a determinou, sendo extraída cópia autêntica dessa inscrição e enviada às autoridades competentes para a respectiva cobrança judicial, valendo tal instrumento como título de dívida líquida e certa.

Art. 642. A cobrança judicial das multas impostas pelas autoridades administrativas do trabalho obedecerá ao disposto na legislação aplicável à cobrança da dívida ativa da União, sendo promovida, no Distrito Federal e nas capitais dos Estados em que funcionarem Tribunais Regionais do Trabalho, pela Procuradoria da Justiça do Trabalho, e nas demais localidades, pelo Ministério Público Estadual e do Território do Acre, nos termos do Decreto-lei n. 960, de 17 de dezembro de 1938.

Veja art. 114, VII, CF.

Veja Lei n. 4.070, de 15.06.1962 (eleva o Território do Acre à categoria de Estado).

Veja Lei n. 6.830, de 22.09.1980.

Parágrafo único. (*Revogado pelo DL n. 9.509, de 24.07.1946.*)

TÍTULO VII-A
DA PROVA DE INEXISTÊNCIA DE DÉBITOS TRABALHISTAS

Título acrescentado pela Lei n. 12.440, de 07.07.2011.

Art. 642-A. É instituída a Certidão Negativa de Débitos Trabalhistas (CNDT), expedida gratuita e eletronicamente, para comprovar a inexistência de débitos inadimplidos perante a Justiça do Trabalho.

Artigo acrescentado pela Lei n. 12.440, de 07.07.2011.

§ 1º O interessado não obterá a certidão quando em seu nome constar:

I – o inadimplemento de obrigações estabelecidas em sentença condenatória transitada em julgado proferida pela Justiça do Trabalho ou em acordos judiciais trabalhistas, inclusive no concernente aos recolhimentos previdenciários, a honorários, a custas, a emolumentos ou a recolhimentos determinados em lei; ou

II – o inadimplemento de obrigações decorrentes de execução de acordos firmados perante o Ministério Público do Trabalho ou Comissão de Conciliação Prévia.

§ 2º Verificada a existência de débitos garantidos por penhora suficiente ou com exigibilidade suspensa, será expedida Certidão Positiva de Débitos Trabalhistas em nome do interessado com os mesmos efeitos da CNDT.

§ 3º A CNDT certificará a empresa em relação a todos os seus estabelecimentos, agências e filiais.

§ 4º O prazo de validade da CNDT é de 180 (cento e oitenta) dias, contado da data de sua emissão.

TÍTULO VIII
DA JUSTIÇA DO TRABALHO

CAPÍTULO I
INTRODUÇÃO

Art. 643. Os dissídios, oriundos das relações entre empregados e empregadores, bem como de trabalhadores avulsos e seus tomadores de serviços, em atividades reguladas na legislação social, serão dirimidos pela Justiça do Trabalho, de acordo com o presente Título e na forma estabelecida pelo processo judiciário do trabalho.

Caput com redação dada pela Lei n. 7.494, de 17.06.1986.

§ 1º As questões concernentes à Previdência Social serão decididas pelos órgãos e autoridades previstos no Capítulo V deste Título e na legislação sobre seguro social.

Veja arts. 109, I, e 114, VIII, CF.

Veja Súmula n. 19, TST.

§ 2º As questões referentes a acidentes do trabalho continuam sujeitas à justiça ordinária, na forma do Decreto n. 24.637, de 10 de julho de 1934, e legislação subsequente.

Veja art. 109, I e § 3º, CF.

Veja Lei n. 8.213, de 24.07.1991.

Veja Decreto n. 3.048, de 06.05.1999.

§ 3º A Justiça do Trabalho é competente, ainda, para processar e julgar as ações entre trabalhadores portuários e os operadores portuários ou o Órgão Gestor de Mão de Obra – OGMO decorrentes da relação de trabalho.

Parágrafo acrescentado pela MP n. 2.164-41, de 24.08.2001.

Art. 644. São órgãos da Justiça do Trabalho:

Caput com redação dada pelo DL n. 9.797, de 09.09.1946.

Veja art. 111, CF.

a) o Tribunal Superior do Trabalho;

Alínea com redação dada pelo DL n. 9.797, de 09.09.1946.

Veja art. 111-A, CF.

b) os Tribunais Regionais do Trabalho;

Alínea com redação dada pelo DL n. 9.797, de 09.09.1946.

c) as Juntas de Conciliação e Julgamento ou os Juízos de Direito.

Alínea com redação dada pelo DL n. 9.797, de 09.09.1946.

A EC n. 24, de 09.12.1999, substituiu a expressão "Juntas de Conciliação e Julgamento", como órgãos da Justiça do Trabalho, pelas expressões "Juízes do Trabalho" e "Varas do Trabalho", essas confirmadas posteriormente pela EC n. 45, de 08.12.2004.

Art. 645. O serviço da Justiça do Trabalho é relevante e obrigatório, ninguém dele podendo eximir-se, salvo motivo justificado.

Art. 646. Os órgãos da Justiça do Trabalho funcionarão perfeitamente coordenados, em regime de mútua colaboração, sob a orientação do Presidente do Tribunal Superior do Trabalho.

Veja DL n. 9.797, de 09.09.1946, que determinou a substituição de "Conselho Nacional" por "Tribunal Superior".

CAPÍTULO II
DAS JUNTAS DE CONCILIAÇÃO E JULGAMENTO

A EC n. 24, de 09.12.1999, substituiu a expressão "Juntas de Conciliação e Julgamento", como órgãos da Justiça do Trabalho, pelas expressões "Juízes do Trabalho" e "Varas do Trabalho", essas confirmadas posteriormente pela EC n. 45, de 08.12.2004.

Seção I
Da Composição e Funcionamento

Veja arts. 111 a 116 da CF, sobre a extinção dos juízes classistas na Justiça do Trabalho.

Veja EC n. 24, de 09.12.1999.

Art. 647. Cada Junta de Conciliação e Julgamento terá a seguinte composição:

Caput com redação dada pelo DL n. 9.797, de 09.09.1946.

Veja nota deste Capítulo.

a) 1 (um) juiz do trabalho, que será seu Presidente;

Alínea com redação dada pelo DL n. 9.797, de 09.09.1946.

b) 2 (dois) vogais, sendo um representante dos empregadores e outro dos empregados.

Alínea com redação dada pelo DL n. 9.797, de 09.09.1946.

Veja nota desta Seção.

Veja art. 116, *caput*, CF.

Parágrafo único. Haverá um suplente para cada Juiz classista.

Parágrafo com redação dada pelo DL n. 9.797, de 09.09.1946.

Veja nota desta Seção.

Art. 648. São incompatíveis entre si, para os trabalhos da mesma Junta, os parentes consanguíneos e afins até o terceiro grau civil.

Veja nota deste Capítulo.

Veja art. 671, CLT.

Parágrafo único. A incompatibilidade resolve-se a favor do primeiro vogal designado ou empossado, ou por sorteio, se a designação ou posse for da mesma data.

Veja nota desta Seção.

Art. 649. As Juntas poderão conciliar, instruir ou julgar com qualquer número, sendo, porém, indispensável a presença do Presidente, cujo voto prevalecerá em caso de empate.

Caput com redação dada pelo DL n. 8.737, de 19.01.1946.

Veja nota deste Capítulo.

§ 1º No julgamento de embargos deverão estar presentes todos os membros da Junta.

Parágrafo com redação dada pelo DL n. 8.737, de 19.01.1946.

Veja nota deste Capítulo.

§ 2º Na execução e na liquidação das decisões funciona apenas o Presidente.

Parágrafo com redação dada pelo DL n. 8.737, de 19.01.1946.

Seção II
Da Jurisdição e Competência das Juntas

Veja nota deste Capítulo.

Art. 650. A jurisdição de cada Junta de Conciliação e Julgamento abrange todo o território da Comarca em que tem sede, só podendo ser estendida ou restringida por lei federal.

Caput com redação dada pela Lei n. 5.442, de 24.05.1968.

Veja nota deste Capítulo.

Veja art. 112, CF.

Parágrafo único. As leis locais de Organização Judiciária não influirão sobre a competência de Juntas de Conciliação e Julgamento já criadas, até que lei federal assim determine.

Parágrafo acrescentado pela Lei n. 5.442, de 24.05.1968.

Veja nota deste Capítulo.

Art. 651. A competência das Juntas de Conciliação e Julgamento é determinada pela localidade onde o empregado, reclamante ou reclamado, prestar serviços ao empregador, ainda que tenha sido contratado noutro local ou no estrangeiro.

Veja nota deste Capítulo.

§ 1º Quando for parte no dissídio agente ou viajante comercial, a competência será da Junta da localidade em que a empresa tenha agência ou filial e a esta o empregado esteja subordinado e, na falta, será competente a Junta da localização em que o empregado tenha domicílio ou a localidade mais próxima.

Parágrafo com redação dada pela Lei n. 9.851, de 27.10.1999.

Veja nota deste Capítulo.

§ 2º A competência das Juntas de Conciliação e Julgamento, estabelecida neste artigo, estende-se aos dissídios ocorridos em agência ou filial no estrangeiro, desde que o empregado seja brasileiro e não haja convenção internacional dispondo em contrário.

Veja nota deste Capítulo.

§ 3º Em se tratando de empregador que promova realização de atividades fora do lugar do contrato de trabalho, é assegurado ao empregado apresentar reclamação no foro da celebração do contrato ou no da prestação dos respectivos serviços.

Veja OJ n. 149, SDI-2.

Art. 652. Compete às Varas do Trabalho:

Caput com redação dada pela Lei n. 13.467, de 13.07.2017.

a) conciliar e julgar:

I – os dissídios em que se pretenda o reconhecimento da estabilidade de empregado;

II – os dissídios concernentes a remuneração, férias e indenizações por motivo de rescisão do contrato individual de trabalho;

III – os dissídios resultantes de contratos de empreitadas em que o empreiteiro seja operário ou artífice;

IV – os demais dissídios concernentes ao contrato individual de trabalho;

Veja Súmula n. 300, TST.

V – as ações entre trabalhadores portuários e os operadores portuários ou o Órgão Gestor de Mão de Obra – OGMO decorrentes da relação de trabalho;

Inciso acrescentado pela MP n. 2.164-41, de 24.08.2001.

b) processar e julgar os inquéritos para apuração de falta grave;

c) julgar os embargos opostos às suas próprias decisões;

d) impor multas e demais penalidades relativas aos atos de sua competência;

Alínea com redação dada pelo DL n. 6.353, de 20.03.1944.

e) (Alínea suprimida pelo DL n. 6.353, de 20.03.1944.)

f) decidir quanto à homologação de acordo extrajudicial em matéria de competência da Justiça do Trabalho.

Alínea acrescentada pela Lei n. 13.467, de 13.07.2017.

Parágrafo único. Terão preferência para julgamento os dissídios sobre pagamento de salário e aqueles que derivarem da falência do empregador, podendo o Presidente da Junta, a pedido do interessado, constituir processo em separado, sempre que a reclamação também versar sobre outros assuntos.

Veja nota deste Capítulo.

Art. 653. Compete, ainda, às Juntas de Conciliação e Julgamento:

Veja nota deste Capítulo.

a) requisitar às autoridades competentes a realização das diligências necessárias ao esclarecimento dos feitos sob sua apreciação, representando contra aquelas que não atenderem a tais requisições;

b) realizar as diligências e praticar os atos processuais ordenados pelos Tribunais Regionais do Trabalho ou pelo Tribunal Superior do Trabalho;

Alínea com redação dada pelo DL n. 6.353, de 20.03.1944.

Veja art. 2º, DL n. 9.797, de 09.09.1946, que substitui as expressões "Conselho Regional" e "Conselho Nacional" por "Tribunal Regional" e "Tribunal Superior".

c) julgar as suspeições arguidas contra os seus membros;

d) julgar as exceções de incompetência que lhes forem opostas;

e) expedir precatórias e cumprir as que lhes forem deprecadas;

f) exercer, em geral, no interesse da Justiça do Trabalho, quaisquer outras atribuições que decorram da sua jurisdição.

Seção III
Dos Presidentes das Juntas

Veja arts. 111 a 116, CF, sobre a extinção dos juízes classistas na Justiça do Trabalho.

Veja nota deste Capítulo.

Art. 654. O ingresso na magistratura do trabalho far-se-á para o cargo de Juiz do Trabalho Substituto. As nomeações subsequentes por promoção, alternadamente, por antiguidade e merecimento.

Caput com redação dada pelo DL n. 229, de 28.02.1967.

§ 1º Nas 7ª e 8ª Regiões da Justiça do Trabalho, nas localidades fora das respectivas sedes, haverá suplentes de juiz do trabalho presidente de Junta, sem direito a acesso, nomeados pelo Presidente da República, dentre brasileiros, bacharéis em direito, de reconhecida idoneidade moral, especializados em direito do trabalho, pelo período de 2 (dois) anos, podendo ser reconduzidos.

Parágrafo com redação dada pelo DL n. 229, de 28.02.1967.

A Lei n. 7.221, de 02.10.1984, dispõe de modo diverso.

Veja nota deste Capítulo.

§ 2º Os suplentes de juiz do trabalho receberão, quando em exercício, vencimentos iguais aos dos juízes que substituírem.

Parágrafo com redação dada pelo DL n. 229, de 28.02.1967.

A Lei n. 7.221, de 02.10.1984, dispõe de modo diverso.

§ 3º Os Juízes Substitutos serão nomeados após aprovação em concurso público de provas e títulos realizado perante o Tribunal Regional do Trabalho da Região, válido por 2 (dois) anos e prorrogável, a critério do mesmo órgão, por igual período, uma só vez, e organizado de acordo com as instruções expedidas pelo Tribunal Superior do Trabalho.

Parágrafo acrescentado pelo DL n. 9.797, de 09.09.1946, e com redação dada pela Lei n. 6.087, de 16.07.1974.

Veja art. 37, III, CF.

§ 4º Os candidatos inscritos só serão admitidos ao concurso após apreciação prévia, pelo Tribunal Regional do Trabalho da respectiva Região, dos seguintes requisitos:

Parágrafo acrescentado pelo DL n. 9.797, de 09.09.1946, e com redação dada pelo DL n. 229, de 28.02.1967.

a) idade maior de 25 (vinte e cinco) anos e menor de 45 (quarenta e cinco) anos;

Alínea com redação dada pelo DL n. 229, de 28.02.1967.

b) idoneidade para o exercício das funções.

Alínea com redação dada pelo DL n. 229, de 28.02.1967.

§ 5º O preenchimento dos cargos de Presidente de Junta, vagos ou criados por lei, será feito dentro de cada Região:

Parágrafo acrescentado pelo DL n. 9.797, de 09.09.1946, e com redação dada pelo DL n. 229, de 28.02.1967.

Veja nota deste Capítulo.

a) pela remoção de outro Presidente, prevalecendo a antiguidade no cargo, caso haja mais de um pedido, desde que a remoção tenha sido requerida, dentro de 15 (quinze) dias, contados da abertura da vaga, ao Presidente do Tribunal Regional, a quem caberá expedir o respectivo ato;

Alínea acrescentada pela Lei n. 1.530, de 26.12.1951, e com redação dada pela Lei n. 6.090, de 16.07.1974.

Veja Res. n. 26, de 11.10.2006, do Conselho Superior da Justiça do Trabalho.

b) pela promoção de substituto, cuja aceitação será facultativa, obedecido o critério alternado de antiguidade e merecimento.

Alínea acrescentada pela Lei n. 1.530, de 26.12.1951, e com redação dada pelo DL n. 229, de 28.02.1967.

§ 6º Os Juízes do Trabalho, Presidentes de Junta, Juízes Substitutos e suplentes de Juiz tomarão posse perante o Presidente do Tribunal da respectiva Região. Nos Estados que não forem sede de Tribunal Regional do Trabalho, a posse dar-se-á perante o Presidente do Tribunal de Justiça, que remeterá o termo ao Presidente do Tribunal Regional da jurisdição do empossado. Nos Territórios, a posse dar-se-á perante o Presidente do Tribunal Regional do Trabalho da respectiva Região.

Parágrafo acrescentado pelo DL n. 9.797, de 09.09.1946, e com redação dada pelo DL n. 229, de 28.02.1967.

Veja nota deste Capítulo.

Art. 655. (*Revogado pelo DL n. 229, de 28.02.1967.*)

Art. 656. O Juiz do Trabalho Substituto, sempre que não estiver substituindo o Juiz-Presidente de Junta, poderá ser designado para atuar nas Juntas de Conciliação e Julgamento.

Caput com redação dada pela Lei n. 8.432, de 11.06.1992.

Veja nota deste Capítulo.

§ 1º Para o fim mencionado no *caput* deste artigo, o território da Região poderá ser dividido em zonas, compreendendo a jurisdição de uma ou mais Juntas, a juízo do Tribunal Regional do Trabalho respectivo.

Parágrafo acrescentado pela Lei n. 8.432, de 11.06.1992.

Veja nota deste Capítulo.

§ 2º A designação referida no *caput* deste artigo será de atribuição do Juiz-Presidente do Tribunal Regional do Trabalho ou, não havendo disposição regimental específica, de quem este indicar.

Parágrafo acrescentado pela Lei n. 8.432, de 11.06.1992.

§ 3º Os Juízes do Trabalho Substitutos, quando designados ou estiverem substituindo os Juízes Presidentes de Juntas, perceberão os vencimentos destes.

Parágrafo acrescentado pela Lei n. 8.432, de 11.06.1992.

Veja nota deste Capítulo.

§ 4º O Juiz-Presidente do Tribunal Regional do Trabalho ou, não havendo disposição regimental específica, que este indicar, fará a lotação e a movimentação dos Juízes Substitutos entre as diferentes zonas da Região na hipótese de terem sido criadas na forma do § 1º deste artigo.

Parágrafo acrescentado pela Lei n. 8.432, de 11.06.1992.

Art. 657. Os Presidentes de Juntas e os Presidentes Substitutos perceberão a remuneração ou os vencimentos fixados em lei.

Artigo com redação dada pelo DL n. 8.737, de 19.01.1946.

Veja nota deste Capítulo.

Art. 658. São deveres precípuos dos Presidentes das Juntas, além dos que decorram do exercício de sua função:

Caput com redação dada pelo DL n. 8.737, de 19.01.1946.

Veja nota deste Capítulo.

a) manter perfeita conduta pública e privada;

Alínea com redação dada pelo DL n. 8.737, de 19.01.1946.

b) abster-se de atender a solicitações ou recomendações relativamente aos feitos que hajam sido ou tenham de ser submetidos à sua apreciação;

Alínea com redação dada pelo DL n. 8.737, de 19.01.1946.

c) residir dentro dos limites de sua jurisdição, não podendo ausentar-se sem licença do Presidente do Tribunal Regional;

Alínea com redação dada pelo DL n. 8.737, de 19.01.1946.

Veja art. 2º, DL n. 9.797, de 09.09.1946, que substitui as expressões "Conselho Regional" e "Conselho Nacional" por "Tribunal Regional" e "Tribunal Superior".

d) despachar e praticar todos os atos decorrentes de suas funções, dentro dos prazos estabelecidos, sujeitando-se ao desconto correspondente a 1 (um) dia de vencimento para cada dia de retardamento.

Alínea acrescentada pelo DL n. 8.737, de 19.01.1946.

Art. 659. Competem privativamente aos Presidentes das Juntas, além das que lhes forem conferidas neste Título e das decorrentes de seu cargo, as seguintes atribuições:

Veja nota deste Capítulo.

I – presidir às audiências das Juntas;

Veja nota deste Capítulo.

II – executar as suas próprias decisões, as proferidas pela Junta e aquelas cuja execução lhes for deprecada;

Veja nota deste Capítulo.

III – dar posse aos Vogais nomeados para a Junta, ao chefe de Secretaria e aos demais funcionários da Secretaria;

Veja nota deste Capítulo.

Veja nota desta Seção.

IV – convocar os suplentes dos Vogais, no impedimento destes;

Veja nota desta Seção.

V – representar ao Presidente do Tribunal Regional da respectiva jurisdição, no caso de falta de qualquer Vogal a 3 (três) reuniões consecutivas, sem motivo justificado, para os fins do art. 727;

Veja nota desta Seção.

Veja art. 2º, DL n. 9.797, de 09.09.1946, que substitui as expressões "Conselho Regional" e "Conselho Nacional" por "Tribunal Regional" e "Tribunal Superior".

VI – despachar os recursos interpostos pelas partes, fundamentando a decisão recorrida antes da remessa ao Tribunal Regional, ou submetendo-os à decisão da Junta, no caso do art. 894;

Veja nota deste Capítulo.

Veja nota do inciso V deste artigo.

VII – assinar as folhas de pagamento dos membros e funcionários da Junta;

Veja nota deste Capítulo.

VIII – apresentar ao Presidente do Tribunal Regional, até 15 de fevereiro de cada ano, o relatório dos trabalhos do ano anterior;

Veja nota do inciso V deste artigo.

IX – conceder medida liminar, até decisão final do processo em reclamações trabalhistas que visem a tornar sem efeito transferência disciplinada pelos parágrafos do art. 469 desta Consolidação;

Inciso acrescentado pela Lei n. 6.203, de 17.04.1975.

X – conceder medida liminar, até decisão final do processo, em reclamações trabalhistas que visem reintegrar no emprego dirigente sindical afastado, suspenso ou dispensado pelo empregador.

Inciso acrescentado pela Lei n. 9.270, de 17.04.1996.

Seção IV
Dos Vogais das Juntas

Veja arts. 111 a 116, CF, sobre a extinção dos juízes classistas na Justiça do Trabalho.

Veja nota deste Capítulo.

Art. 660. Os Vogais das Juntas são designados pelo Presidente do Tribunal Regional da respectiva jurisdição.

Veja art. 2º, DL n. 9.797, de 09.09.1946, que substitui as expressões "Conselho Regional" e "Conselho Nacional" por "Tribunal Regional" e "Tribunal Superior".

Veja nota deste Capítulo.

Veja nota desta Seção.

Art. 661. Para o exercício da função de Vogal da Junta ou suplente deste são exigidos os seguintes requisitos:

Veja nota deste Capítulo.

Veja nota desta Seção.

Veja art. 684, parágrafo único, CLT.

a) ser brasileiro;

Alínea com redação dada pelo DL n. 229, de 28.02.1967.

b) ter reconhecida idoneidade moral;

c) ser maior de 25 (vinte e cinco) anos e ter menos de 70 (setenta) anos;

Alínea com redação dada pelo DL n. 229, de 28.02.1967.

d) estar no gozo dos direitos civis e políticos;

e) estar quite com o serviço militar;

f) contar mais de 2 (dois) anos de efetivo exercício na profissão e ser sindicalizado.

Parágrafo único. A prova da qualidade profissional a que se refere a alínea *f* deste artigo é feita mediante declaração do respectivo Sindicato.

Art. 662. A escolha dos Vogais das Juntas e seus suplentes far-se-á dentre os nomes constantes das listas que, para esse efeito, forem encaminhadas pelas associações sindicais de primeiro grau ao Presidente do Tribunal Regional.

Veja art. 2º, DL n. 9.797, de 09.09.1946, que substitui as expressões "Conselho Regional" por "Tribunal Regional".

Veja nota deste Capítulo.

Veja nota desta Seção.

Veja art. 663, § 2º, CLT.

§ 1º Para esse fim, cada Sindicato de empregadores e de empregados, com base territorial extensiva à área de jurisdição da Junta, no todo ou em parte, procederá, na ocasião determinada pelo Presidente do Tribunal Regional, à escolha de 3 (três) nomes que comporão a lista, aplicando-se à eleição o disposto no art. 524 e seus §§ 1º a 3º.

Parágrafo com redação dada pela Lei n. 5.657, de 04.06.1971.

Veja nota deste Capítulo.

§ 2º Recebidas as listas pelo Presidente do Tribunal Regional, designará este, dentro de 5 (cinco) dias, os nomes dos Vogais e dos respectivos suplentes, expedindo para cada um deles um título, mediante a apresentação do qual será empossado.

Veja nota desta Seção.

Veja art. 2º, DL n. 9.797, de 09.09.1946, que substitui as expressões "Conselho Regional" e "Conselho Nacional" por "Tribunal Regional" e "Tribunal Superior".

§ 3º Dentro de 15 (quinze) dias, contados da data da posse, pode ser contestada a investidura do Vogal ou do suplente, por qualquer interessado, sem efeito suspensivo, por meio de representação escrita, dirigida ao Presidente do Tribunal Regional.

Veja nota desta Seção.

Veja art. 2º, DL n. 9.797, de 09.09.1946, que substitui as expressões "Conselho Regional" e "Conselho Nacional" por "Tribunal Regional" e "Tribunal Superior".

§ 4º Recebida a contestação, o Presidente do Tribunal designará imediatamente relator, o qual, se houver necessidade de ouvir testemunhas ou de proceder a quaisquer diligências, providenciará para que tudo se realize com a maior brevidade, submetendo, por fim, a contestação ao parecer do Tribunal, na primeira sessão.

Parágrafo com redação dada pela Lei n. 2.244, de 23.06.1954.

§ 5º Se o Tribunal julgar procedente a contestação, o Presidente providenciará a designação de novo Vogal ou suplente.

Parágrafo com redação dada pelo DL n. 229, de 28.02.1967.

Veja nota desta Seção.

§ 6º Em falta de indicação pelos Sindicatos, de nomes para representantes das respectivas categorias profissionais e econômicas nas Juntas de Conciliação e Julgamento, ou nas localidades onde não existirem Sindicatos, serão esses representantes livremente designados pelo Presidente do Tribunal Regional do Trabalho, observados os requisitos exigidos para o exercício da função.

Parágrafo acrescentado pelo DL n. 229, de 28.02.1967.

Veja nota deste Capítulo.

Art. 663. A investidura dos Juízes classistas das Juntas e seus suplentes é de 3 (três) anos, podendo, entretanto, ser dispensado, a pedido, aquele que tiver servido, sem interrupção, durante metade desse período.

Caput com redação dada pela Lei n. 2.244, de 23.06.1954.

Veja nota deste Capítulo.

Veja nota desta Seção.

§ 1º Na hipótese da dispensa do Vogal a que alude este artigo, assim como nos casos de impedimento, morte ou renúncia, sua substituição far-se-á pelo suplente, mediante convocação do Presidente da Junta.

Parágrafo com redação dada pela Lei n. 2.244, de 23.06.1954.

Veja nota deste Capítulo.

Veja nota desta Seção.

§ 2º Na falta do suplente, por impedimento, morte ou renúncia serão designados novo Juiz classista e o respectivo suplente, dentre os nomes constantes das listas a que se refere o art. 662, servindo os designados até o fim do período.

Veja nota desta Seção.

Art. 664. Os Vogais das Juntas e seus suplentes tomam posse perante o Presidente da Junta em que têm de funcionar.

Veja nota deste Capítulo.

Veja nota desta Seção.

Art. 665. Enquanto durar sua investidura, gozam os Vogais das Juntas e seus suplentes das prerrogativas asseguradas aos jurados.

Veja nota deste Capítulo.

Veja nota desta Seção.

Veja arts. 667 e 668, CLT.

Art. 666. Por audiência a que comparecerem, até o máximo de 20 (vinte) por mês, os Vogais das Juntas e seus suplentes perceberão a gratificação fixada em lei.

Veja nota deste Capítulo.

Veja nota desta Seção.

Art. 667. São prerrogativas dos Vogais das Juntas, além das referidas no art. 665:

Veja nota deste Capítulo.

Veja nota desta Seção.

Veja art. 688, CLT.

a) tomar parte nas reuniões do Tribunal a que pertençam;

b) aconselhar às partes a conciliação;

c) votar no julgamento dos feitos e nas matérias de ordem interna do Tribunal, submetidas às suas deliberações;

d) pedir vista dos processos pelo prazo de 24 (vinte e quatro) horas;

e) formular, por intermédio do Presidente, aos litigantes, testemunhas e peritos, as perguntas que quiserem fazer, para esclarecimento do caso.

CAPÍTULO III
DOS JUÍZOS DE DIREITO

A EC n. 24, de 09.12.1999, substituiu a expressão "Juntas de Conciliação e Julgamento", como órgãos da Justiça do Trabalho, pelas expressões "Juízes do Trabalho" e "Varas do Trabalho", essas confirmadas posteriormente pela EC n. 45, de 08.12.2004.

Veja art. 112, CF.

Art. 668. Nas localidades não compreendidas na jurisdição das Juntas de Conciliação e Julgamento, os Juízos de Direito são os órgãos de administração da Justiça do Trabalho, com a jurisdição que lhes for determinada pela lei de organização judiciária local.

Veja nota deste Capítulo.

Art. 669. A competência dos Juízos de Direito, quando investidos na administração da Justiça do Trabalho, é a mesma das Juntas de Conciliação e Julgamento, na forma da Seção II do Capítulo II.

Veja nota deste Capítulo.

§ 1º Nas localidades onde houver mais de um Juízo de Direito a competência é determinada, entre os Juízes do Cível, por distribuição ou pela divisão judiciária local, na conformidade da lei de organização respectiva.

Veja art. 783, CLT.

§ 2º Quando o critério de competência da lei de organização judiciária for diverso do previsto no parágrafo anterior, será competente o Juiz do Cível mais antigo.

CAPÍTULO IV
DOS TRIBUNAIS REGIONAIS DO TRABALHO

A EC n. 24, de 09.12.1999, substituiu a expressão "Juntas de Conciliação e Julgamento", como órgãos da Justiça do Trabalho, pelas expressões "Juízes do Trabalho" e "Varas do Trabalho", essas confirmadas posteriormente pela EC n. 45, de 08.12.2004.

Veja art. 2º, DL n. 9.797, de 09.09.1946, que substitui as expressões "Conselho Regional" e "Conselho Nacional" por "Tribunal Regional" e "Tribunal Superior", respectivamente.

Veja arts. 112 a 115, CF.

Seção I
Da Composição e do Funcionamento

Veja arts. 111 a 116, CF, sobre a extinção dos juízes classistas na Justiça do Trabalho.

➤ Para o art. 670, veja em especial o Anexo I da CLT.

Art. 670. Os Tribunais Regionais das 1ª e 2ª Regiões compor-se-ão de onze juízes togados, vitalícios, e de seis juízes classistas, temporários; os da 3ª e 4ª Regiões, de oito juízes togados, vitalícios, e de quatro classistas, temporários; os da 5ª e 6ª Regiões, de sete juízes togados, vitalícios e de dois classistas, temporários; os da 7ª e 8ª Regiões, de seis juízes togados, vitalícios, e de dois classistas, temporários, todos nomeados pelo Presidente da República.

Caput com redação dada pela Lei n. 5.442, 24.05.1968.

➤ Veja Anexo I para a composição atual de cada um dos Tribunais Regionais do Trabalho.

§ 1º Haverá um suplente para cada juiz representante classista.

Parágrafo acrescentado pelo DL n. 9.797, de 09.09.1946.

Veja a primeira nota desta Seção.

§ 2º Nos Tribunais Regionais constituídos de 6 (seis) ou mais Juízes togados, e menos de 11 (onze), 1 (um) deles será escolhido dentre advogados, 1 (um) dentre membros do Ministério Público da União junto à Justiça do Trabalho e os demais dentre Juízes do Trabalho, Presidentes de Junta da respectiva Região, na forma prevista no parágrafo anterior.

Parágrafo acrescentado pelo DL n. 9.398, de 21.06.1946, e com redação dada pela Lei n. 5.442, de 24.05.1968.

Veja a segunda nota deste Capítulo.

§ 3º Nos Tribunais do Trabalho das demais Regiões, terão assento três juízes alheios aos interesses profissionais.

Parágrafo acrescentado pelo DL n. 9.797, de 09.09.1946.

§ 4º Os Juízes classistas referidos neste artigo representarão, paritariamente, empregadores e empregados.

Parágrafo acrescentado pela Lei n. 5.442, de 24.05.1968.

Veja a primeira nota desta Seção.

§ 5º Haverá 1 (um) suplente para cada Juiz classista.

Parágrafo acrescentado pela Lei n. 5.442, de 24.05.1968.

Veja a primeira nota desta Seção.

§ 6º Os Tribunais Regionais, no respectivo regimento interno, disporão sobre a substituição de seus Juízes, observados, na convocação de Juízes inferiores, os critérios de livre escolha e antiguidade, alternadamente.

Parágrafo acrescentado pela Lei n. 5.442, de 24.05.1968.

Veja art. 115, CF, que dispõe de modo diverso.

O art. 93, LC n. 35, de 14.03.1979, dispõe de modo diverso. Veja art. 118 desta LC.

§ 7º Dentre os seus Juízes togados, os Tribunais Regionais elegerão os respectivos Presidente e Vice-Presidente, assim como os Presidentes de Turmas, onde as houver.

Parágrafo acrescentado pela Lei n. 5.442, de 24.05.1968.

§ 8º Os Tribunais Regionais da 1ª e 2ª Regiões dividir-se-ão em Turmas, facultada essa divisão aos constituídos de, pelo menos, 12 (doze) Juízes. Cada Turma se comporá de 3 (três) Juízes togados e 2 (dois) classistas, um representante dos empregados e outro dos empregadores.

Parágrafo acrescentado pela Lei n. 5.442, de 24.05.1968.

Veja a primeira nota desta Seção.

Art. 671. Para os trabalhos dos Tribunais Regionais existe a mesma incompatibilidade prevista no art. 648, sendo idêntica a forma de sua resolução.

Veja art. 2º, DL n. 9.797, de 09.09.1946, que substitui as expressões "Conselho Regional" por "Tribunal Regional".

Art. 672. Os Tribunais Regionais, em sua composição plena, deliberarão com a presença, além do Presidente, da metade e mais um do número de seus Juízes, dos quais, no mínimo, 1 (um) representante dos empregados e outro dos empregadores.

Caput com redação dada pela Lei n. 5.442, de 24.05.1968.

Veja art. 2º, DL n. 9.797, de 09.09.1946, que substitui as expressões "Conselho Regional" por "Tribunal Regional".

§ 1º As Turmas somente poderão deliberar presentes, pelo menos, 3 (três) dos seus Juízes, entre eles os 2 (dois) classistas. Para a integração desse *quorum*, poderá o Presidente de uma Turma convocar Juízes de outra, da classe a que pertencer o ausente ou impedido.

Parágrafo com redação dada pela Lei n. 5.442, de 24.05.1968.

Veja a primeira nota desta Seção.

§ 2º Nos Tribunais Regionais, as decisões tomar-se-ão pelo voto da maioria dos Juízes presentes, ressalvada, no Tribunal Pleno, a hipótese de declaração de inconstitucionalidade de lei ou ato do poder público (art. 116 da Constituição).

Parágrafo com redação dada pela Lei n. 5.442, de 24.05.1968.

Refere-se à CF 167.

Veja art. 97, CF.

§ 3º O Presidente do Tribunal Regional, excetuada a hipótese de declaração de inconstitucionalidade de lei ou ato do poder público, somente terá voto de desempate. Nas sessões administrativas, o Presidente votará como os demais Juízes, cabendo-lhe, ainda, o voto de qualidade.

Parágrafo acrescentado pela Lei n. 5.442, de 24.05.1968.

§ 4º No julgamento de recursos contra decisão ou despacho do Presidente, do Vice-Presidente ou do Relator, ocorrendo empate, prevalecerá a decisão ou despacho recorrido.

Parágrafo acrescentado pela Lei n. 5.442, de 24.05.1968.

Art. 673. A ordem das sessões dos Tribunais Regionais será estabelecida no respectivo Regimento Interno.

Veja art. 2º, DL n. 9.797, de 09.09.1946, que substitui as expressões "Conselho Regional" por "Tribunal Regional".

Seção II
Da Jurisdição e Competência

Veja arts. 111 a 116, CF, sobre a extinção dos juízes classistas na Justiça do Trabalho.

Para o art. 674, veja em especial o Anexo II da CLT.

Art. 674. Para efeito da jurisdição dos Tribunais Regionais, o território nacional é dividido nas oito regiões seguintes:

Caput com redação dada pela Lei n. 5.839, de 05.12.1972.

➤ Veja Anexo II para a divisão territorial atual dos Tribunais Regionais do Trabalho.

Veja art. 115, CF.

1ª Região – Estados da Guanabara, Rio de Janeiro e Espírito Santo;

2ª Região – Estados de São Paulo, Paraná e Mato Grosso;

3ª Região – Estados de Minas Gerais e Goiás e Distrito Federal;

4ª Região – Estados do Rio Grande do Sul e Santa Catarina;

5ª Região – Estados da Bahia e Sergipe;

6ª Região – Estados de Alagoas, Pernambuco, Paraíba e Rio Grande do Norte;

7ª Região – Estados do Ceará, Piauí e Maranhão;

8ª Região – Estados do Amazonas, Pará, Acre e Territórios Federais do Amapá, Rondônia e Roraima.

Parágrafo único. Os tribunais têm sede nas cidades: Rio de Janeiro (1ª Região), São Paulo (2ª Região), Belo Horizonte (3ª Região), Porto Alegre (4ª Região), Salvador (5ª Região), Recife (6ª Região), Fortaleza (7ª Região) e Belém (8ª Região).

Parágrafo com redação dada pela Lei n. 5.839, de 05.12.1972.

Art. 675. (*Revogado pela Lei n. 5.442, de 24.05.1968.*)

Art. 676. O número de regiões, a jurisdição e a categoria dos Tribunais Regionais, estabelecidos nos artigos anteriores, somente podem ser alterados pelo Presidente da República.

Veja arts. 96, II, e 113, CF, que dispõe de modo diverso.

Art. 677. A competência dos Tribunais Regionais determina-se pela forma indicada no art. 651 e seus parágrafos e, nos casos de dissídio coletivo, pelo local onde este ocorrer.

Veja a segunda nota do Capítulo.

Art. 678. Aos Tribunais Regionais, quando divididos em Turmas, compete:

Caput com redação dada pela Lei n. 5.442, de 24.05.1968.

Veja a segunda nota do Capítulo.

I – ao Tribunal Pleno, especialmente:

Inciso com redação dada pela Lei n. 5.442, de 24.05.1968.

a) processar, conciliar e julgar originariamente os dissídios coletivos;

Alínea com redação dada pela Lei n. 5.442, de 24.05.1968.

b) processar e julgar originariamente:

Alínea com redação dada pela Lei n. 5.442, de 24.05.1968.

1) as revisões de sentenças normativas;

Item com redação dada pela Lei n. 5.442, de 24.05.1968.

2) a extensão das decisões proferidas em dissídios coletivos;

Item com redação dada pela Lei n. 5.442, de 24.05.1968.

3) os mandados de segurança;

Item com redação dada pela Lei n. 5.442, de 24.05.1968.

4) as impugnações à investidura de Juízes classistas e seus suplentes nas Juntas de Conciliação e Julgamento;

Item com redação dada pela Lei n. 5.442, de 24.05.1968.

Veja a primeira nota desta Seção.

Veja a primeira nota deste Capítulo.

c) processar e julgar em última instância:

Alínea com redação dada pela Lei n. 5.442, de 24.05.1968.

1) os recursos das multas impostas pelas Turmas;

Item com redação dada pela Lei n. 5.442, de 24.05.1968.

2) as ações rescisórias das decisões das Juntas de Conciliação e Julgamento, dos Juízes de Direito investidos na jurisdição trabalhista, das Turmas e de seus próprios acórdãos;

Item com redação dada pela Lei n. 5.442, de 24.05.1968.

Veja a primeira nota deste Capítulo.

3) os conflitos de jurisdição entre as suas Turmas, os Juízes de Direito investidos na jurisdição trabalhista, as Juntas de Conciliação e Julgamento, ou entre aqueles e estas;

Item com redação dada pela Lei n. 5.442, de 24.05.1968.

Veja a primeira nota deste Capítulo.

d) julgar em única ou última instância:

Alínea com redação dada pela Lei n. 5.442, de 24.05.1968.

1) os processos e os recursos de natureza administrativa atinentes aos seus serviços auxiliares e respectivos servidores;

Item com redação dada pela Lei n. 5.442, de 24.05.1968.

2) as reclamações contra atos administrativos de seu Presidente ou de qualquer de seus membros, assim como dos Juízes de primeira instância e de seus funcionários;

Item com redação dada pela Lei n. 5.442, de 24.05.1968.

II – às Turmas:

Inciso com redação dada pela Lei n. 5.442, de 24.05.1968.

a) julgar os recursos ordinários previstos no art. 895, *a*;

Alínea com redação dada pela Lei n. 5.442, de 24.05.1968.

Veja art. 895, I, CLT.

b) julgar os agravos de petição e de instrumento, estes de decisões denegatórias de recursos de sua alçada;

Alínea com redação dada pela Lei n. 5.442, de 24.05.1968.

c) impor multas e demais penalidades relativas a atos de sua competência jurisdicional, e julgar os recursos interpostos das decisões das Juntas e dos Juízes de Direito que as impuserem.

Alínea com redação dada pela Lei n. 5.442, de 24.05.1968.

Veja a primeira nota deste Capítulo.

Parágrafo único. Das decisões das Turmas não caberá recurso para o Tribunal Pleno, exceto no caso do inciso I da alínea *c* do item 1, deste artigo.

Parágrafo com redação dada pela Lei n. 5.442, de 24.05.1968.

Art. 679. Aos Tribunais Regionais não divididos em Turmas, compete o julgamento das matérias a que se refere o artigo anterior, exceto a de que trata o inciso I da alínea *c* do item 1, como os conflitos de jurisdição entre Turmas.

Artigo com redação dada pela Lei n. 5.442, de 24.05.1968.

Art. 680. Compete, ainda, aos Tribunais Regionais, ou suas Turmas:

Caput com redação dada pela Lei n. 5.442, de 24.05.1968.

a) determinar às Juntas e aos Juízes de Direito a realização dos atos processuais e diligências necessárias ao julgamento dos feitos sob sua apreciação;

Alínea com redação dada pela Lei n. 5.442, de 24.05.1968.

Veja a primeira nota deste Capítulo.

b) fiscalizar o cumprimento de suas próprias decisões;

Alínea com redação dada pela Lei n. 5.442, de 24.05.1968.

c) declarar a nulidade dos atos praticados com infração de suas decisões;

Alínea com redação dada pela Lei n. 5.442, de 24.05.1968.

d) julgar as suspeições arguidas contra seus membros;

Alínea com redação dada pela Lei n. 5.442, de 24.05.1968.

e) julgar as exceções de incompetência que lhes forem opostas;

Alínea com redação dada pela Lei n. 5.442, de 24.05.1968.

f) requisitar às autoridades competentes as diligências necessárias ao esclarecimento dos feitos sob apreciação, representando contra aquelas que não atenderem a tais requisições;

Alínea com redação dada pela Lei n. 5.442, de 24.05.1968.

g) exercer, em geral, no interesse da Justiça do Trabalho, as demais atribuições que decorram de sua jurisdição.

Alínea com redação dada pela Lei n. 5.442, de 24.05.1968.

Seção III
Dos Presidentes dos Tribunais Regionais

Veja arts. 111 a 116, CF, sobre a extinção dos juízes classistas na Justiça do Trabalho.

Art. 681. Os Presidentes e Vice-Presidentes dos Tribunais Regionais do Trabalho tomarão posse perante os respectivos Tribunais.

Caput com redação dada pela Lei n. 6.320, de 05.04.1976.

Parágrafo único. (*Revogado pela Lei n. 6.320, de 05.04.1976.*)

Art. 682. Competem privativamente aos Presidentes dos Tribunais Regionais, além das que forem conferidas neste e no título e das decorrentes do seu cargo, as seguintes atribuições:

Caput com redação dada pelo DL n. 8.737, de 19.01.1946.

Veja nota desta Seção.

I – (*Revogado pela Lei n. 5.442, de 24.05.1968.*)

II – designar os Vogais das Juntas e seus suplentes;

Inciso com redação dada pelo DL n. 8.737, de 19.01.1946.

Veja a primeira nota deste Capítulo.

Veja nota desta Seção.

III – dar posse aos Presidentes de Juntas e Presidentes Substitutos, aos Vogais e suplentes e funcionários do próprio Tribunal e conceder férias e licenças aos mesmos e aos Vogais e suplentes das Juntas;

Inciso com redação dada pelo DL n. 8.737, de 19.01.1946.

Veja a primeira nota deste Capítulo.

Veja nota desta Seção.

IV – presidir às sessões do Tribunal;

Inciso com redação dada pelo DL n. 8.737, de 19.01.1946.

V – presidir às audiências de conciliação nos dissídios coletivos;

Inciso com redação dada pelo DL n. 8.737, de 19.01.1946.

VI – executar suas próprias decisões e as proferidas pelo Tribunal;

Inciso com redação dada pelo DL n. 8.737, de 19.01.1946.

VII – convocar suplentes dos Vogais, nos impedimentos destes;

Inciso com redação dada pelo DL n. 8.737, de 19.01.1946.

VIII – representar ao Presidente do Tribunal Superior do Trabalho contra os Presidentes e os Vogais nos casos previstos no art. 727 e seu parágrafo único;

Inciso com redação dada pelo DL n. 8.737, de 19.01.1946.

Veja nota desta Seção.

IX – despachar os recursos interpostos pelas partes;

Inciso com redação dada pelo DL n. 8.737, de 19.01.1946.

X – requisitar às autoridades competentes, nos casos de dissídio coletivo, a força necessária, sempre que houver ameaça de perturbação da ordem;

Inciso com redação dada pelo DL n. 8.737, de 19.01.1946.

XI – exercer correição, pelo menos uma vez por ano, sobre as Juntas, ou parcialmente sempre que se fizer necessário, e solicitá-la, quando julgar conveniente, ao Presidente do Tribunal de Apelação, relativamente aos Juízes de Direito investidos na administração da Justiça do Trabalho;

Inciso com redação dada pelo DL n. 8.737, de 19.01.1946.

Veja nota deste Capítulo.

A partir da CF/46, os "Tribunais de Apelação" passaram a denominar-se "Tribunais de Justiça".

XII – distribuir os feitos, designando os Juízes que os devem relatar;

Inciso com redação dada pelo DL n. 8.737, de 19.01.1946.

XIII – designar, dentre os funcionários do Tribunal e das Juntas existentes em uma mesma localidade, o que deve exercer a função de distribuidor;

Inciso com redação dada pelo DL n. 8.737, de 19.01.1946.

Veja a primeira nota deste Capítulo.

XIV – assinar as folhas de pagamento dos Juízes e servidores do Tribunal.

Inciso com redação dada pelo DL n. 8.737, de 19.01.1946.

§ 1º Na falta ou impedimento do Presidente da Junta e do substituto da mesma localidade, é facultado ao Presidente do Tribunal Regional designar substituto de outra localidade, observada a ordem de antiguidade entre os substitutos desimpedidos.

Parágrafo com redação dada pelo DL n. 8.737, de 19.01.1946.

Veja notas deste Capítulo.

§ 2º Na falta ou impedimento do Vogal da Junta e do respectivo suplente, é facultado ao Presidente do Tribunal Regional designar suplente de outra Junta, respeitada a categoria profissional ou econômica do representante e a ordem de antiguidade dos suplentes desimpedidos.

Inciso com redação dada pelo DL n. 8.737, de 19.01.1946.

Veja notas deste Capítulo.

Veja nota desta Seção.

§ 3º Na falta ou impedimento de qualquer Juiz representante classista e seu respectivo suplente, é facultado ao Presidente do Tribunal Regional designar um dos Juízes classistas de Junta de Conciliação e Julgamento para funcionar nas sessões do Tribunal, respeitada a categoria profissional ou econômica do representante.

Parágrafo acrescentado pela Lei n. 3.440, de 27.08.1958.

Veja notas deste Capítulo.

Veja nota desta Seção.

Art. 683. Na falta ou impedimento dos Presidentes dos Tribunais Regionais, e como auxiliares destes, sempre que necessário, funcionarão seus substitutos.

Caput com redação dada pelo DL n. 8.737, de 19.01.1946.

Veja a segunda nota deste Capítulo.

§ 1º Nos casos de férias, por 30 (trinta) dias, licença, morte ou renúncia, a convocação competirá diretamente ao Presidente do Tribunal Superior do Trabalho.

Parágrafo com redação dada pelo DL n. 8.737, de 19.01.1946.

Veja a segunda nota deste Capítulo.

§ 2º Nos demais casos, mediante convocação do próprio Presidente do Tribunal ou comunicação do secretário deste, o Presidente Substituto assumirá imediatamente o exercício, ciente o Presidente do Tribunal Superior do Trabalho.

Parágrafo com redação dada pelo DL n. 8.737, de 19.01.1946.

Veja a segunda nota deste Capítulo.

Seção IV
Dos Juízes Representantes Classistas dos Tribunais Regionais

A EC n. 24, de 09.12.1999, que promoveu diversas alterações na Justiça do Trabalho, determinou nova composição aos Tribunais Regionais, compostos por juízes togados, advogados e membros do Ministério Público, na forma do art. 111, § 2º, CF (posteriormente revogado pela EC n. 45, de 08.12.2004), assim, os arts. 684 a 689 perderam, na prática, eficácia a partir dessa Emenda. Conservamos, contudo, a redação adaptada, ao menos para servir de roteiro e eventual preenchimento de lacunas.

Veja arts. 111 a 116, CF, sobre a extinção dos juízes classistas na Justiça do Trabalho.

Art. 684. Os Juízes representantes classistas dos Tribunais Regionais são designados pelo Presidente da República.

Veja a segunda nota deste Capítulo.

Veja a segunda nota desta Seção.

Parágrafo único. Aos Juízes representantes classistas dos empregados e dos empregadores, nos Tribunais Regionais, aplicam-se as disposições do art. 661.

Antigo § 1º renumerado pela Lei n. 5.442, de 24.05.1968.

Veja a segunda nota desta Seção.

§ 2º (*Revogado pela Lei n. 5.442, de 24.05.1968.*)

Art. 685. A escolha dos Juízes e suplentes dos Tribunais Regionais, representantes dos empregadores e empregados, é feita dentre os nomes constantes das listas para esse fim encaminhadas ao Presidente do Tribunal Superior do Trabalho pelas associações sindicais de grau superior com sede nas respectivas Regiões.

Veja a segunda nota deste Capítulo.

Veja art. 688, CLT.

§ 1º Para o efeito deste artigo, o Conselho de Representantes de cada associação sindical de grau superior, na ocasião determinada pelo Presidente do Tribunal Superior do Trabalho, organizará, por maioria de votos, uma lista de 3 (três) nomes.

§ 2º O Presidente do Tribunal Superior do Trabalho submeterá os nomes constantes das listas ao Presidente da República, por intermédio do Ministro da Justiça e Negócios Interiores.

Parágrafo com redação dada pela Lei n. 2.244, de 23.06.1954.

Veja nota no início da CLT.

Art. 686. (*Suprimido pelo DL n. 9.797, de 09.09.1946.*)

Art. 687. Os Juízes representantes classistas dos Tribunais Regionais tomam posse perante o respectivo Presidente.

Veja a segunda nota deste Capítulo.

Veja segunda nota desta Seção.

Art. 688. Aos Juízes representantes classistas dos Tribunais Regionais aplicam-se as disposições do art. 663, sendo a nova escolha feita dentre os nomes constantes das listas a que se refere o art. 685, ou na forma indicada no art. 686 e, bem assim, as dos arts. 665 e 667.

Veja a segunda nota desta Seção.

Veja nota ao art. 687, CLT.

Art. 689. Por sessão a que comparecerem, até o máximo de 15 (quinze) por mês, perceberão os Juízes representantes classistas e suplentes dos Tribunais Regionais a gratificação fixada em lei.

Caput com redação dada e parágrafo acrescentado pelo DL n. 8.737, de 19.01.1946.

Veja a segunda nota desta Seção.

Veja nota ao art. 687, CLT.

Parágrafo único. Os Juízes representantes classistas que retiverem processos além dos prazos estabelecidos no Regimento Interno dos Tribunais Regionais sofrerão automaticamente, na gratificação mensal a que teriam direito, desconto equivalente a 1/30 (um trinta avos) por processo retido.

Veja notas desta Seção.

CAPÍTULO V
DO TRIBUNAL SUPERIOR DO TRABALHO

Veja art. 2º, DL n. 9.797, de 09.09.1946, que substitui as expressões "Conselho Nacional" e "Conselhor Regional" por "Tribunal Superior" e "Tribunal Regional", respectivamente.

Veja arts. 111 e 111-A, CF.

Veja Súmula n. 190, TST.

Seção I
Disposições Preliminares

Art. 690. O Tribunal Superior do Trabalho, com sede na Capital da República e jurisdição em todo o território nacional, é a instância superior da Justiça do Trabalho.

Caput com redação dada pela Lei n. 2.244, de 23.06.1954.

Parágrafo único. O Tribunal funciona na plenitude de sua composição ou dividido em Turmas, com observância da paridade de representação de empregados e empregadores.

Parágrafo com redação dada pela Lei n. 2.244, de 23.06.1954.

Art. 691. (*Suprimido pelo DL n. 8.737, de 19.01.1946.*)

Art. 692. (*Suprimido pelo DL n. 8.737, de 19.01.1946.*)

Seção II
Da Composição e Funcionamento do Tribunal Superior do Trabalho

Veja arts. 111 a 116, CF, sobre a extinção dos juízes classistas na Justiça do Trabalho.

Veja a primeira nota deste Capítulo.

Art. 693. O Tribunal Superior do Trabalho compõe-se de dezessete juízes com a denominação de Ministros, sendo:

Caput com redação dada pela Lei n. 5.442, de 24.05.1968.

Veja art. 111-A, CF, que dispõe de modo diverso.

a) onze togados e vitalícios, nomeados pelo Presidente da República, depois de aprovada a escolha pelo Senado Federal, dentre brasileiros natos, maiores de trinta e cinco anos, de notável saber jurídico e reputação ilibada;

Alínea com redação dada pela Lei n. 5.442, de 24.05.1968.

b) seis classistas, com mandato de três anos, em representação paritária dos empregadores e dos empregados, nomeados pelo Presidente da República de conformidade com o disposto nos §§ 2º e 3º deste artigo.

Alínea com redação dada pela Lei n. 5.442, de 24.05.1968.

Veja nota desta Seção.

§ 1º Dentre os juízes togados do Tribunal Superior do Trabalho, alheios aos interesses profissionais, serão eleitos o Presidente, o Vice-Presidente e o Corregedor, além dos presidentes das turmas na forma estabelecida em seu regimento interno.

Parágrafo com redação dada pela Lei n. 2.244, de 23.06.1954.

§ 2º Para nomeação trienal dos juízes classistas, o Presidente do Tribunal Superior do Trabalho publicará edital, com antecedência mínima de 15 (quinze) dias, convocando as associações sindicais de grau superior, para que cada uma, mediante maioria de votos do respectivo Conselho de Representantes, organize uma lista de 3 (três) nomes, que será encaminhada, por intermédio daquele Tribunal, ao Ministro da Justiça e Negócios Interiores dentro do prazo que for fixado no edital.

Parágrafo com redação dada pela Lei n. 2.244, de 23.06.1954.

Veja a primeira nota deste Capítulo.

Veja nota desta Seção.

§ 3º Na lista de que trata o parágrafo anterior figurarão somente brasileiros natos, de reconhecida idoneidade, maiores de 25 anos, quites com o serviço militar, que estejam no gozo de seus direitos civis e políticos e contem mais de dois anos de efetivo exercício da profissão ou se encontrem no desempenho de representação profissional prevista em lei.

Parágrafo com redação dada pelo DL n. 9.797, de 09.09.1946.

§ 4º (*Vetado.*)

Parágrafo com redação dada pela Lei n. 2.244, de 23.06.1954.

Art. 694. Os juízes togados escolher-se-ão: sete, dentre magistrados da Justiça do Trabalho, dois, dentre advogados no efetivo exercício da profissão, e dois, dentre membros do Ministério Público da União junto à Justiça do Trabalho.

Artigo restabelecido com nova redação dada pela Lei n. 5.442, de 24.05.1968.

Veja art. 111-A, CF, que dispõe de modo diverso.

Art. 695. (*Suprimido pelo DL n. 9.797, de 09.09.1946.*)

Art. 696. Importará em renúncia o não comparecimento do membro do Tribunal, sem motivo justificado, a mais de 3 (três) sessões ordinárias consecutivas.

Caput com redação dada pelo DL n. 8.737, de 19.01.1946.

A LC n. 35, de 14.03.1979, dispõe de modo diverso.

Veja art. 95, CF.

§ 1º Ocorrendo a hipótese prevista neste artigo, o Presidente do Tribunal comunicará, imediatamente, o fato ao Ministério da Justiça e Negócios Interiores, a fim de que seja feita a substituição do juiz renunciante, sem prejuízo das sanções cabíveis.

Parágrafo com redação dada pela Lei n. 2.244, de 23.06.1954.

§ 2º Para os efeitos do parágrafo anterior, a designação do substituto será feita dentre os nomes constantes das listas de que trata o § 2º do art. 693.

Parágrafo com redação dada pela Lei n. 2.244, de 23.06.1954.

Art. 697. Em caso de licença superior a 30 (trinta) dias, ou de vacância, enquanto não for preenchido o cargo, os Ministros do Tribunal poderão ser substituídos mediante convocação de Juízes, de igual categoria, de qualquer dos Tribunais Regionais do Trabalho, na forma que dispuser o Regimento do Tribunal Superior do Trabalho.

Artigo com redação dada pela Lei n. 6.289, de 11.12.1975.

Art. 698. (*Suprimido pelo DL n. 8.737, de 19.01.1946.*)

Art. 699. O Tribunal Superior do Trabalho não poderá deliberar, na plenitude de sua composição, senão com a presença de, pelo menos, nove de seus juízes, além do Presidente.

Caput com redação dada pela Lei n. 2.244, de 23.06.1954.

Veja Lei n. 7.701, de 21.12.1988, que dispõe de modo diverso.

Parágrafo único. As turmas do Tribunal, compostas de 5 (cinco) juízes, só poderão deliberar com a presença de pelo menos, três de seus membros, além do respectivo presidente, cabendo também a este funcionar como relator ou revisor nos feitos que lhe forem distribuídos conforme estabelecer o regimento interno.

Parágrafo acrescentado pela Lei n. 2.244, de 23.06.1954.

Art. 700. O Tribunal reunir-se-á em dias previamente fixados pelo Presidente, o qual poderá, sempre que for necessário, convocar sessões extraordinárias.

Artigo com redação dada pelo DL n. 8.737, de 19.01.1946.

Veja art. 96, CF.

Art. 701. As sessões do Tribunal serão públicas e começarão às 14 (quatorze) horas, terminando às 17 (dezessete) horas, mas poderão ser prorrogadas pelo Presidente em caso de manifesta necessidade.

Caput com redação dada pelo DL n. 8.737, de 19.01.1946.

§ 1º As sessões extraordinárias do Tribunal só se realizarão quando forem comunicadas aos seus membros com 24 (vinte e quatro) horas, no mínimo, de antecedência.

Parágrafo com redação dada pelo DL n. 8.737, de 19.01.1946.

§ 2º Nas sessões do Tribunal, os debates poderão tornar-se secretos, desde que, por motivo de interesse público, assim resolver a maioria de seus membros.

Parágrafo com redação dada pelo DL n. 8.737, de 19.01.1946.

Seção III
Da Competência do Tribunal Pleno

Art. 702. Ao Tribunal Pleno compete:

Caput com redação dada pela Lei n. 2.244, de 23.06.1954.

O art. 4º, Lei n. 7.701, de 21.12.1988, e o art. 70, RITST, dispõem de modo diverso deste artigo.

I – em única instância:

Inciso com redação dada pela Lei n. 2.244, de 23.06.1954.

a) decidir sobre matéria constitucional, quando arguido, para invalidar lei ou ato do poder público;

Alínea com redação dada pela Lei n. 2.244, de 23.06.1954.

b) conciliar e julgar os dissídios coletivos que excedam a jurisdição dos Tribunais Regionais do Trabalho, bem como estender ou rever suas próprias decisões normativas, nos casos previstos em lei;

Alínea com redação dada pela Lei n. 2.244, de 23.06.1954.

c) homologar os acordos celebrados em dissídios de que trata a alínea anterior;

Alínea com redação dada pela Lei n. 2.244, de 23.06.1954.

d) julgar os agravos dos despachos do presidente, nos casos previstos em lei;

Alínea com redação dada pela Lei n. 2.244, de 23.06.1954.

e) julgar as suspeições arguidas contra o presidente e demais juízes do Tribunal, nos feitos pendentes de sua decisão;

Alínea com redação dada pela Lei n. 2.244, de 23.06.1954.

f) estabelecer ou alterar súmulas e outros enunciados de jurisprudência uniforme, pelo voto de pelo menos dois terços de seus membros, caso a mesma matéria já tenha sido decidida de forma idêntica por unanimidade em, no mínimo, dois terços das turmas em pelo menos dez sessões diferentes em cada uma delas, podendo, ainda, por maioria de dois terços de seus membros, restringir os efeitos daquela declaração ou decidir que ela só tenha eficácia a partir de sua publicação no Diário Oficial;

Alínea com redação dada pela Lei n. 13.467, de 13.07.2017.

Veja ADI n. 6.188.

g) aprovar tabelas de custas e emolumentos, nos termos da lei;

Alínea com redação dada pela Lei n. 2.244, de 23.06.1954.

Veja arts. 24, IV, e 145, II, CF.

h) elaborar o Regimento Interno do Tribunal e exercer as atribuições administrativas previstas em lei, ou decorrentes da Constituição Federal;

Alínea com redação dada pela Lei n. 2.244, de 23.06.1954.

II – em última instância:

Inciso com redação dada pela Lei n. 2.244, de 23.06.1954.

a) julgar os recursos ordinários das decisões proferidas pelos Tribunais Regionais em processos de sua competência originária;

Alínea com redação dada pela Lei n. 2.244, de 23.06.1954.

b) julgar os embargos opostos às decisões de que tratam as alíneas *b* e *c* do inciso I deste artigo;

Alínea com redação dada pela Lei n. 2.244, de 23.06.1954.

c) julgar embargos das decisões das Turmas, quando esta divirjam entre si ou de decisão proferida pelo próprio Tribunal Pleno, ou que forem contrárias à letra de lei federal;

Alínea com redação dada pela DL n. 229, de 28.02.1967.

d) julgar os agravos de despachos denegatórios dos presidentes de turmas, em matéria de embargos na forma estabelecida no regimento interno;

Alínea com redação dada pela Lei n. 2.244, de 23.06.1954.

e) julgar os embargos de declaração opostos aos seus acórdãos.

Alínea com redação dada pela Lei n. 2.244, de 23.06.1954.

§ 1º Quando adotada pela maioria de dois terços dos juízes do Tribunal Pleno, a decisão proferida nos embargos de que trata o inciso II, alínea *c*, deste artigo, terá força de prejulgado, nos termos dos §§ 2º e 3º, do art. 902.

Parágrafo acrescentado pela Lei n. 2.244, de 23.06.1954.

O art. 902 foi revogado.

§ 2º É da competência de cada uma das turmas do Tribunal:

Parágrafo e alíneas acrescentados pela Lei n. 2.244, de 23.06.1954.

a) julgar, em única instância, os conflitos de jurisdição entre Tribunais Regionais do Trabalho e os que se suscitarem entre juízes de direito ou juntas de conciliação e julgamento de regiões diferentes;

Veja a primeira nota deste Capítulo.

b) julgar, em última instância, os recursos de revista interpostos de decisões dos Tribunais Regionais e das Juntas de Conciliação e julgamento ou juízes de direito, nos casos previstos em lei;

Veja a primeira nota deste Capítulo.

A EC n. 24, de 09.12.1999, substituiu a expressão "Juntas de Conciliação e Julgamento", como órgãos da Justiça do Trabalho, pelas expressões "Juízes do Trabalho" e "Varas do Trabalho", essas confirmadas posteriormente pela EC n. 45, de 08.12.2004.

c) julgar os agravos de instrumento dos despachos que denegarem a interposição de recursos ordinários ou de revista;

d) julgar os embargos de declaração opostos aos seus acórdãos;

e) julgar as habilitações incidentes e arguições de falsidade, suspeição e outras nos casos pendentes de sua decisão.

§ 3º As sessões de julgamento sobre estabelecimento ou alteração de súmulas e outros enunciados de jurisprudência deverão ser públicas, divulgadas com, no mínimo, trinta dias de antecedência, e deverão possibilitar a sustentação oral pelo Procurador-Geral do Trabalho, pelo Conselho Federal da Ordem dos Advogados do Brasil, pelo Advogado-Geral da União e por confederações sindicais ou entidades de classe de âmbito nacional.

Parágrafo acrescentado pela Lei n. 13.467, de 13.07.2017.

Veja ADI n. 6.188.

§ 4º O estabelecimento ou a alteração de súmulas e outros enunciados de jurisprudência pelos Tribunais Regionais do Trabalho deverão observar o disposto na alínea *f* do inciso I e no § 3º deste artigo, com rol equivalente de legitimados para sustentação oral, observada a abrangência de sua circunscrição judiciária.

Parágrafo acrescentado pela Lei n. 13.467, de 13.07.2017.

Veja ADI n. 6.188.

Seção IV
Da Competência da Câmara de Justiça do Trabalho

Art. 703. (*Suprimido pelo DL n. 8.737, de 19.01.1946.*)

Art. 704. (*Suprimido pelo DL n. 8.737, de 19.01.1946.*)

Art. 705. (*Suprimido pelo DL n. 8.737, de 19.01.1946.*)

Seção V
Da Competência da Câmara de Previdência Social

Art. 706. (*Suprimido pelo DL n. 8.737, de 19.01.1946.*)

Seção VI
Das Atribuições do Presidente do Tribunal Superior do Trabalho

Veja a primeira nota deste Capítulo.

Art. 707. Compete ao Presidente do Tribunal:

Caput com redação dada pelo DL n. 8.737, de 19.01.1946.

a) presidir às sessões do Tribunal, fixando os dias para a realização das sessões ordinárias e convocando as extraordinárias;

Alínea com redação dada pelo DL n. 8.737, de 19.01.1946.

Veja art. 96, I, *a*, CF.

b) superintender todos os serviços do Tribunal;

Alínea com redação dada pelo DL n. 8.737, de 19.01.1946.

c) expedir instruções e adotar as providências necessárias para o bom funcionamento do Tribunal e dos demais órgãos da Justiça do Trabalho;

Alínea com redação dada pelo DL n. 8.737, de 19.01.1946.

d) fazer cumprir as decisões originárias do Tribunal, determinando aos Tribunais Regionais e aos demais órgãos da Justiça do Trabalho a realização dos atos processuais e das diligências necessárias;

Alínea com redação dada pelo DL n. 8.737, de 19.01.1946.

e) submeter ao Tribunal os processos em que tenha de deliberar e designar, na forma do Regimento Interno, os respectivos relatores;

Alínea com redação dada pelo DL n. 8.737, de 19.01.1946.

f) despachar os recursos interpostos pelas partes e os demais papéis em que deva deliberar;

Alínea com redação dada pelo DL n. 8.737, de 19.01.1946.

g) determinar as alterações que se fizerem necessárias na lotação do pessoal da Justiça do Trabalho, fazendo remoções *ex officio* de servidores entre os Tribunais Regionais, Juntas de Conciliação e Julgamento e outros órgãos, bem como conceder as requeridas que julgar convenientes ao serviço, respeitada a lotação de cada órgão;

Alínea com redação dada pelo DL n. 8.737, de 19.01.1946.

Veja a primeira nota deste Capítulo.

h) conceder licenças e férias aos servidores do Tribunal, bem como impor-lhes as penas disciplinares que excederem da alçada das demais autoridades;

Alínea com redação dada pelo DL n. 8.737, de 19.01.1946.

i) dar posse e conceder licença aos membros do Tribunal, bem como conceder licenças e férias aos Presidentes dos Tribunais Regionais;

Alínea com redação dada pelo DL n. 8.737, de 19.01.1946.

Veja nota deste Capítulo.

j) apresentar ao Ministro da Justiça, até 31 de março de cada ano, o relatório das atividades do Tribunal e dos demais órgãos da Justiça do Trabalho.

Alínea com redação dada pelo DL n. 8.737, de 19.01.1946.

Parágrafo único. O Presidente terá 1 (um) secretário por ele designado dentre os funcionários lotados no Tribunal, e será auxiliado por servidores designados nas mesmas condições.

Parágrafo com redação dada pelo DL n. 8.737, de 19.01.1946.

Seção VII
Das Atribuições do Vice-Presidente

Art. 708. Compete ao Vice-Presidente do Tribunal substituir o Presidente em suas faltas e impedimentos.

Caput com redação dada pela Lei n. 14.824, de 20.03.2024.

a) (Revogada pela Lei n. 14.824, de 20.03.2024.)

b) (Suprimida pela Lei n. 2.244, de 23.06.1954.)

Parágrafo único. Na ausência do Presidente e do Vice-Presidente, será o Tribunal presidido pelo Juiz togado mais antigo, ou pelo mais idoso quando igual a antiguidade.

Parágrafo com redação dada pela Lei n. 2.244, de 23.06.1954.

Seção VIII
Das Atribuições do Corregedor

Seção revogada pela Lei n. 14.824, de 20.03.2024.

Art. 709. *(Revogado pela Lei n. 14.824, de 20.03.2024.)*

CAPÍTULO VI
DOS SERVIÇOS AUXILIARES DA JUSTIÇA DO TRABALHO

A EC n. 24, de 09.12.1999, substituiu a expressão "Juntas de Conciliação e Julgamento", como órgãos da Justiça do Trabalho, pelas expressões "Juízes do Trabalho" e "Varas do Trabalho", essas confirmadas posteriormente pela EC n. 45, de 08.12.2004.

Seção I
Da Secretaria das Juntas de Conciliação e Julgamento

Veja nota deste Capítulo.

Art. 710. Cada Junta terá 1 (uma) secretaria, sob a direção de funcionário que o Presidente designar, para exercer a função de chefe de secretaria, e que receberá, além dos vencimentos correspondentes ao seu padrão, a gratificação de função fixada em lei.

Artigo com redação dada pelo DL n. 8.737, de 19.01.1946.

Veja nota deste Capítulo.

Art. 711. Compete à secretaria das Juntas:

Veja nota deste Capítulo.

a) o recebimento, a autuação, o andamento, a guarda e a conservação dos processos e outros papéis que lhe forem encaminhados;

b) a manutenção do protocolo de entrada e saída dos processos e demais papéis;

c) o registro das decisões;

d) a informação, às partes interessadas e seus procuradores, do andamento dos respectivos processos, cuja consulta lhes facilitará;

e) a abertura de vista dos processos às partes, na própria secretaria;

f) a contagem das custas devidas pelas partes, nos respectivos processos;

g) o fornecimento de certidões sobre o que constar dos livros ou do arquivamento da secretaria;

h) a realização das penhoras e demais diligências processuais;

i) o desempenho dos demais trabalhos que lhe forem cometidos pelo Presidente da Junta, para melhor execução dos serviços que lhe estão afetos.

Veja nota deste Capítulo.

Art. 712. Compete especialmente aos chefes de secretaria das Juntas de Conciliação e Julgamento:

Caput e alíneas com redação dada pelo DL n. 8.737, de 19.01.1946.

Veja nota deste Capítulo.

Veja art. 720, CLT.

a) superintender os trabalhos da secretaria, velando pela boa ordem do serviço;

b) cumprir e fazer cumprir as ordens emanadas do Presidente e das autoridades superiores;

c) submeter a despacho e assinatura do Presidente o expediente e os papéis que devam ser por ele despachados e assinados;

d) abrir a correspondência oficial dirigida à Junta e ao seu Presidente, a cuja deliberação será submetida;

Veja nota deste Capítulo.

e) tomar por termo as reclamações verbais nos casos de dissídios individuais;

f) promover o rápido andamento dos processos, especialmente na fase de execução, e a pronta realização dos atos e diligências deprecadas pelas autoridades superiores;

g) secretariar as audiências da Junta, lavrando as respectivas atas;

Veja nota deste Capítulo.

h) subscrever as certidões e os termos processuais;

i) dar aos litigantes ciência das reclamações e demais atos processuais de que devam ter conhecimento, assinando as respectivas notificações;

j) executar os demais trabalhos que lhe forem atribuídos pelo Presidente da Junta.

Veja nota deste Capítulo.

Parágrafo único. Os serventuários que, sem motivo justificado, não realizarem os atos, dentro dos prazos fixados, serão descontados em seus vencimentos, em tantos dias quantos os do excesso.

Parágrafo acrescentado pelo DL n. 8.737, de 19.01.1946.

Seção II
Dos Distribuidores

Art. 713. Nas localidades em que existir mais de uma Junta de Conciliação e Julgamento haverá um distribuidor.

Veja nota deste Capítulo.

Art. 714. Compete ao distribuidor:

a) a distribuição, pela ordem rigorosa de entrada, e sucessivamente a cada Junta, dos feitos que, para esse fim, lhe forem apresentados pelos interessados;

Veja nota deste Capítulo.

b) o fornecimento, aos interessados, do recibo correspondente a cada feito distribuído;

c) a manutenção de 2 (dois) fichários dos feitos distribuídos, sendo um organizado pelos nomes dos reclamantes e o outro dos reclamados, ambos por ordem alfabética;

d) o fornecimento a qualquer pessoa que o solicite, verbalmente ou por certidão, de informações sobre os feitos distribuídos;

e) a baixa na distribuição dos feitos, quando isto lhe for determinado pelos Presidentes das Juntas, formando, com as fichas correspondentes, fichários à parte, cujos dados poderão ser consultados pelos interessados, mas não serão mencionados em certidões.

Veja nota deste Capítulo.

Art. 715. Os distribuidores são designados pelo Presidente do Tribunal Regional, dentre os funcionários das Juntas e do Tribunal Regional, existentes na mesma localidade, e ao mesmo Presidente diretamente subordinados.

Veja nota deste Capítulo.

Veja art. 2º, DL n. 9.797, de 09.09.1946, que substitui as expressões "Conselho Nacional" por "Tribunal Superior".

Seção III
Do Cartório dos Juízos de Direito

Art. 716. Os cartórios dos Juízos de Direito, investidos na administração da Justiça do Trabalho, têm, para esse fim, as mesmas atribuições e obrigações conferidas na Seção I às secretarias das Juntas de Conciliação e Julgamento.

Veja nota deste Capítulo.

Veja art. 710, CLT.

Parágrafo único. Nos Juízos em que houver mais de um cartório, far-se-á entre eles a distribuição alternada e sucessiva das reclamações.

Art. 717. Aos escrivães dos Juízos de Direito, investidos na administração da Justiça do Trabalho, competem especialmente as atribuições e obrigações dos chefes de secretaria das Juntas; e aos demais funcionários dos cartórios, as que couberem nas respectivas funções, dentre as que competem às secretarias das Juntas, enumeradas no art. 711.

Veja nota deste Capítulo.

Seção IV
Das Secretarias dos Tribunais Regionais

Veja art. 2º, DL n. 9.797, de 09.09.1946, que substitui as expressões "Conselho Regional" por "Tribunal Regional".

Art. 718. Cada Tribunal Regional tem 1 (uma) secretaria, sob a direção do funcionário designado para exercer a função de secretário, com a gratificação de função fixada em lei.

Artigo com redação dada pelo DL n. 8.737, de 19.01.1946.

Veja nota desta Seção.

Art. 719. Competem à secretaria dos Tribunais, além das atribuições estabelecidas no art. 711, para a secretaria das Juntas, mais as seguintes:

Veja nota deste Capítulo.

a) a conclusão dos processos ao Presidente e sua remessa, depois de despachados, aos respectivos relatores;

b) a organização e a manutenção de um fichário de jurisprudência do Tribunal, para consulta dos interessados.

Parágrafo único. No regimento interno dos Tribunais Regionais serão estabelecidas as demais atribuições, o funcionamento e a ordem dos trabalhos de suas secretarias.

Veja nota desta Seção.

Art. 720. Competem aos secretários dos Tribunais Regionais as mesmas atribuições conferidas no art. 712 aos chefes de secretaria das Juntas, além das que lhes forem fixadas no regimento interno dos Tribunais.

Artigo com redação ajustada nos termos da Lei n. 409, de 25.09.1948.

Veja nota desta Seção.

Veja nota deste Capítulo.

Seção V
Dos Oficiais de Justiça e Oficiais de Justiça Avaliadores

Seção com denominação dada pela Lei n. 5.442, de 24.05.1968.

Art. 721. Incumbe aos Oficiais de Justiça e Oficiais de Justiça Avaliadores da Justiça do Trabalho a realização dos atos decorrentes da execução dos julgados das Juntas de Conciliação e Julgamento e dos Tribunais Regionais do Trabalho, que lhes forem cometidos pelos respectivos Presidentes.

Caput com redação dada pela Lei n. 5.442, de 24.05.1968.

Veja nota deste Capítulo.

§ 1º Para efeito de distribuição dos referidos atos, cada Oficial de Justiça ou Oficial de Justiça Avaliador funcionará perante uma Junta de Conciliação e Julgamento, salvo quando da existência, nos Tribunais Regionais do Trabalho, de órgão específico, destinado à distribuição de mandados judiciais.

Parágrafo com redação dada pela Lei n. 5.442, de 24.05.1968.

Veja nota deste Capítulo.

§ 2º Nas localidades onde houver mais de uma Junta, respeitado o disposto no parágrafo anterior, a atribuição para o comprimento do ato deprecado ao Oficial de Justiça ou Oficial de Justiça Avaliador será transferida a outro Oficial, sempre que, após o decurso de 9 (nove) dias, sem razões que o justifiquem, não tiver sido cumprido o ato, sujeitando-se o serventuário às penalidades da lei.

Parágrafo com redação dada pela Lei n. 5.442, de 24.05.1968.

Veja nota deste Capítulo.

§ 3º No caso de avaliação, terá o Oficial de Justiça Avaliador, para cumprimento do ato, o prazo previsto no art. 888.

Parágrafo com redação dada pela Lei n. 5.442, de 24.05.1968.

§ 4º É facultado aos Presidentes dos Tribunais Regionais do Trabalho cometer a qualquer Oficial de Justiça ou Oficial de Justiça Avaliador a realização dos atos de execução das decisões desses Tribunais.

Parágrafo com redação dada pela Lei n. 5.442, de 24.05.1968.

§ 5º Na falta ou impedimento do Oficial de Justiça ou Oficial de Justiça Avaliador, o Presidente da Junta poderá atribuir a realização do ato a qualquer serventuário.

Parágrafo acrescentado pelo DL n. 8.737, de 19.01.1946, e com redação dada pela Lei n. 5.442, de 24.05.1968.

Veja nota deste Capítulo.

CAPÍTULO VII
DAS PENALIDADES

A EC n. 24, de 09.12.1999, substituiu a expressão "Juntas de Conciliação e Julgamento", como órgãos da Justiça do Trabalho, pelas expressões "Juízes do Trabalho" e "Varas do Trabalho", essas confirmadas posteriormente pela EC n. 45, de 08.12.2004.

Seção I
Do "Lock-out" e da Greve

Veja arts. 9º e 114, II, CF.
Veja Lei n. 7.783, de 28.06.1989.
Veja Súmula n. 316, STF.

Art. 722. Os empregadores que, individual ou coletivamente, suspenderem os trabalhos dos seus estabelecimentos, sem prévia autorização do Tribunal competente, ou que violarem, ou se recusarem a cumprir decisão proferida em dissídio coletivo, incorrerão nas seguintes penalidades:

a) multa de cinco mil cruzeiros a cinquenta mil cruzeiros;

b) perda do cargo de representação profissional em cujo desempenho estiverem;

c) suspensão, pelo prazo de 2 (dois) a 5 (cinco) anos, do direito de serem eleitos para cargos de representação profissional.

§ 1º Se o empregador for pessoa jurídica, as penas previstas nas alíneas *b* e *c* incidirão sobre os administradores responsáveis.

§ 2º Se o empregador for concessionário de serviço público, as penas serão aplicadas em dobro. Nesse caso, se o concessionário for pessoa jurídica, o Presidente do Tribunal que houver proferido a decisão poderá, sem prejuízo do cumprimento desta e da aplicação das penalidades cabíveis, ordenar o afastamento dos administradores responsáveis, sob pena de ser cassada a concessão.

§ 3º Sem prejuízo das sanções cominadas neste artigo, os empregadores ficarão obrigados a pagar os salários devidos aos seus empregados, durante o tempo de suspensão do trabalho.

Arts. 723 a 725. (*Revogados pela Lei n. 9.842, de 07.10.1999.*)

Seção II
Das Penalidades contra os Membros da Justiça do Trabalho

Veja arts. 111 a 116, CF, sobre a extinção dos juízes classistas na Justiça do Trabalho.
Veja art. 2º, DL n. 9.797, de 09.09.1946, que substitui as expressões "Conselho Regional" por "Tribunal Regional".

Art. 726. Aquele que recusar o exercício da função de Juiz classista de Junta de Conciliação e Julgamento ou de Juiz representante classista de Tribunal Regional, sem motivo justificado, incorrerá nas seguintes penas:

Veja nota deste Capítulo.
Veja notas desta Seção.

a) sendo representante de empregadores, multa de Cr$ 100,00 (cem cruzeiros) a Cr$ 1.000,00 (mil cruzeiros) e suspensão do direito de representação profissional por dois a cinco anos;

b) sendo representante de empregados, multa de Cr$ 100,00 (cem cruzeiros) e suspensão do direito de representação profissional por dois a cinco anos.

Art. 727. Os Juízes classistas das Juntas de Conciliação e Julgamento, ou Juízes representantes classistas dos Tribunais Regionais, que faltarem a 3 (três) reuniões ou sessões consecutivas, sem motivo justificado, perderão o cargo, além de incorrerem nas penas do artigo anterior.

Veja nota deste Capítulo.

Veja notas desta Seção.

Veja art. 659, V, CLT.

Parágrafo único. Se a falta for de presidente, incorrerá ele na pena de perda do cargo, além da perda dos vencimentos correspondentes aos dias em que tiver faltado às audiências ou sessões consecutivas.

Veja art. 682, VIII, CLT.

Art. 728. Aos presidentes, membros, juízes, Juízes classistas, e funcionários auxiliares da Justiça do Trabalho, aplica-se o disposto no Título XI do Código Penal.

Veja a primeira nota desta Seção.

Seção III
De Outras Penalidades

Veja arts. 111 a 116, CF, sobre a extinção dos juízes classistas na Justiça do Trabalho.

Art. 729. O empregador que deixar de cumprir decisão passada em julgado sobre a readmissão ou reintegração de empregado, além do pagamento dos salários deste, incorrerá na multa de Cr$ 10,00 (dez cruzeiros) a Cr$ 50,00 (cinquenta cruzeiros), por dia, até que seja cumprida a decisão.

§ 1º O empregador que impedir ou tentar impedir que empregado seu sirva como vogal em Tribunal de Trabalho, ou que perante este preste depoimento, incorrerá na multa de Cr$ 500,00 (quinhentos cruzeiros) a Cr$ 5.000,00 (cinco mil cruzeiros).

Veja nota desta Seção.

§ 2º Na mesma pena do parágrafo anterior incorrerá o empregador que dispensar seu empregado pelo fato de haver servido como vogal ou prestado depoimento como testemunha, sem prejuízo da indenização que a lei estabeleça.

Art. 730. Aqueles que se recusarem a depor como testemunhas, sem motivo justificado, incorrerão na multa de Cr$ 50,00 (cinquenta cruzeiros) a Cr$ 500,00 (quinhentos cruzeiros).

Veja art. 825, parágrafo único, CLT.

Art. 731. Aquele que, tendo apresentado ao distribuidor reclamação verbal, não se apresentar, no prazo estabelecido no parágrafo único do art. 786, à Junta ou Juízo para fazê-lo tomar por termo, incorrerá na pena de perda, pelo prazo de 6 (seis) meses, do direito de reclamar perante a Justiça do Trabalho.

Veja nota deste Capítulo.

Veja art. 786, parágrafo único, CLT.

Art. 732. Na mesma pena do artigo anterior incorrerá o reclamante que, por 2 (duas) vezes seguidas, der causa ao arquivamento de que trata o art. 844.

Veja Súmula n. 268, TST.

Art. 733. As infrações de disposições deste Título, para as quais não haja penalidades cominadas, serão punidas com a multa de Cr$ 50,00 (cinquenta cruzeiros) a Cr$ 5.000,00 (cinco mil cruzeiros), elevada ao dobro na reincidência.

CAPÍTULO VIII
DISPOSIÇÕES GERAIS

Art. 734. O ministro do Trabalho, Indústria e Comércio, poderá rever, *ex officio*, dentro do prazo de 30 (trinta) dias, contados de sua publicação no órgão oficial, ou mediante representação apresentada dentro de igual prazo:

O DL n. 72, de 21.11.1966, dispõe de modo diverso.

a) as decisões da Câmara da Previdência Social, quando proferidas pelo voto de desempate, ou que violarem disposições expressas de direito ou modificarem jurisprudência até então observada;

b) as decisões do presidente do Tribunal Nacional do Trabalho em matéria de previdência social.

Parágrafo único. O ministro do Trabalho, Indústria e Comércio, poderá avocar ao seu conhecimento os assuntos de natureza administrativa referentes às instituições de previdência social, sempre que houver interesse público.

Veja nota no início da CLT.

Art. 735. As repartições públicas e as associações sindicais são obrigadas a fornecer aos Juízes e Tribunais do Trabalho e à Procuradoria da Justiça do Trabalho as informações e os dados necessários à instrução e ao julgamento dos feitos submetidos à sua apreciação.

Parágrafo único. A recusa de informações ou dados a que se refere este artigo, por parte de funcionários públicos, importa na aplicação das penalidades previstas pelo Estatuto dos Funcionários Públicos por desobediência.

TÍTULO IX
DO MINISTÉRIO PÚBLICO DO TRABALHO

Veja arts. 83 a 115, LC n. 75, de 20.05.1993 (dispõem sobre a organização, as atribuições e o Estatuto do Ministério Público da União).

CAPÍTULO I
DISPOSIÇÕES GERAIS

Art. 736. O Ministério Público do Trabalho é constituído por agentes diretos do Poder Executivo, tendo por função zelar pela exata observância da Constituição Federal, das leis e demais atos emanados dos poderes públicos, na esfera de suas atribuições.

Veja arts. 83 a 115, LC n. 75, de 20.05.1993, que dispõem de modo diverso.

Parágrafo único. Para o exercício de suas funções, o Ministério Público do Trabalho reger-se-á pelo que estatui esta Consolidação e, na falta de disposição expressa, pelas normas que regem o Ministério Público Federal.

Art. 737. O Ministério Público do Trabalho compõe-se da Procuradoria da Justiça do Trabalho e da Procuradoria da Previdência Social, aquela funcionando como órgão de coordenação entre a Justiça do Trabalho e o Ministério do Trabalho, Indústria e Comércio, ambas diretamente subordinadas ao Ministro de Estado.

Artigo com redação dada pelo DL n. 8.737, de 19.01.1946.

Veja arts. 4º e 85, LC n. 75, de 20.05.1993, que dispõem de modo diverso.

Veja nota no início da CLT.

Art. 738. Os procuradores, além dos vencimentos fixados na tabela constante do DL n. 2.874, de 16 de dezembro de 1940, continuarão a perceber a percentagem de 8%, por motivo de cobrança da dívida ativa da União ou de multas impostas pelas autoridades administrativas e judiciárias do trabalho e da previdência social.

Veja art. 196, EC n. 1, de 17.10.1969, que dispõe de modo diverso.

Veja arts. 83 a 115, LC n. 75, de 20.05.1993, que dispõem de modo diverso. Veja também arts. 224 a 230 desta LC.

Parágrafo único. Essa percentagem será calculada sobre as somas efetivamente arrecadadas e rateada de acordo com as instruções expedidas pelos respectivos procuradores-gerais.

Art. 739. Não estão sujeitos a ponto os procuradores-gerais e os procuradores.

Veja arts. 83 a 115, LC n. 75, de 20.05.1993, que dispõem de modo diverso.

CAPÍTULO II
DA PROCURADORIA DA JUSTIÇA DO TRABALHO

Seção I
Da Organização

Art. 740. A Procuradoria da Justiça do Trabalho compreende:

Veja arts. 83 a 115, LC n. 75, de 20.05.1993, que dispõem de modo diverso.

a) 1 (uma) Procuradoria-Geral, que funcionará junto ao Tribunal Superior do Trabalho;

b) 8 (oito) Procuradorias Regionais, que funcionarão junto aos Tribunais Regionais do Trabalho.

Veja Anexo II.

Art. 741. As Procuradorias Regionais são subordinadas diretamente ao procurador-geral.

Veja arts. 83 a 115, LC n. 75, de 20.05.1993, que dispõem de modo diverso.

Art. 742. A Procuradoria-Geral é constituída de 1 (um) procurador-geral e de procuradores.

Veja arts. 83 a 115, LC n. 75, de 20.05.1993, que dispõem de modo diverso.

Parágrafo único. As Procuradorias Regionais compõem-se de 1 (um) procurador regional, auxiliado, quando necessário, por procuradores adjuntos.

Art. 743. Haverá, nas Procuradorias Regionais, substitutos de procurador adjunto ou, quando não houver este cargo, de procurador regional, designados previamente por decreto do Presidente da República, sem ônus para os cofres públicos.

Veja arts. 83 a 115, LC n. 75, de 20.05.1993, que dispõem de modo diverso.

§ 1º O substituto tomará posse perante o respectivo procurador regional, que será a autoridade competente para convocá-lo.

§ 2º O procurador regional será substituído em suas faltas e impedimentos pelo procurador adjunto, quando houver, e, havendo mais de um, pelo que for por ele designado.

§ 3º O procurador adjunto será substituído, em suas faltas e impedimentos, pelo respectivo procurador substituto.

§ 4º Será dispensado, automaticamente, o substituto que não atender à convocação, salvo motivo de doença, devidamente comprovada.

§ 5º Nenhum direito ou vantagem terá o substituto além do vencimento do cargo do substituído e somente durante o seu impedimento legal.

Art. 744. A nomeação do procurador-geral deverá recair em bacharel em ciências jurídicas e sociais, que tenha exercido, por 5 (cinco) ou mais anos, cargo de magistratura ou de Ministério Público, ou a advocacia.

Veja arts. 83 a 115, LC n. 75, de 20.05.1993, que dispõem de modo diverso.

Art. 745. Para a nomeação dos demais procuradores, atender-se-á aos mesmos requisitos estabelecidos no artigo anterior, reduzido a 2 (dois) anos, no mínimo, o tempo de exercício.

Veja arts. 83 a 115, LC n. 75, de 20.05.1993, que dispõem de modo diverso.

Seção II
Da Competência da Procuradoria-Geral

Art. 746. Compete à Procuradoria-Geral da Justiça do Trabalho:

Caput com redação dada pelo DL n. 8.737, de 19.01.1946.

Veja arts. 83 a 115, LC n. 75, de 20.05.1993, que dispõem de modo diverso.

a) oficiar, por escrito, em todos os processos e questões de trabalho de competência do Tribunal Superior do Trabalho;

Alínea com redação dada pelo DL n. 8.737, de 19.01.1946.

b) funcionar nas sessões do mesmo Tribunal, opinando verbalmente sobre a matéria em debate e solicitando as requisições e diligências que julgar convenientes, sendo-lhe assegurado o direito de vista do processo em julgamento sempre que for suscitada questão nova, não examinada no parecer exarado;

Alínea com redação dada pelo DL n. 8.737, de 19.01.1946.

c) requerer prorrogação das sessões do Tribunal, quando essa medida for necessária para que se ultime o julgamento;

Alínea com redação dada pelo DL n. 8.737, de 19.01.1946.

d) exarar, por intermédio do procurador-geral, o seu "ciente" nos acórdãos do Tribunal;

Alínea com redação dada pelo DL n. 8.737, de 19.01.1946.

e) proceder às diligências e inquéritos solicitados pelo Tribunal;

Alínea com redação dada pelo DL n. 8.737, de 19.01.1946.

f) recorrer das decisões do Tribunal, nos casos previstos em lei;

Alínea com redação dada pelo DL n. 8.737, de 19.01.1946.

g) promover, perante o Juízo competente, a cobrança executiva das multas impostas pelas autoridades administrativas e judiciárias do trabalho;

Alínea com redação dada pelo DL n. 8.737, de 19.01.1946.

h) representar às autoridades competentes contra os que não cumprirem as decisões do Tribunal;

Alínea com redação dada pelo DL n. 8.737, de 19.01.1946.

i) prestar às autoridades do Ministério do Trabalho, Indústria e Comércio as informações que lhe forem solicitadas sobre os dissídios submetidos à apreciação do Tribunal e encaminhar aos órgãos competentes cópia autenticada das decisões que por eles devam ser atendidas ou cumpridas;

Alínea com redação dada pelo DL n. 8.737, de 19.01.1946.

Veja nota no início da CLT.

j) requisitar, de quaisquer autoridades, inquéritos, exames periciais, diligências, certidões e esclarecimentos que se tornem necessários no desempenho de suas atribuições;

Alínea com redação dada pelo DL n. 8.737, de 19.01.1946.

l) defender a jurisdição dos órgãos da Justiça do Trabalho;

Alínea acrescentada pelo DL n. 8.737, de 19.01.1946.

m) suscitar conflitos de jurisdição.

Alínea acrescentada pelo DL n. 8.737, de 19.01.1946.

Veja art. 5º, Lei n. 5.584, de 26.06.1970.

Seção III
Da Competência das Procuradorias Regionais

Art. 747. Compete às Procuradorias Regionais exercer, dentro da jurisdição do Tribunal Regional respectivo, as atribuições indicadas na Seção anterior.

Veja art. 2º, DL n. 9.797, de 09.09.1946, que substitui as expressões "Conselho Regional" por "Tribunal Regional".

Veja arts. 83 a 115, LC n. 75, de 20.05.1993, que dispõem de modo diverso.

Seção IV
Das Atribuições do Procurador-Geral

Art. 748. Como chefe da Procuradoria-Geral da Justiça do Trabalho, incumbe ao procurador-geral:

Caput com redação dada pelo DL n. 8.737, de 19.01.1946.

Veja arts. 83 a 115, LC n. 75, de 20.05.1993, que dispõem de modo diverso.

a) dirigir os serviços da Procuradoria-Geral, orientar e fiscalizar as Procuradorias Regionais, expedindo as necessárias instruções;

Alínea com redação dada pelo DL n. 8.737, de 19.01.1946.

b) funcionar nas sessões do Tribunal Superior do Trabalho, pessoalmente ou por intermédio do procurador que designar;

Alínea com redação dada pelo DL n. 8.737, de 19.01.1946.

c) exarar o seu "ciente" nos acórdãos do Tribunal;

Alínea com redação dada pelo DL n. 8.737, de 19.01.1946.

d) designar o procurador que o substitua nas faltas e impedimentos e o chefe da secretaria da Procuradoria;

Alínea com redação dada pelo DL n. 8.737, de 19.01.1946.

e) apresentar, até o dia 31 de março, ao Ministro do Trabalho, Indústria e Comércio, relatório dos trabalhos da Procuradoria-Geral no ano anterior, com as observações e sugestões que julgar convenientes;

Alínea com redação dada pelo DL n. 8.737, de 19.01.1946.

Veja nota no início da CLT.

f) conceder férias aos procuradores e demais funcionários que sirvam na Procuradoria e impor-lhes penas disciplinares, observada, quanto aos procuradores, a legislação em vigor para o Ministério Público Federal;

Alínea com redação dada pelo DL n. 8.737, de 19.01.1946.

g) funcionar em Juízo, em primeira instância, ou designar os procuradores que o devam fazer;

Alínea com redação dada pelo DL n. 8.737, de 19.01.1946.

h) admitir e dispensar o pessoal extranumerário da secretaria e prorrogar o expediente remunerado dos funcionários e extranumerários.

Alínea com redação dada pelo DL n. 8.737, de 19.01.1946.

Seção V
Das Atribuições dos Procuradores

Art. 749. Incumbe aos procuradores com exercício na Procuradoria--Geral:

Caput com redação dada pelo DL n. 8.737, de 19.01.1946.

Veja arts. 83 a 115, LC n. 75, de 20.05.1993, que dispõem de modo diverso.

a) funcionar, por designação do procurador-geral, nas sessões do Tribunal Superior do Trabalho;

Alínea com redação dada pelo DL n. 8.737, de 19.01.1946.

Veja art. 2º, DL n. 9.797, de 09.09.1946, que substitui as expressões "Conselho Nacional" por "Tribunal Superior".

b) desempenhar os demais encargos que lhes forem atribuídos pelo procurador-geral.

Alínea com redação dada pelo DL n. 8.737, de 19.01.1946.

Parágrafo único. Aos procuradores é facultado, nos processos em que oficiarem, requerer ao procurador-geral as diligências e investigações necessárias.

Parágrafo com redação dada pelo DL n. 8.737, de 19.01.1946.

Seção VI
Das Atribuições dos Procuradores Regionais

Art. 750. Incumbe aos procuradores regionais:

Caput com redação dada pelo DL n. 8.737, de 19.01.1946.

Veja arts. 83 a 115, LC n. 75, de 20.05.1993, que dispõem de modo diverso.

a) dirigir os serviços da respectiva Procuradoria;

Alínea com redação dada pelo DL n. 8.737, de 19.01.1946.

b) funcionar nas sessões do Tribunal Regional, pessoalmente ou por intermédio do procurador adjunto que designar;

Alínea com redação dada pelo DL n. 8.737, de 19.01.1946.

Veja art. 2º, DL n. 9.797, de 09.09.1946, que substitui as expressões "Conselho Regional" por "Tribunal Regional".

c) apresentar, semestralmente, ao procurador-geral, um relatório das atividades da respectiva Procuradoria, bem como dados e informações sobre a administração da Justiça do Trabalho na respectiva região;

Alínea com redação dada pelo DL n. 8.737, de 19.01.1946.

d) requerer e acompanhar perante as autoridades administrativas ou judiciárias as diligências necessárias à execução das medidas e providências ordenadas pelo procurador-geral;

Alínea com redação dada pelo DL n. 8.737, de 19.01.1946.

e) prestar ao procurador-geral as informações necessárias sobre os feitos em andamento e consultá-lo nos casos de dúvidas;

Alínea com redação dada pelo DL n. 8.737, de 19.01.1946.

f) funcionar em juízo, na sede do respectivo Tribunal Regional;

Alínea com redação dada pelo DL n. 8.737, de 19.01.1946.

Veja art. 2º, DL n. 9.797, de 09.09.1946, que substitui as expressões "Conselho Regional" por "Tribunal Regional".

g) exarar o seu "ciente" nos acórdãos do Tribunal;

Alínea com redação dada pelo DL n. 8.737, de 19.01.1946.

h) designar o procurador que o substitua nas faltas e impedimentos e o secretário da Procuradoria.

Alínea com redação dada pelo DL n. 8.737, de 19.01.1946.

Art. 751. Incumbe aos procuradores adjuntos das Procuradorias Regionais:

Caput com redação dada pelo DL n. 8.737, de 19.01.1946.

Veja arts. 83 a 115, LC n. 75, de 20.05.1993, que dispõem de modo diverso.

a) funcionar por designação do procurador regional, nas sessões do Tribunal Regional;

Alínea com redação dada pelo DL n. 8.737, de 19.01.1946.

b) desempenhar os demais encargos que lhes forem atribuídos pelo procurador regional.

Alínea com redação dada pelo DL n. 8.737, de 19.01.1946.

Seção VII
Da Secretaria

Art. 752. A secretaria da Procuradoria-Geral funcionará sob a direção de um chefe designado pelo procurador-geral e terá o pessoal designado pelo Ministro do Trabalho, Indústria e Comércio.

Artigo com redação dada pelo DL n. 8.737, de 19.01.1946.

Veja arts. 83 a 115, LC n. 75, de 20.05.1993, que dispõem de modo diverso.

Veja nota no início da CLT.

Art. 753. Compete à secretaria:

Veja arts. 83 a 115, LC n. 75, de 20.05.1993, que dispõem de modo diverso.

a) receber, registrar e encaminhar os processos ou papéis entrados;

b) classificar e arquivar os pareceres e outros papéis;

c) prestar informações sobre os processos ou papéis sujeitos à apreciação da Procuradoria;

d) executar o expediente da Procuradoria;

e) providenciar sobre o suprimento do material necessário;

f) desempenhar os demais trabalhos que lhes forem cometidos pelo procurador-geral, para melhor execução dos serviços a seu cargo.

Art. 754. Nas Procuradorias Regionais, os trabalhos a que se refere o artigo anterior serão executados pelos funcionários para esse fim designados.

Veja arts. 83 a 115, LC n. 75, de 20.05.1993, que dispõem de modo diverso.

CAPÍTULO III
DA PROCURADORIA DE PREVIDÊNCIA SOCIAL

Seção I
Da Organização

Art. 755. A Procuradoria de Previdência Social compõe-se de um procurador geral e de procuradores.

Veja arts. 83 a 115, LC n. 75, de 20.05.1993, que dispõem de modo diverso.

O DL n. 72, de 21.11.1966, dispõe de modo diverso.

Art. 756. Para a nomeação do procurador-geral e dos demais procuradores atender-se-á ao disposto nos arts. 744 e 745.

Veja arts. 83 a 115, LC n. 75, de 20.05.1993, que dispõem de modo diverso.

O DL n. 72, de 21.11.1966, dispõe de modo diverso.

Seção II
Da Competência da Procuradoria

Art. 757. Compete à Procuradoria da Previdência Social:

Caput com redação dada pelo DL n. 8.737, de 19.01.1946.

Veja arts. 83 a 115, LC n. 75, de 20.05.1993, que dispõem de modo diverso.

O DL n. 72, de 21.11.1966, dispõe de modo diverso.

a) oficiar, por escrito, nos processos que tenham de ser sujeitos à decisão do Conselho Superior de Previdência Social;

Alínea com redação dada pelo DL n. 8.737, de 19.01.1946.

Veja DL n. 72, de 21.11.1966, que transformou o Conselho Superior de Previdência Social no Conselho de Recursos da Previdência Social.

b) oficiar, por escrito, nos pedidos de revisão das decisões do mesmo Conselho;

Alínea com redação dada pelo DL n. 8.737, de 19.01.1946.

c) funcionar nas sessões do mesmo Conselho, opinando verbalmente sobre a matéria em debate e solicitando as requisições e diligências que julgar convenientes, sendo-lhe assegurado o direito de vista do processo em julgamento, sempre que for suscitada questão nova, não examinada no parecer exarado;

Alínea com redação dada pelo DL n. 8.737, de 19.01.1946.

d) opinar, quando solicitada, nos processos sujeitos à deliberação do Ministro de Estado, do Conselho Técnico do Departamento Nacional de Previdência Social ou do Diretor do mesmo Departamento, em que houver matéria jurídica a examinar;

Alínea com redação dada pelo DL n. 8.737, de 19.01.1946.

e) funcionar, em primeira instância, nas ações propostas contra a União, no Distrito Federal, para anulação de atos e decisões do Conselho Superior de Previdência Social ou do Departamento Nacional de Previdência Social, bem como do Ministro do Trabalho, Indústria e Comércio, em matéria de previdência social;

Alínea com redação dada pelo DL n. 8.737, de 19.01.1946.

Veja nota no início da CLT.

f) fornecer ao Ministério Público as informações por este solicitadas em virtude de ações propostas nos Estados e Territórios para execução ou anulação de atos e decisões dos órgãos ou da autoridade a que se refere a alínea anterior;

Alínea com redação dada pelo DL n. 8.737, de 19.01.1946.

g) promover em juízo, no Distrito Federal, qualquer procedimento necessário ao cumprimento das decisões do Conselho Superior de Previdência Social e do Departamento Nacional de Previdência Social, bem como do Ministro do Trabalho, Indústria e Comércio, em matéria de previdência social;

Alínea com redação dada pelo DL n. 8.737, de 19.01.1946.

Veja nota no início da CLT.

h) recorrer das decisões dos órgãos e autoridades competentes em matéria de previdência social e requerer revisão das decisões do Conselho Superior de Previdência Social, que lhe pareçam contrárias à lei.

Alínea acrescentada pelo DL n. 8.737, de 19.01.1946.

Seção III
Das Atribuições do Procurador-Geral

Art. 758. Como chefe da Procuradoria da Previdência Social, incumbe ao Procurador-Geral:

Caput com redação dada pelo DL n. 8.737, de 19.01.1946.

Veja arts. 83 a 115, LC n. 75, de 20.05.1993, que dispõem de modo diverso.

O DL n. 72, de 21.11.1966, dispõe de modo diverso.

a) dirigir os serviços da Procuradoria, expedindo as necessárias instruções;

Alínea com redação dada pelo DL n. 8.737, de 19.01.1946.

b) funcionar nas sessões do Conselho Superior de Previdência Social, pessoalmente ou por intermédio do procurador que designar;

Alínea com redação dada pelo DL n. 8.737, de 19.01.1946.

c) designar o procurador que o substitua nas faltas e impedimentos e o chefe da Secretaria da Procuradoria;

Alínea com redação dada pelo DL n. 8.737, de 19.01.1946.

d) conceder férias aos procuradores e demais funcionários lotados na Procuradoria e impor-lhes penas disciplinares, observada, quanto aos procuradores, a legislação em vigor para o Ministério Público Federal;

Alínea com redação dada pelo DL n. 8.737, de 19.01.1946.

e) funcionar em juízo, em primeira instância, ou designar os procuradores que devam fazê-lo;

Alínea com redação dada pelo DL n. 8.737, de 19.01.1946.

f) admitir e dispensar o pessoal extranumerário da Secretária e prorrogar o expediente renumerado dos funcionários e extranumerários;

Alínea com redação dada pelo DL n. 8.737, de 19.01.1946.

g) apresentar, até 31 de março de cada ano, ao Ministro do Trabalho, Indústria e Comércio, o relatório dos trabalhos da Procuradoria no ano anterior, com as observações e sugestões que julgar convenientes.

Alínea com redação dada pelo DL n. 8.737, de 19.01.1946.

Veja nota no início da CLT.

Seção IV
Das Atribuições dos Procuradores

Art. 759. Aos procuradores e demais funcionários incumbe desempenhar os encargos que lhes forem cometidos pelo procurador-geral.

Veja arts. 83 a 115, LC n. 75, de 20.05.1993, que dispõem de modo diverso.

O DL n. 72, de 21.11.1966, dispõe de modo diverso.

Parágrafo único. Aos procuradores é facultado, nos processos em que oficiarem, requerer ao procurador geral as diligências e investigações necessárias.

Seção V
Da Secretaria

Art. 760. A Procuradoria da Previdência Social terá uma Secretaria dirigida por um chefe designado pelo Procurador-Geral.

Artigo com redação dada pelo DL n. 8.737, de 19.01.1946.

Veja arts. 83 a 115, LC n. 75, de 20.05.1993, que dispõem de modo diverso.

O DL n. 72, de 21.11.1966, dispõe de modo diverso.

Art. 761. A Secretaria terá o pessoal designado pelo Ministro do Trabalho, Indústria e Comércio.

Artigo com redação dada pelo DL n. 8.737, de 19.01.1946.

Veja arts. 83 a 115, LC n. 75, de 20.05.1993, que dispõem de modo diverso.

O DL n. 72, de 21.11.1966, dispõe de modo diverso.

Veja nota no início da CLT.

Art. 762. À Secretaria da Procuradoria de Previdência Social compete executar serviços idênticos aos referidos no art. 753.

Veja arts. 83 a 115, LC n. 75, de 20.05.1993, que dispõem de modo diverso.

O DL n. 72, de 21.11.1966, dispõe de modo diverso.

TÍTULO X
DO PROCESSO JUDICIÁRIO DO TRABALHO

CAPÍTULO I
DISPOSIÇÕES PRELIMINARES

Art. 763. O processo da Justiça do Trabalho, no que concerne aos dissídios individuais e coletivos e à aplicação de penalidades, reger-se-á, em todo o território nacional, pelas normas estabelecidas neste Título.

Veja art. 96, I, *a*, CF.

Veja Lei n. 5.584, de 26.06.1970.

Art. 764. Os dissídios individuais ou coletivos submetidos à apreciação da Justiça do Trabalho serão sempre sujeitos à conciliação.

§ 1º Para os efeitos deste artigo, os juízes e Tribunais do Trabalho empregarão sempre os seus bons ofícios e persuasão no sentido de uma solução conciliatória dos conflitos.

§ 2º Não havendo acordo, o juízo conciliatório converter-se-á obrigatoriamente em arbitral, proferindo decisão na forma prescrita neste Título.

§ 3º É lícito às partes celebrar acordo que ponha termo ao processo, ainda mesmo depois de encerrado o juízo conciliatório.

Veja Súmula n. 259, TST.

Art. 765. Os Juízos e Tribunais do Trabalho terão ampla liberdade na direção do processo e velarão pelo andamento rápido das causas, podendo determinar qualquer diligência necessária ao esclarecimento delas.

Veja arts. 370, parágrafo único, e 371, CPC.

Art. 766. Nos dissídios sobre estipulação de salários, serão estabelecidas condições que, assegurando justos salários aos trabalhadores, permitam também justa retribuição às empresas interessadas.

Art. 767. A compensação, ou retenção, só poderá ser arguida como matéria de defesa.

Artigo com redação dada pelo DL n. 6.353, de 20.03.1944.

Veja Súmulas ns. 18 e 48, TST.

Art. 768. Terá preferência em todas as fases processuais o dissídio cuja decisão tiver de ser executada perante o Juízo da falência.

Art. 769. Nos casos omissos, o direito processual comum será fonte subsidiária do direito processual do trabalho, exceto naquilo em que for incompatível com as normas deste Título.

Veja OJ n. 392, SDI-1.

CAPÍTULO II
DO PROCESSO EM GERAL

A EC n. 24, de 09.12.1999, substituiu a expressão "Juntas de Conciliação e Julgamento", como órgãos da Justiça do Trabalho, pelas expressões "Juízes do Trabalho" e "Varas do Trabalho", essas confirmadas posteriormente pela EC n. 45, de 08.12.2004.

Seção I
Dos Atos, Termos e Prazos Processuais

Art. 770. Os atos processuais serão públicos salvo quando o contrário determinar o interesse social, e realizar-se-ão nos dias úteis das 6 (seis) às 20 (vinte) horas.

Parágrafo único. A penhora poderá realizar-se em domingo ou dia feriado, mediante autorização expressa do juiz ou presidente.

Art. 771. Os atos e termos processuais poderão ser escritos a tinta, datilografados ou a carimbo.

Art. 772. Os atos e termos processuais, que devam ser assinados pelas partes interessadas, quando estas, por motivo justificado, não possam fazê-lo, serão firmados a rogo, na presença de 2 (duas) testemunhas, sempre que não houver procurador legalmente constituído.

Art. 773. Os termos relativos ao movimento dos processos constarão de simples notas, datadas e rubricadas pelos chefes de secretaria ou escrivães.

Artigo com redação dada pela Lei n. 409, de 25.09.1948.

Veja Lei n. 6.563, de 19.09.1978.

Art. 774. Salvo disposição em contrário, os prazos previstos neste Título contam-se, conforme o caso, a partir da data em que for feita pessoalmente, ou recebida a notificação, daquela em que for publicado o edital no jornal oficial ou no que publicar o expediente da Justiça do Trabalho, ou, ainda, daquela em que for afixado o edital na sede da Junta, Juízo ou Tribunal.

Caput com redação dada pela Lei n. 2.244, de 23.06.1954.

Veja nota deste Capítulo.

Veja art. 230, CPC.

Veja Súmulas ns. 16 e 427, TST.

Parágrafo único. Tratando-se de notificação postal, no caso de não ser encontrado o destinatário ou no de recusa de recebimento, o Correio ficará obrigado, sob pena de responsabilidade do servidor, a devolvê-la, no prazo de 48 (quarenta e oito) horas, ao Tribunal de origem.

Parágrafo acrescentado pelo DL n. 8.737, de 19.01.1946.

Art. 775. Os prazos estabelecidos neste Título serão contados em dias úteis, com exclusão do dia do começo e inclusão do dia do vencimento.

Caput com redação dada pela Lei n. 13.467, de 13.07.2017.

Veja Súmulas ns. 1, 100, 262, 385 e 387, TST.

§ 1º Os prazos podem ser prorrogados, pelo tempo estritamente necessário, nas seguintes hipóteses:

Parágrafo renumerado e com redação dada pela Lei n. 13.467, de 13.07.2017.

I – quando o juízo entender necessário;

Inciso acrescentado pela Lei n. 13.467, de 13.07.2017.

II – em virtude de força maior, devidamente comprovada.

Inciso acrescentado pela Lei n. 13.467, de 13.07.2017.

§ 2º Ao juízo incumbe dilatar os prazos processuais e alterar a ordem de produção dos meios de prova, adequando-os às necessidades do conflito de modo a conferir maior efetividade à tutela do direito.

Parágrafo acrescentado pela Lei n. 13.467, de 13.07.2017.

Art. 775-A. Suspende-se o curso do prazo processual nos dias compreendidos entre 20 de dezembro e 20 de janeiro, inclusive.

Caput acrescentado pela Lei n. 13.545, de 19.12.2017.

§ 1º Ressalvadas as férias individuais e os feriados instituídos por lei, os juízes, os membros do Ministério Público, da Defensoria Pública e da Advocacia Pública e os auxiliares da Justiça exercerão suas atribuições durante o período previsto no *caput* deste artigo.

Parágrafo acrescentado pela Lei n. 13.545, de 19.12.2017.

§ 2º Durante a suspensão do prazo, não se realizarão audiências nem sessões de julgamento.

Parágrafo acrescentado pela Lei n. 13.545, de 19.12.2017.

Art. 776. O vencimento dos prazos será certificado nos processos pelos escrivães ou chefes de secretaria.

Artigo com redação dada pela Lei n. 409, de 25.09.1948.

Art. 777. Os requerimentos e documentos apresentados, os atos e termos processuais, as petições ou razões de recursos e quaisquer outros papéis referentes aos feitos formarão os autos dos processos, os quais ficarão sob a responsabilidade dos escrivães ou chefes de secretaria.

Artigo com redação dada pela Lei n. 409, de 25.09.1948.

Art. 778. Os autos dos processos da Justiça do Trabalho não poderão sair dos cartórios ou secretarias, salvo se solicitados por advogado regularmente constituído por qualquer das partes, ou quando tiverem de ser remetidos aos órgãos competentes, em caso de recurso ou requisição.

Artigo com redação dada pela Lei n. 6.598, de 01.12.1978.

Art. 779. As partes, ou seus procuradores, poderão consultar, com ampla liberdade, os processos nos cartórios ou secretarias.

Art. 780. Os documentos juntos aos autos poderão ser desentranhados somente depois de findo o processo, ficando traslado.

Art. 781. As partes poderão requerer certidões dos processos em curso ou arquivados, as quais serão lavradas pelos escrivães ou chefes de secretaria.

Caput com redação ajustada nos termos da Lei n. 409, de 25.09.1948.

Parágrafo único. As certidões dos processos que correrem em segredo de justiça dependerão de despacho do juiz ou presidente.

Art. 782. São isentos de selo as reclamações, representações, requerimentos, atos e processos relativos à Justiça do Trabalho.

Seção II
Da Distribuição

Art. 783. A distribuição das reclamações será feita entre as Juntas de Conciliação e Julgamento, ou os Juízes de Direito do Cível, nos casos previstos no art. 669, § 1º, pela ordem rigorosa de sua apresentação ao distribuidor, quando o houver.

Veja nota deste Capítulo.

Art. 784. As reclamações serão registradas em livro próprio, rubricado em todas as folhas pela autoridade a que estiver subordinado o distribuidor.

Art. 785. O distribuidor fornecerá ao interessado um recibo do qual constarão, essencialmente, o nome do reclamante e do reclamado, a data da distribuição, o objeto da reclamação e a Junta ou o Juízo a que coube a distribuição.

Veja nota deste Capítulo.

Art. 786. A reclamação verbal será distribuída antes de sua redução a termo.

Parágrafo único. Distribuída a reclamação verbal, o reclamante deverá, salvo motivo de força maior, apresentar-se no prazo de 5 (cinco) dias, ao cartório ou à secretaria, para reduzi-la a termo, sob a pena estabelecida no art. 731.

Art. 787. A reclamação escrita deverá ser formulada em 2 (duas) vias e desde logo acompanhada dos documentos em que se fundar.

Art. 788. Feita a distribuição, a reclamação será remetida pelo distribuidor à Junta ou Juízo competente, acompanhada do bilhete de distribuição.

Veja nota deste Capítulo.

Seção III
Das Custas e Emolumentos

Seção com denominação dada pela Lei n. 10.537, de 27.08.2002.

Art. 789. Nos dissídios individuais e nos dissídios coletivos do trabalho, nas ações e procedimentos de competência da Justiça do Trabalho, bem como nas demandas propostas perante a Justiça Estadual, no exercício da jurisdição trabalhista, as custas relativas ao processo de conhecimento incidirão à base de 2% (dois por cento), observado o mínimo de R$ 10,64 (dez reais e sessenta e quatro centavos) e o máximo de quatro vezes o limite máximo dos benefícios do Regime Geral de Previdência Social, e serão calculadas:

Caput com redação dada pela Lei n. 13.467, de 13.07.2017.

Veja art. 844, § 2º, CLT.

I – quando houver acordo ou condenação, sobre o respectivo valor;

Inciso com redação dada pela Lei n. 10.537, de 27.08.2002.

II – quando houver extinção do processo, sem julgamento do mérito, ou julgado totalmente improcedente o pedido, sobre o valor da causa;

Inciso com redação dada pela Lei n. 10.537, de 27.08.2002.

III – no caso de procedência do pedido formulado em ação declaratória e em ação constitutiva, sobre o valor da causa;

Inciso com redação dada pela Lei n. 10.537, de 27.08.2002.

IV – quando o valor for indeterminado, sobre o que o juiz fixar.

Inciso com redação dada pela Lei n. 10.537, de 27.08.2002.

Veja Súmulas ns. 36 e 53, TST.

V – (*Suprimido pela Lei n. 10.537, de 27.08.2002.*)

§ 1º As custas serão pagas pelo vencido, após o trânsito em julgado da decisão. No caso de recurso, as custas serão pagas e comprovado o recolhimento dentro do prazo recursal.

Parágrafo com redação dada pela Lei n. 10.537, de 27.08.2002.

§ 2º Não sendo líquida a condenação, o juízo arbitrar-lhe-á o valor e fixará o montante das custas processuais.

Parágrafo com redação dada pela Lei n. 10.537, de 27.08.2002.

§ 3º Sempre que houver acordo, se de outra forma não for convencionado, o pagamento das custas caberá em partes iguais aos litigantes.

Parágrafo com redação dada pela Lei n. 10.537, de 27.08.2002.

§ 4º Nos dissídios coletivos, as partes vencidas responderão solidariamente pelo pagamento das custas, calculadas sobre o valor arbitrado na decisão, ou pelo Presidente do Tribunal.

Parágrafo com redação dada pela Lei n. 10.537, de 27.08.2002.

§§ 5º a 10. (*Suprimidos pela Lei n. 10.537, de 27.08.2002.*)

Art. 789-A. No processo de execução são devidas custas, sempre de responsabilidade do executado e pagas ao final, de conformidade com a seguinte tabela:

Artigo acrescentado pela Lei n. 10.537, de 27.08.2002.

I – autos de arrematação, de adjudicação e de remição: 5% (cinco por cento) sobre o respectivo valor, até o máximo de R$ 1.915,38 (um mil, novecentos e quinze reais e trinta e oito centavos);

II – atos dos oficiais de justiça, por diligência certificada:

a) em zona urbana: R$ 11,06 (onze reais e seis centavos);

b) em zona rural: R$ 22,13 (vinte e dois reais e treze centavos);

III – agravo de instrumento: R$ 44,26 (quarenta e quatro reais e vinte e seis centavos);

IV – agravo de petição: R$ 44,26 (quarenta e quatro reais e vinte e seis centavos);

V – embargos à execução, embargos de terceiro e embargos à arrematação: R$ 44,26 (quarenta e quatro reais e vinte e seis centavos);

VI – recurso de revista: R$ 55,35 (cinquenta e cinco reais e trinta e cinco centavos);

VII – impugnação à sentença de liquidação: R$ 55,35 (cinquenta e cinco reais e trinta e cinco centavos);

VIII – despesa de armazenagem em depósito judicial - por dia: 0,1% (um décimo por cento) do valor da avaliação;

IX – cálculos de liquidação realizados pelo contador do juízo - sobre o valor liquidado: 0,5% (cinco décimos por cento) até o limite de R$ 638,46 (seiscentos e trinta e oito reais e quarenta e seis centavos).

Art. 789-B. Os emolumentos serão suportados pelo Requerente, nos valores fixados na seguinte tabela:

Artigo acrescentado pela Lei n. 10.537, de 27.08.2002.

I – autenticação de traslado de peças mediante cópia reprográfica apresentada pelas partes - por folha: R$ 0,55 (cinquenta e cinco centavos de real);

II – fotocópia de peças - por folha: R$ 0,28 (vinte e oito centavos de real);

III – autenticação de peças - por folha: R$ 0,55 (cinquenta e cinco centavos de real);

IV – cartas de sentença, de adjudicação, de remição e de arrematação - por folha: R$ 0,55 (cinquenta e cinco centavos de real);

V – certidões - por folha: R$ 5,53 (cinco reais e cinquenta e três centavos).

Art. 790. Nas Varas do Trabalho, nos Juízos de Direito, nos Tribunais e no Tribunal Superior do Trabalho, a forma de pagamento das custas e emolumentos obedecerá às instruções que serão expedidas pelo Tribunal Superior do Trabalho.

Caput com redação dada pela Lei n. 10.537, de 27.08.2002.

Veja arts. 24, IV, e 145, II, CF.

§ 1º Tratando-se de empregado que não tenha obtido o benefício da justiça gratuita, ou isenção de custas, o sindicato que houver intervindo no processo responderá solidariamente pelo pagamento das custas devidas.

Parágrafo com redação dada pela Lei n. 10.537, de 27.08.2002.

§ 2º No caso de não pagamento das custas, far-se-á execução da respectiva importância, segundo o procedimento estabelecido no Capítulo V deste Título.

Parágrafo com redação dada pela Lei n. 10.537, de 27.08.2002.

§ 3º É facultado aos juízes, órgãos julgadores e presidentes dos tribunais do trabalho de qualquer instância conceder, a requerimento ou de ofício, o benefício da justiça gratuita, inclusive quanto a traslados e instrumentos, àqueles que perceberem salário igual ou inferior a 40% (quarenta por cento) do limite máximo dos benefícios do Regime Geral de Previdência Social.

Parágrafo com redação dada pela Lei n. 13.467, de 13.07.2017.

§ 4º O benefício da justiça gratuita será concedido à parte que comprovar insuficiência de recursos para o pagamento das custas do processo.

Parágrafo acrescentado pela Lei n. 13.467, de 13.07.2017.

Art. 790-A. São isentos do pagamento de custas, além dos beneficiários de justiça gratuita:

Artigo acrescentado pela Lei n. 10.537, de 27.08.2002.

I – a União, os Estados, o Distrito Federal, os Municípios e respectivas autarquias e fundações públicas federais, estaduais ou municipais que não explorem atividade econômica;

II – o Ministério Público do Trabalho.

Parágrafo único. A isenção prevista neste artigo não alcança as entidades fiscalizadoras do exercício profissional, nem exime as pessoas jurídicas referidas no inciso I da obrigação de reembolsar as despesas judiciais realizadas pela parte vencedora.

Art. 790-B. A responsabilidade pelo pagamento dos honorários periciais é da parte sucumbente na pretensão objeto da perícia, ainda que beneficiária da justiça gratuita.

Caput com redação dada pela Lei n. 13.467, de 13.07.2017.

Veja ADI n. 5.766.

Veja Súmula n. 341, TST.

§ 1º Ao fixar o valor dos honorários periciais, o juízo deverá respeitar o limite máximo estabelecido pelo Conselho Superior da Justiça do Trabalho.

Parágrafo acrescentado pela Lei n. 13.467, de 13.07.2017.

§ 2º O juízo poderá deferir parcelamento dos honorários periciais.

Parágrafo acrescentado pela Lei n. 13.467, de 13.07.2017.

§ 3º O juízo não poderá exigir adiantamento de valores para realização de perícias.

Parágrafo acrescentado pela Lei n. 13.467, de 13.07.2017.

§ 4º Somente no caso em que o beneficiário da justiça gratuita não tenha obtido em juízo créditos capazes de suportar a despesa referida no *caput*, ainda que em outro processo, a União responderá pelo encargo.

Parágrafo acrescentado pela Lei n. 13.467, de 13.07.2017.

Veja ADI n. 5.766.

Seção IV
Das Partes e dos Procuradores

Art. 791. Os empregados e os empregadores poderão reclamar pessoalmente perante a Justiça do Trabalho e acompanhar as suas reclamações até o final.

Veja art. 133, CF.

Veja Súmula n. 425, TST.

§ 1º Nos dissídios individuais os empregados e empregadores poderão fazer-se representar por intermédio do sindicato, advogado, solicitador, ou provisionado, inscrito na Ordem dos Advogados do Brasil.

§ 2º Nos dissídios coletivos é facultada aos interessados a assistência por advogado.

§ 3º A constituição de procurador com poderes para o foro em geral poderá ser efetivada, mediante simples registro em ata de audiência, a requerimento verbal do advogado interessado, com anuência da parte representada.

Parágrafo acrescentado pela Lei n. 12.437, de 06.07.2011.

Art. 791-A. Ao advogado, ainda que atue em causa própria, serão devidos honorários de sucumbência, fixados entre o mínimo de 5% (cinco por cento) e o máximo de 15% (quinze por cento) sobre o valor que resultar da liquidação da sentença, do proveito econômico obtido ou, não sendo possível mensurá-lo, sobre o valor atualizado da causa.

Caput acrescentado pela Lei n. 13.467, de 13.07.2017.

§ 1º Os honorários são devidos também nas ações contra a Fazenda Pública e nas ações em que a parte estiver assistida ou substituída pelo sindicato de sua categoria.

Parágrafo acrescentado pela Lei n. 13.467, de 13.07.2017.

§ 2º Ao fixar os honorários, o juízo observará:

Parágrafo acrescentado pela Lei n. 13.467, de 13.07.2017.

I – o grau de zelo do profissional;

Inciso acrescentado pela Lei n. 13.467, de 13.07.2017.

II – o lugar de prestação do serviço;

Inciso acrescentado pela Lei n. 13.467, de 13.07.2017.

III – a natureza e a importância da causa;

Inciso acrescentado pela Lei n. 13.467, de 13.07.2017.

IV – o trabalho realizado pelo advogado e o tempo exigido para o seu serviço.

Inciso acrescentado pela Lei n. 13.467, de 13.07.2017.

§ 3º Na hipótese de procedência parcial, o juízo arbitrará honorários de sucumbência recíproca, vedada a compensação entre os honorários.

Parágrafo acrescentado pela Lei n. 13.467, de 13.07.2017.

§ 4º Vencido o beneficiário da justiça gratuita, desde que não tenha obtido em juízo, ainda que em outro processo, créditos capazes de suportar a despesa, as obrigações decorrentes de sua sucumbência ficarão sob condição suspensiva de exigibilidade e somente poderão ser executadas se, nos dois anos subsequentes ao trânsito em julgado da decisão que as certificou, o credor demonstrar que deixou de existir a situação de insuficiência de recursos que justificou a concessão de gratuidade, extinguindo-se, passado esse prazo, tais obrigações do beneficiário.

Parágrafo acrescentado pela Lei n. 13.467, de 13.07.2017.

Veja ADI n. 5.766.

§ 5º São devidos honorários de sucumbência na reconvenção.

Parágrafo acrescentado pela Lei n. 13.467, de 13.07.2017.

Art. 792. (*Revogado pela Lei n. 13.467, de 13.07.2017.*)

Art. 793. A reclamação trabalhista do menor de 18 (dezoito) anos será feita por seus representantes legais e, na falta destes, pela Procuradoria da Justiça do Trabalho, pelo sindicato, pelo Ministério Público estadual ou curador nomeado em juízo.

Artigo com redação dada pela Lei n. 10.288, de 20.09.2001.

Seção IV-A
Da Responsabilidade por Dano Processual

Seção acrescentada pela Lei n. 13.467, de 13.07.2017.

Art. 793-A. Responde por perdas e danos aquele que litigar de má-fé como reclamante, reclamado ou interveniente.

Artigo acrescentado pela Lei n. 13.467, de 13.07.2017.

Art. 793-B. Considera-se litigante de má-fé aquele que:

Caput acrescentado pela Lei n. 13.467, de 13.07.2017.

I – deduzir pretensão ou defesa contra texto expresso de lei ou fato incontroverso;

Inciso acrescentado pela Lei n. 13.467, de 13.07.2017.

II – alterar a verdade dos fatos;

Inciso acrescentado pela Lei n. 13.467, de 13.07.2017.

III – usar do processo para conseguir objetivo ilegal;

Inciso acrescentado pela Lei n. 13.467, de 13.07.2017.

IV – opuser resistência injustificada ao andamento do processo;

Inciso acrescentado pela Lei n. 13.467, de 13.07.2017.

V – proceder de modo temerário em qualquer incidente ou ato do processo;

Inciso acrescentado pela Lei n. 13.467, de 13.07.2017.

VI – provocar incidente manifestamente infundado;

Inciso acrescentado pela Lei n. 13.467, de 13.07.2017.

VII – interpuser recurso com intuito manifestamente protelatório.

Inciso acrescentado pela Lei n. 13.467, de 13.07.2017.

Art. 793-C. De ofício ou a requerimento, o juízo condenará o litigante de má-fé a pagar multa, que deverá ser superior a 1% (um por cento) e inferior a 10% (dez por cento) do valor corrigido da causa, a indenizar a parte contrária pelos prejuízos que esta sofreu e a arcar com os honorários advocatícios e com todas as despesas que efetuou.

Caput acrescentado pela Lei n. 13.467, de 13.07.2017.

Veja art. 793-D, *caput*, CLT.

§ 1º Quando forem dois ou mais os litigantes de má-fé, o juízo condenará cada um na proporção de seu respectivo interesse na causa ou solidariamente aqueles que se coligaram para lesar a parte contrária.

Parágrafo acrescentado pela Lei n. 13.467, de 13.07.2017.

§ 2º Quando o valor da causa for irrisório ou inestimável, a multa poderá ser fixada em até duas vezes o limite máximo dos benefícios do Regime Geral de Previdência Social.

Parágrafo acrescentado pela Lei n. 13.467, de 13.07.2017.

§ 3º O valor da indenização será fixado pelo juízo ou, caso não seja possível mensurá-lo, liquidado por arbitramento ou pelo procedimento comum, nos próprios autos.

Parágrafo acrescentado pela Lei n. 13.467, de 13.07.2017.

Art. 793-D. Aplica-se a multa prevista no art. 793-C desta Consolidação à testemunha que intencionalmente alterar a verdade dos fatos ou omitir fatos essenciais ao julgamento da causa.

Caput acrescentado pela Lei n. 13.467, de 13.07.2017.

Parágrafo único. A execução da multa prevista neste artigo dar-se-á nos mesmos autos.

Parágrafo acrescentado pela Lei n. 13.467, de 13.07.2017.

Seção V
Das Nulidades

Art. 794. Nos processos sujeitos à apreciação da Justiça do Trabalho só haverá nulidade quando resultar dos atos inquinados manifesto prejuízo às partes litigantes.

Veja Súmula n. 427, TST.

Art. 795. As nulidades não serão declaradas senão mediante provocação das partes, as quais deverão argui-las à primeira vez em que tiverem de falar em audiência ou nos autos.

§ 1º Deverá, entretanto, ser declarada *ex officio* a nulidade fundada em incompetência de foro. Nesse caso, serão considerados nulos os atos decisórios.

§ 2º O juiz ou Tribunal que se julgar incompetente determinará, na mesma ocasião, que se faça remessa do processo, com urgência, à autoridade competente, fundamentando sua decisão.

Art. 796. A nulidade não será pronunciada:

a) quando for possível suprir-se a falta ou repetir-se o ato;

b) quando arguida por quem lhe tiver dado causa.

Art. 797. O juiz ou Tribunal que pronunciar a nulidade declarará os atos a que ela se estende.

Art. 798. A nulidade do ato não prejudicará senão os posteriores que dele dependam ou sejam consequência.

Seção VI
Das Exceções

Veja art. 340, CPC.

Art. 799. Nas causas da jurisdição da Justiça do Trabalho, somente podem ser opostas, com suspensão do feito, as exceções de suspeição ou incompetência.

Caput com redação dada pelo DL n. 8.737, de 19.01.1946.

§ 1º As demais exceções serão alegadas como matéria de defesa.

Parágrafo com redação dada pelo DL n. 8.737, de 19.01.1946.

§ 2º Das decisões sobre exceções de suspeição e incompetência, salvo, quanto a estas, se terminativas do feito, não caberá recurso, podendo, no entanto, as partes alegá-las novamente no recurso que couber da decisão final.

Parágrafo com redação dada pelo DL n. 8.737, de 19.01.1946.

Veja Súmula n. 214, TST.

Art. 800. Apresentada exceção de incompetência territorial no prazo de cinco dias a contar da notificação, antes da audiência e em peça que sinalize a existência desta exceção, seguir-se-á o procedimento estabelecido neste artigo.

Caput com redação dada pela Lei n. 13.467, de 13.07.2017.

§ 1º Protocolada a petição, será suspenso o processo e não se realizará a audiência a que se refere o art. 843 desta Consolidação até que se decida a exceção.

Parágrafo acrescentado pela Lei n. 13.467, de 13.07.2017.

§ 2º Os autos serão imediatamente conclusos ao juiz, que intimará o reclamante e, se existentes, os litisconsortes, para manifestação no prazo comum de cinco dias.

Parágrafo acrescentado pela Lei n. 13.467, de 13.07.2017.

§ 3º Se entender necessária a produção de prova oral, o juízo designará audiência, garantindo o direito de o excipiente e de suas testemunhas serem ouvidos, por carta precatória, no juízo que este houver indicado como competente.

Parágrafo acrescentado pela Lei n. 13.467, de 13.07.2017.

§ 4º Decidida a exceção de incompetência territorial, o processo retomará seu curso, com a designação de audiência, a apresentação de defesa e a instrução processual perante o juízo competente.

Parágrafo acrescentado pela Lei n. 13.467, de 13.07.2017.

Art. 801. O juiz, presidente ou juiz classista, é obrigado a dar-se por suspeito, e pode ser recusado, por algum dos seguintes motivos, em relação à pessoa dos litigantes:

Veja arts. 111 a 116, CF, sobre a extinção dos juízes classistas na Justiça do Trabalho.

a) inimizade pessoal;

b) amizade íntima;

c) parentesco por consanguinidade ou afinidade até o terceiro grau civil;

d) interesse particular na causa.

Parágrafo único. Se o recusante houver praticado algum ato pelo qual haja consentido na pessoa do juiz, não mais poderá alegar exceção de suspeição, salvo sobrevindo novo motivo. A suspeição não será também admitida, se do processo constar que o recusante deixou de alegá-la anteriormente, quando já a conhecia, ou que, depois de conhecida, aceitou o juiz recusado ou, finalmente, se procurou de propósito o motivo de que ela se originou.

Art. 802. Apresentada a exceção de suspeição, o juiz ou Tribunal designará audiência dentro de 48 (quarenta e oito) horas, para instrução e julgamento da exceção.

§ 1º Nas Juntas de Conciliação e Julgamento e nos Tribunais Regionais, julgada procedente a exceção de suspeição, será logo convocado para a mesma audiência ou sessão, ou para a seguinte, o suplente do membro suspeito, o qual continuará a funcionar no feito até decisão final. Proceder-se-á da mesma maneira quando algum dos membros se declarar suspeito.

Veja nota deste Capítulo.

Veja art. 2º, DL n. 9.797, de 09.09.1946, que substitui as expressões "Conselho Regional" por "Tribunal Regional".

§ 2º Se se tratar de suspeição de Juiz de Direito, será este substituído na forma da organização judiciária local.

Seção VII
Dos Conflitos de Jurisdição

Art. 803. Os conflitos de jurisdição podem ocorrer entre:

Veja art. 808, CLT.

a) Juntas de Conciliação e Julgamento e Juízes de Direito investidos na administração da Justiça do Trabalho;

Veja nota deste Capítulo.

b) Tribunais Regionais do Trabalho;

Veja art. 2º, DL n. 9.797, de 09.09.1946, que substitui as expressões "Conselho Regional" por "Tribunal Regional".

c) Juízos e Tribunais do Trabalho e órgãos da Justiça Ordinária;

d) (Revogada pelo DL n. 8.737, de 19.01.1946.)

Art. 804. Dar-se-á conflito de jurisdição:

a) quando ambas as autoridades se considerarem competentes;

b) quando ambas as autoridades se considerarem incompetentes.

Art. 805. Os conflitos de jurisdição podem ser suscitados:

a) pelos juízes e Tribunais do Trabalho;

b) pelo procurador-geral e pelos procuradores regionais da Justiça do Trabalho;

c) pela parte interessada, ou o seu representante.

Art. 806. É vedado à parte interessada suscitar conflitos de jurisdição quando já houver oposto na causa exceção de incompetência.

Art. 807. No ato de suscitar o conflito deverá a parte interessada produzir a prova de existência dele.

Art. 808. Os conflitos de jurisdição de que trata o art. 803 serão resolvidos:

Caput com redação dada pelo DL n. 6.353, de 20.03.1944.

Veja arts. 102, I, *o*, 105, I, *d*, e 114, V, CF.

Veja Súmula n. 420, TST.

a) pelos Tribunais Regionais, os suscitados entre Juntas e entre Juízos de Direito, ou entre uma e outras, nas respectivas regiões;

Veja nota deste Capítulo.

Veja art. 2º, DL n. 9.797, de 09.09.1946, que substitui as expressões "Conselho Regional" por "Tribunal Regional".

b) pelo Tribunal Superior do Trabalho, os suscitados entre Tribunais Regionais, ou entre Juntas e Juízos de Direito sujeitos à jurisdição de Tribunais Regionais diferentes;

Veja nota deste Capítulo.

Veja art. 2º, DL n. 9.797, de 09.09.1946, que substitui as expressões "Conselho Regional" por "Tribunal Regional".

c) *(Revogada pelo DL n. 9.797, de 09.09.1946.)*

d) pelo Supremo Tribunal Federal, os suscitados entre as autoridades da Justiça do Trabalho e as da Justiça Ordinária.

Art. 809. Nos conflitos de jurisdição entre as Juntas e os Juízos de Direito observar-se-á o seguinte:

Veja nota deste Capítulo.

I – o juiz ou presidente mandará extrair dos autos as provas do conflito e, com a sua informação, remeterá o processo assim formado, no mais breve prazo possível, ao Presidente do Tribunal Regional competente;

Veja art. 811, CLT.

II – no Tribunal Regional, logo que der entrada o processo, o presidente determinará a distribuição do feito, podendo o relator ordenar imediatamente às Juntas e aos Juízos, nos casos de conflito positivo, que sobrestejam o andamento dos respectivos processos, e solicitar, ao mesmo tempo, quaisquer informações que julgue convenientes. Seguidamente, será ouvida a Procuradoria, após o que o relator submeterá o feito a julgamento na primeira sessão;

Veja nota deste Capítulo.

Veja art. 2º, DL n. 9.797, de 09.09.1946, que substitui as expressões "Conselho Regional" por "Tribunal Regional".

III – proferida a decisão, será a mesma comunicada, imediatamente, às autoridades em conflito, prosseguindo no foro julgado competente.

Art. 810. Aos conflitos de jurisdição entre os Tribunais Regionais aplicar-se-ão as normas estabelecidas no artigo anterior.

Veja art. 2º, DL n. 9.797, de 09.09.1946, que substitui as expressões "Conselho Regional" por "Tribunal Regional".

Art. 811. Nos conflitos suscitados na Justiça do Trabalho entre as autoridades desta e os órgãos da Justiça Ordinária, o processo do conflito, formado de acordo com o inciso I do art. 809, será remetido diretamente ao presidente do Supremo Tribunal Federal.

Veja arts. 102, I, *o*, e 105, I, *d*, CF.

Art. 812. (*Revogado pelo DL n. 9.797, de 09.09.1946.*)

Seção VIII
Das Audiências

Art. 813. As audiências dos órgãos da Justiça do Trabalho serão públicas e realizar-se-ão na sede do Juízo ou Tribunal em dias úteis previamente fixados, entre 8 (oito) e 18 (dezoito) horas, não podendo ultrapassar 5 (cinco) horas seguidas, salvo quando houver matéria urgente.

Veja art. 5º, LX, CF.

§ 1º Em casos especiais, poderá ser designado outro local para a realização das audiências, mediante edital afixado na sede do Juízo ou Tribunal, com a antecedência mínima de 24 (vinte e quatro) horas.

§ 2º Sempre que for necessário, poderão ser convocadas audiências extraordinárias, observado o prazo do parágrafo anterior.

Art. 814. Às audiências deverão estar presentes, comparecendo com a necessária antecedência, os escrivães ou chefes de secretaria.

Artigo com redação dada pela Lei n. 409, de 25.09.1948.

Art. 815. À hora marcada, o juiz ou presidente declarará aberta a audiência, sendo feita pelo secretário ou escrivão a chamada das partes, testemunhas e demais pessoas que devam comparecer.

Veja Lei n. 6.563, de 19.09.1978.

§ 1º Se, até 15 (quinze) minutos após a hora marcada, o juiz ou presidente não houver comparecido, os presentes poderão retirar-se, devendo o ocorrido constar do livro de registro das audiências.

Parágrafo com redação ajustada nos termos da Lei n. 409, de 25.09.1948, e antigo parágrafo único renumerado pela Lei n. 14.657, de 23.08.2023.

Veja art. 7º, EAOAB.

§ 2º Se, até 30 (trinta) minutos após a hora marcada, a audiência, injustificadamente, não houver sido iniciada, as partes e os advogados poderão retirar-se, consignando seus nomes, devendo o ocorrido constar do livro de registro das audiências.

Parágrafo acrescentado pela Lei n. 14.657, de 23.08.2023.

§ 3º Na hipótese do § 2º deste artigo, a audiência deverá ser remarcada pelo juiz ou presidente para a data mais próxima possível, vedada a aplicação de qualquer penalidade às partes.

Parágrafo acrescentado pela Lei n. 14.657, de 23.08.2023.

Art. 816. O juiz ou presidente manterá a ordem nas audiências, podendo mandar retirar do recinto os assistentes que a perturbarem.

Art. 817. O registro das audiências será feito em livro próprio, constando de cada registro os processos apreciados e a respectiva solução, bem como as ocorrências eventuais.

Parágrafo único. Do registro das audiências poderão ser fornecidas certidões às pessoas que o requererem.

Seção IX
Das Provas

Art. 818. O ônus da prova incumbe:

Caput com redação dada pela Lei n. 13.467, de 13.07.2017.

Veja art. 5º, LVI, CF.

Veja Súmula n. 212, TST.

I – ao reclamante, quanto ao fato constitutivo de seu direito;

Inciso acrescentado pela Lei n. 13.467, de 13.07.2017.

II – ao reclamado, quanto à existência de fato impeditivo, modificativo ou extintivo do direito do reclamante.

Inciso acrescentado pela Lei n. 13.467, de 13.07.2017.

§ 1º Nos casos previstos em lei ou diante de peculiaridades da causa relacionadas à impossibilidade ou à excessiva dificuldade de cumprir o encargo nos termos deste artigo ou à maior facilidade de obtenção da prova do fato contrário, poderá o juízo atribuir o ônus da prova de modo diverso, desde que o faça por decisão fundamentada, caso em que deverá dar à parte a oportunidade de se desincumbir do ônus que lhe foi atribuído.

Parágrafo acrescentado pela Lei n. 13.467, de 13.07.2017.

§ 2º A decisão referida no § 1º deste artigo deverá ser proferida antes da abertura da instrução e, a requerimento da parte, implicará o adiamento da audiência e possibilitará provar os fatos por qualquer meio em direito admitido.

Parágrafo acrescentado pela Lei n. 13.467, de 13.07.2017.

§ 3º A decisão referida no § 1º deste artigo não pode gerar situação em que a desincumbência do encargo pela parte seja impossível ou excessivamente difícil.

Parágrafo acrescentado pela Lei n. 13.467, de 13.07.2017.

Art. 819. O depoimento das partes e testemunhas que não souberem falar a língua nacional será feito por meio de intérprete nomeado pelo juiz ou presidente.

§ 1º Proceder-se-á da forma indicada neste artigo, quando se tratar de surdo-mudo, ou de mudo que não saiba escrever.

§ 2º As despesas decorrentes do disposto neste artigo correrão por conta da parte sucumbente, salvo se beneficiária de justiça gratuita.

Parágrafo com redação dada pela Lei n. 13.660, de 08.05.2018.

Art. 820. As partes e testemunhas serão inquiridas pelo juiz ou presidente, podendo ser reinquiridas, por seu intermédio, a requerimento dos Juízes classistas, das partes, seus representantes ou advogados.

Veja arts. 111 a 116, CF, sobre a extinção dos juízes classistas na Justiça do Trabalho.

Art. 821. Cada uma das partes não poderá indicar mais de 3 (três) testemunhas, salvo quando se tratar de inquérito, caso em que esse número poderá ser elevado a 6 (seis).

Artigo com redação dada pelo DL n. 8.737, de 19.01.1946.

Art. 822. As testemunhas não poderão sofrer qualquer desconto pelas faltas ao serviço, ocasionadas pelo seu comparecimento para depor, quando devidamente arroladas ou convocadas.

Art. 823. Se a testemunha for funcionário civil ou militar, e tiver de depor em hora de serviço, será requisitada ao chefe da repartição para comparecer à audiência marcada.

Art. 824. O juiz ou presidente providenciará para que o depoimento de uma testemunha não seja ouvido pelas demais que tenham de depor no processo.

Art. 825. As testemunhas comparecerão à audiência independentemente de notificação ou intimação.

Parágrafo único. As que não comparecerem serão intimadas, *ex officio* ou a requerimento da parte, ficando sujeitas a condução coercitiva, além das penalidades do art. 730, caso, sem motivo justificado, não atendam à intimação.

Art. 826. É facultado a cada uma das partes apresentar um perito ou técnico.

O art. 3º, Lei n. 5.584, de 26.06.1970, dispõe de modo diverso.

Art. 827. O juiz ou presidente poderá arguir os peritos compromissados ou os técnicos, e rubricará, para ser junto ao processo, o laudo que os primeiros tiverem apresentado.

Art. 828. Toda testemunha, antes de prestar o compromisso legal, será qualificada, indicando o nome, nacionalidade, profissão, idade, residência, e, quando empregada, o tempo de serviço prestado ao empregador, ficando sujeita, em caso de falsidade, às leis penais.

Veja Súmula n. 357, TST.

Parágrafo único. Os depoimentos das testemunhas serão resumidos, por ocasião da audiência, pelo chefe de secretaria da Junta ou funcionário para esse fim designado, devendo a súmula ser assinada pelo Presidente do Tribunal e pelos depoentes.

Parágrafo com redação ajustada nos termos da Lei n. 409, de 25.09.1948.

Veja nota deste Capítulo.

Art. 829. A testemunha que for parente até o terceiro grau civil, amigo íntimo ou inimigo de qualquer das partes, não prestará compromisso, e seu depoimento valerá como simples informação.

Veja art. 447, CPC.

Art. 830. O documento em cópia oferecido para prova poderá ser declarado autêntico pelo próprio advogado, sob sua responsabilidade pessoal.

Caput com redação dada pela Lei n. 11.925, de 17.04.2009.

Veja OJ n. 36, SDI-1.

Veja OJ n. 84, SDI-2.

Parágrafo único. Impugnada a autenticidade da cópia, a parte que a produziu será intimada para apresentar cópias devidamente autenticadas ou o original, cabendo ao serventuário competente proceder à conferência e certificar a conformidade entre esses documentos.

Parágrafo acrescentado pela Lei n. 11.925, de 17.04.2009.

Seção X
Da Decisão e sua Eficácia

Art. 831. A decisão será proferida depois de rejeitada pelas partes a proposta de conciliação.

Parágrafo único. No caso de conciliação, o termo que for lavrado valerá como decisão irrecorrível, salvo para a Previdência Social quanto às contribuições que lhe forem devidas.

Parágrafo com redação dada pela Lei n. 10.035, de 25.10.2000.

Veja Súmula n. 259, TST.

Art. 832. Da decisão deverão constar o nome das partes, o resumo do pedido e da defesa, a apreciação das provas, os fundamentos da decisão e a respectiva conclusão.

Veja Súmula n. 459, TST.

§ 1º Quando a decisão concluir pela procedência do pedido, determinará o prazo e as condições para o seu cumprimento.

§ 2º A decisão mencionará sempre as custas que devam ser pagas pela parte vencida.

Veja Súmula n. 450, STF.

§ 3º As decisões cognitivas ou homologatórias deverão sempre indicar a natureza jurídica das parcelas constantes da condenação ou do acordo homologado, inclusive o limite de responsabilidade de cada parte pelo recolhimento da contribuição previdenciária, se for o caso.

Parágrafo acrescentado pela Lei n. 10.035, de 25.10.2000.

§ 3º-A. Para os fins do § 3º deste artigo, salvo na hipótese de o pedido da ação limitar-se expressamente ao reconhecimento de verbas de natureza exclusivamente indenizatória, a parcela referente às verbas de natureza remuneratória não poderá ter como base de cálculo valor inferior:

Parágrafo acrescentado pela Lei n. 13.876, de 20.09.2019.

I – ao salário mínimo, para as competências que integram o vínculo empregatício reconhecido na decisão cognitiva ou homologatória; ou

Inciso acrescentado pela Lei n. 13.876, de 20.09.2019.

II – à diferença entre a remuneração reconhecida como devida na decisão cognitiva ou homologatória e a efetivamente paga pelo empregador, cujo valor total referente a cada competência não será inferior ao salário mínimo.

Inciso acrescentado pela Lei n. 13.876, de 20.09.2019.

§ 3º-B. Caso haja piso salarial da categoria definido por acordo ou convenção coletiva de trabalho, o seu valor deverá ser utilizado como base de cálculo para os fins do § 3º-A deste artigo.

Parágrafo acrescentado pela Lei n. 13.876, de 20.09.2019.

§ 4º A União será intimada das decisões homologatórias de acordos que contenham parcela indenizatória, na forma do art. 20 da Lei n. 11.033, de 21 de dezembro de 2004, facultada a interposição de recurso relativo aos tributos que lhe forem devidos.

Parágrafo com redação dada pela Lei n. 11.457, de 16.03.2007.

§ 5º Intimada da sentença, a União poderá interpor recurso relativo à discriminação de que trata o § 3º deste artigo.

Parágrafo acrescentado pela Lei n. 11.457, de 16.03.2007.

§ 6º O acordo celebrado após o trânsito em julgado da sentença ou após a elaboração dos cálculos de liquidação de sentença não prejudicará os créditos da União.

Parágrafo acrescentado pela Lei n. 11.457, de 16.03.2007.

§ 7º O Ministro de Estado da Fazenda poderá, mediante ato fundamentado, dispensar a manifestação da União nas decisões homologatórias de acordos em que o montante da parcela indenizatória envolvida ocasionar perda de escala decorrente da atuação do órgão jurídico.

Parágrafo acrescentado pela Lei n. 11.457, de 16.03.2007.

Art. 833. Existindo na decisão evidentes erros ou enganos de escrita, de datilografia ou de cálculo, poderão os mesmos, antes da execução, ser corrigidos, *ex officio*, ou a requerimento dos interessados ou da Procuradoria da Justiça do Trabalho.

Art. 834. Salvo nos casos previstos nesta Consolidação, a publicação das decisões e sua notificação aos litigantes, ou seus patronos, consideram-se realizadas nas próprias audiências em que forem as mesmas proferidas.

Art. 835. O cumprimento do acordo ou da decisão far-se-á no prazo e condições estabelecidas.

Art. 836. É vedado aos órgãos da Justiça do Trabalho conhecer de questões já decididas, excetuados os casos expressamente previstos neste Título e a ação rescisória, que será admitida na forma do disposto no Capítulo IV do Título IX da Lei n. 5.869, de 11 de janeiro de 1973 – Código de Processo Civil, sujeita ao depósito prévio de 20% (vinte por cento) do valor da causa, salvo prova de miserabilidade jurídica do autor.

Caput com redação dada pela Lei n. 11.495, de 22.06.2007.

Refere-se ao CPC/73. Veja arts. 966 a 975, CPC.

Veja IN n. 31, de 27.09.2007, TST.

Veja Súmula n. 298, TST.

Parágrafo único. A execução da decisão proferida em ação rescisória far-se-á nos próprios autos da ação que lhe deu origem, e será instruída com o acórdão da rescisória e a respectiva certidão de trânsito em julgado.

Parágrafo acrescentado pela MP n. 2.180-35, de 24.08.2001.

CAPÍTULO III
DOS DISSÍDIOS INDIVIDUAIS

A EC n. 24, de 09.12.1999, substituiu a expressão "Juntas de Conciliação e Julgamento", como órgãos da Justiça do Trabalho, pelas expressões "Juízes do Trabalho" e "Varas do Trabalho", essas confirmadas posteriormente pela EC n. 45, de 08.12.2004.

Seção I
Da Forma de Reclamação e da Notificação

Art. 837. Nas localidades em que houver apenas 1 (uma) Junta de Conciliação e Julgamento, ou 1 (um) escrivão do cível, a reclamação será apresentada diretamente à secretaria da Junta, ou ao cartório do Juízo.

Veja nota deste Capítulo.

Art. 838. Nas localidades em que houver mais de 1 (uma) Junta ou mais de 1 (um) Juízo, ou escrivão do cível, a reclamação será, preliminarmente, sujeita a distribuição, na forma do disposto no Capítulo II, Seção II, deste Título.

Veja nota deste Capítulo.

Art. 839. A reclamação poderá ser apresentada:

a) pelos empregados e empregadores, pessoalmente, ou por seus representantes, e pelos sindicatos de classe;

Veja art. 133, CF.

b) por intermédio das Procuradorias Regionais da Justiça do Trabalho.

Veja art. 787, CLT.

Art. 840. A reclamação poderá ser escrita ou verbal.

§ 1º Sendo escrita, a reclamação deverá conter a designação do juízo, a qualificação das partes, a breve exposição dos fatos de que resulte o dissídio, o pedido, que deverá ser certo, determinado e com indicação de seu valor, a data e a assinatura do reclamante ou de seu representante.

Parágrafo com redação dada pela Lei n. 13.467, de 13.07.2017.

§ 2º Se verbal, a reclamação será reduzida a termo, em duas vias datadas e assinadas pelo escrivão ou secretário, observado, no que couber, o disposto no § 1º deste artigo.

Parágrafo com redação dada pela Lei n. 13.467, de 13.07.2017.

§ 3º Os pedidos que não atendam ao disposto no § 1º deste artigo serão julgados extintos sem resolução do mérito.

Parágrafo acrescentado pela Lei n. 13.467, de 13.07.2017.

Art. 841. Recebida e protocolada a reclamação, o escrivão ou chefe de secretaria, dentro de 48 (quarenta e oito) horas, remeterá a segunda via da petição, ou do termo, ao reclamado, notificando-o ao mesmo tempo, para comparecer à audiência de julgamento, que será a primeira desimpedida, depois de 5 (cinco) dias.

Caput com redação ajustada nos termos da Lei n. 409, de 25.09.1948.

Veja art. 860, CLT.

Veja OJ n. 392, SDI-1.

§ 1º A notificação será feita em registro postal com franquia. Se o reclamado criar embaraços ao seu recebimento ou não for encontrado, far-se-á a notificação por edital, inserto no jornal oficial ou no que publicar o expediente forense, ou, na falta, afixado na sede da Junta ou Juízo.

Veja nota deste Capítulo.

Veja art. 852, CLT.

Veja Súmula n. 16, TST.

§ 2º O reclamante será notificado no ato da apresentação da reclamação ou na forma do parágrafo anterior.

§ 3º Oferecida a contestação, ainda que eletronicamente, o reclamante não poderá, sem o consentimento do reclamado, desistir da ação.

Parágrafo acrescentado pela Lei n. 13.467, de 13.07.2017.

Art. 842. Sendo várias as reclamações e havendo identidade de matéria, poderão ser acumuladas num só processo, se se tratar de empregados da mesma empresa ou estabelecimento.

Seção II
Da Audiência de Julgamento

Veja arts. 111 a 116, CF, sobre a extinção dos juízes classistas na Justiça do Trabalho.

Veja arts. 358 e segs., CPC.

Art. 843. Na audiência de julgamento deverão estar presentes o reclamante e o reclamado, independentemente do comparecimento de seus representantes, salvo nos casos de Reclamatórias Plúrimas ou Ações de Cumprimento, quando os empregados poderão fazer-se representar pelo Sindicato de sua categoria.

Caput com redação dada pela Lei n. 6.667, de 03.07.1979.

Veja art. 800, § 1º, CLT.

§ 1º É facultado ao empregador fazer-se substituir pelo gerente, ou qualquer outro preposto que tenha conhecimento do fato, e cujas declarações obrigarão o proponente.

Veja Súmula n. 377, TST.

§ 2º Se por doença ou qualquer outro motivo poderoso, devidamente comprovado, não for possível ao empregado comparecer pessoalmente, poderá fazer-se representar por outro empregado que pertença à mesma profissão, ou pelo seu sindicato.

O correto parece ser "ponderoso" em vez de "poderoso".

§ 3º O preposto a que se refere o § 1º deste artigo não precisa ser empregado da parte reclamada.

Parágrafo acrescentado pela Lei n. 13.467, de 13.07.2017.

Art. 844. O não comparecimento do reclamante à audiência importa o arquivamento da reclamação, e o não comparecimento do reclamado importa revelia, além de confissão quanto à matéria de fato.

Veja art. 732, CLT.

Veja Súmula n. 122, TST.

§ 1º Ocorrendo motivo relevante, poderá o juiz suspender o julgamento, designando nova audiência.

Antigo parágrafo único renumerado e com redação dada pela Lei n. 13.467, de 13.07.2017.

Veja Súmula n. 9, TST.

§ 2º Na hipótese de ausência do reclamante, este será condenado ao pagamento das custas calculadas na forma do art. 789 desta Consolidação, ainda que beneficiário da justiça gratuita, salvo se comprovar, no prazo de quinze dias, que a ausência ocorreu por motivo legalmente justificável.

Parágrafo acrescentado pela Lei n. 13.467, de 13.07.2017.

Veja ADI n. 5.766.

§ 3º O pagamento das custas a que se refere o § 2º é condição para a propositura de nova demanda.

Parágrafo acrescentado pela Lei n. 13.467, de 13.07.2017.

§ 4º A revelia não produz o efeito mencionado no *caput* deste artigo se:

Parágrafo acrescentado pela Lei n. 13.467, de 13.07.2017.

I – havendo pluralidade de reclamados, algum deles contestar a ação;

Inciso acrescentado pela Lei n. 13.467, de 13.07.2017.

II – o litígio versar sobre direitos indisponíveis;

Inciso acrescentado pela Lei n. 13.467, de 13.07.2017.

III – a petição inicial não estiver acompanhada de instrumento que a lei considere indispensável à prova do ato;

Inciso acrescentado pela Lei n. 13.467, de 13.07.2017.

IV – as alegações de fato formuladas pelo reclamante forem inverossímeis ou estiverem em contradição com prova constante dos autos.

Inciso acrescentado pela Lei n. 13.467, de 13.07.2017.

§ 5º Ainda que ausente o reclamado, presente o advogado na audiência, serão aceitos a contestação e os documentos eventualmente apresentados.

Parágrafo acrescentado pela Lei n. 13.467, de 13.07.2017.

Art. 845. O reclamante e o reclamado comparecerão à audiência acompanhados das suas testemunhas, apresentando, nessa ocasião, as demais provas.

Veja Súmula n. 9, TST.

Art. 846. Aberta a audiência, o juiz ou presidente proporá a conciliação.

Caput com redação dada pela Lei n. 9.022, de 05.04.1995.

§ 1º Se houver acordo lavrar-se-á termo, assinado pelo presidente e pelos litigantes, consignando-se o prazo e demais condições para seu cumprimento.

Parágrafo acrescentado pela Lei n. 9.022, de 05.04.1995.

Veja art. 764, § 3º, CLT.

§ 2º Entre as condições a que se refere o parágrafo anterior, poderá ser estabelecida a de ficar a parte que não cumprir o acordo obrigada a satisfazer integralmente o pedido ou pagar uma indenização convencionada, sem prejuízo do cumprimento do acordo.

Parágrafo acrescentado pela Lei n. 9.022, de 05.04.1995.

Art. 847. Não havendo acordo, o reclamado terá vinte minutos para aduzir sua defesa, após a leitura da reclamação, quando esta não for dispensada por ambas as partes.

Artigo com redação dada pela Lei n. 9.022, de 05.04.1995.

Veja art. 5º, LV, CF.

Parágrafo único. A parte poderá apresentar defesa escrita pelo sistema de processo judicial eletrônico até a audiência.

Parágrafo acrescentado pela Lei n. 13.467, de 13.07.2017.

Art. 848. Terminada a defesa, seguir-se-á a instrução do processo, podendo o presidente, *ex officio* ou a requerimento de qualquer juiz temporário, interrogar os litigantes.

Caput com redação dada pela Lei n. 9.022, de 05.04.1995.

§ 1º Findo o interrogatório, poderá qualquer dos litigantes retirar-se, prosseguindo a instrução com o seu representante.

§ 2º Serão, a seguir, ouvidas as testemunhas, os peritos e os técnicos, se houver.

Art. 849. A audiência de julgamento será contínua; mas, se não for possível, por motivo de força maior, concluí-la no mesmo dia, o juiz ou presidente marcará a sua continuação para a primeira desimpedida, independentemente de nova notificação.

Art. 850. Terminada a instrução, poderão as partes aduzir razões finais, em prazo não excedente de 10 (dez) minutos para cada uma. Em seguida, o juiz ou presidente renovará a proposta de conciliação, e não se realizando esta, será proferida a decisão.

Parágrafo único. O Presidente da Junta, após propor a solução do dissídio, tomará os votos dos juízes classistas e, havendo divergência entre estes, poderá desempatar ou proferir decisão que melhor atenda ao cumprimento da lei e ao justo equilíbrio entre os votos divergentes e ao interesse social.

Veja nota deste Capítulo.

Veja nota desta Seção.

Art. 851. Os trâmites de instrução e julgamento da reclamação serão resumidos em ata, de que constará, na íntegra, a decisão.

Caput com redação dada pelo DL n. 8.737, de 19.01.1946.

§ 1º Nos processos de exclusiva alçada das Juntas, será dispensável, a juízo do presidente, o resumo dos depoimentos, devendo constar da ata a conclusão do Tribunal quanto à matéria de fato.

Parágrafo acrescentado pelo DL n. 8.737, de 19.01.1946.

Veja nota deste Capítulo.

§ 2º A ata será, pelo presidente ou juiz, junta ao processo, devidamente assinada, no prazo improrrogável de 48 (quarenta e oito) horas, contado da audiência de julgamento, e assinada pelos vogais presentes à mesma audiência.

Antigo parágrafo único renumerado e com redação dada pelo DL n. 8.737, de 19.01.1946.

Veja nota desta Seção.

Art. 852. Da decisão serão os litigantes notificados, pessoalmente, ou por seu representante, na própria audiência. No caso de revelia, a notificação far-se-á pela forma estabelecida no § 1º do art. 841.

Veja Súmula n. 197, TST.

Seção II-A
Do Procedimento Sumaríssimo

Seção acrescentada pela Lei n. 9.957, de 12.01.2000.

Art. 852-A. Os dissídios individuais cujo valor não exceda a 40 (quarenta) vezes o salário mínimo vigente na data do ajuizamento da reclamação ficam submetidos ao procedimento sumaríssimo.

Artigo acrescentado pela Lei n. 9.957, de 12.01.2000.

Parágrafo único. Estão excluídas do procedimento sumaríssimo as demandas em que é parte a Administração Pública direta, autárquica e fundacional.

Art. 852-B. Nas reclamações enquadradas no procedimento sumaríssimo:

Artigo acrescentado pela Lei n. 9.957, de 12.01.2000.

I – o pedido deverá ser certo ou determinado e indicará o valor correspondente;

II – não se fará citação por edital, incumbindo ao autor a correta indicação do nome e endereço do reclamado;

Veja ADI n. 2.139, STF.

III – a apreciação da reclamação deverá ocorrer no prazo máximo de 15 (quinze) dias do seu ajuizamento, podendo constar de pauta especial, se necessário, de acordo com o movimento judiciário da Junta de Conciliação e Julgamento.

Veja nota deste Capítulo.

§ 1º O não atendimento, pelo reclamante, do disposto nos incisos I e II deste artigo importará no arquivamento da reclamação e condenação ao pagamento de custas sobre o valor da causa.

Veja Súmula n. 268, TST.

§ 2º As partes e advogados comunicarão ao juízo as mudanças de endereço ocorridas no curso do processo, reputando-se eficazes as intimações enviadas ao local anteriormente indicado, na ausência de comunicação.

Art. 852-C. As demandas sujeitas a rito sumaríssimo serão instruídas e julgadas em audiência única, sob a direção de juiz presidente ou substituto, que poderá ser convocado para atuar simultaneamente com o titular.

Artigo acrescentado pela Lei n. 9.957, de 12.01.2000.

Art. 852-D. O juiz dirigirá o processo com liberdade para determinar as provas a serem produzidas, considerado o ônus probatório de cada litigante, podendo limitar ou excluir as que considerar excessivas, impertinentes ou protelatórias, bem como para apreciá-las e dar especial valor às regras de experiência comum ou técnica.

Artigo acrescentado pela Lei n. 9.957, de 12.01.2000.

Art. 852-E. Aberta a sessão, o juiz esclarecerá as partes presentes sobre as vantagens da conciliação e usará os meios adequados de persuasão para a solução conciliatória do litígio, em qualquer fase da audiência.

Artigo acrescentado pela Lei n. 9.957, de 12.01.2000.

Art. 852-F. Na ata de audiência serão registrados resumidamente os atos essenciais, as afirmações fundamentais das partes e as informações úteis à solução da causa trazidas pela prova testemunhal.

Artigo acrescentado pela Lei n. 9.957, de 12.01.2000.

Art. 852-G. Serão decididos, de plano, todos os incidentes e exceções que possam interferir no prosseguimento da audiência e do processo. As demais questões serão decididas na sentença.

Artigo acrescentado pela Lei n. 9.957, de 12.01.2000.

Art. 852-H. Todas as provas serão produzidas na audiência de instrução e julgamento, ainda que não requeridas previamente.

Artigo acrescentado pela Lei n. 9.957, de 12.01.2000.

§ 1º Sobre os documentos apresentados por uma das partes manifestar-se-á imediatamente a parte contrária, sem interrupção da audiência, salvo absoluta impossibilidade, a critério do juiz.

§ 2º As testemunhas, até o máximo de duas para cada parte, comparecerão à audiência de instrução e julgamento independentemente de intimação.

Veja art. 821, CLT.

§ 3º Só será deferida intimação de testemunha que, comprovadamente convidada, deixar de comparecer. Não comparecendo a testemunha intimada, o juiz poderá determinar sua imediata condução coercitiva.

§ 4º Somente quando a prova do fato o exigir, ou for legalmente imposta, será deferida prova técnica, incumbindo ao juiz, desde logo, fixar o prazo, o objeto da perícia e nomear perito.

§ 5º (*Vetado.*)

§ 6º As partes serão intimadas a manifestar-se sobre o laudo, no prazo comum de 5 (cinco) dias.

§ 7º Interrompida a audiência, o seu prosseguimento e a solução do processo dar-se-ão no prazo máximo de 30 (trinta) dias, salvo motivo relevante justificado nos autos pelo juiz da causa.

Art. 852-I. A sentença mencionará os elementos de convicção do juízo, com resumo dos fatos relevantes ocorridos em audiência, dispensado o relatório.

Artigo acrescentado pela Lei n. 9.957, de 12.01.2000.

§ 1º O juízo adotará em cada caso a decisão que reputar mais justa e equânime, atendendo aos fins sociais da lei e as exigências do bem comum.

§ 2º (*Vetado.*)

§ 3º As partes serão intimadas da sentença na própria audiência em que prolatada.

Seção III
Do Inquérito para Apuração de Falta Grave

Art. 853. Para a instauração do inquérito para apuração de falta grave contra empregado garantido com estabilidade, o empregador apresentará reclamação por escrito à Junta ou Juízo de Direito, dentro de 30 (trinta) dias, contados da data da suspensão do empregado.

Veja nota deste Capítulo.

Veja Súmula n. 62, TST.

Art. 854. O processo do inquérito perante a Junta ou Juízo obedecerá às normas estabelecidas no presente Capítulo, observadas as disposições desta Seção.

Veja nota deste Capítulo.

Art. 855. Se tiver havido prévio reconhecimento da estabilidade do empregado, o julgamento do inquérito pela Junta ou Juízo não prejudicará a execução para pagamento dos salários devidos ao empregado, até a data da instauração do mesmo inquérito.

Veja nota deste Capítulo.

Seção IV
Do Incidente de Desconsideração da Personalidade Jurídica

Seção acrescentada pela Lei n. 13.467, de 13.07.2017.

Art. 855-A. Aplica-se ao processo do trabalho o incidente de desconsideração da personalidade jurídica previsto nos arts. 133 a 137 da Lei n. 13.105, de 16 de março de 2015 – Código de Processo Civil.

Caput acrescentado pela Lei n. 13.467, de 13.07.2017.

§ 1º Da decisão interlocutória que acolher ou rejeitar o incidente:

Parágrafo acrescentado pela Lei n. 13.467, de 13.07.2017.

I – na fase de cognição, não cabe recurso de imediato, na forma do § 1º do art. 893 desta Consolidação;

Inciso acrescentado pela Lei n. 13.467, de 13.07.2017.

II – na fase de execução, cabe agravo de petição, independentemente de garantia do juízo;

Inciso acrescentado pela Lei n. 13.467, de 13.07.2017.

III – cabe agravo interno se proferida pelo relator em incidente instaurado originariamente no tribunal.

Inciso acrescentado pela Lei n. 13.467, de 13.07.2017.

§ 2º A instauração do incidente suspenderá o processo, sem prejuízo de concessão da tutela de urgência de natureza cautelar de que trata o art. 301 da Lei n. 13.105, de 16 de março de 2015 (Código de Processo Civil).

Parágrafo acrescentado pela Lei n. 13.467, de 13.07.2017.

CAPÍTULO III-A
DO PROCESSO DE JURISDIÇÃO VOLUNTÁRIA PARA HOMOLOGAÇÃO DE ACORDO EXTRAJUDICIAL

Capítulo acrescentado pela Lei n. 13.467, de 13.07.2017.

Art. 855-B. O processo de homologação de acordo extrajudicial terá início por petição conjunta, sendo obrigatória a representação das partes por advogado.

Caput acrescentado pela Lei n. 13.467, de 13.07.2017.

§ 1º As partes não poderão ser representadas por advogado comum.

Parágrafo acrescentado pela Lei n. 13.467, de 13.07.2017.

§ 2º Faculta-se ao trabalhador ser assistido pelo advogado do sindicato de sua categoria.

Parágrafo acrescentado pela Lei n. 13.467, de 13.07.2017.

Art. 855-C. O disposto neste Capítulo não prejudica o prazo estabelecido no § 6º do art. 477 desta Consolidação e não afasta a aplicação da multa prevista no § 8º art. 477 desta Consolidação.

Artigo acrescentado pela Lei n. 13.467, de 13.07.2017.

Art. 855-D. No prazo de quinze dias a contar da distribuição da petição, o juiz analisará o acordo, designará audiência se entender necessário e proferirá sentença.

Artigo acrescentado pela Lei n. 13.467, de 13.07.2017.

Art. 855-E. A petição de homologação de acordo extrajudicial suspende o prazo prescricional da ação quanto aos direitos nela especificados.

Caput acrescentado pela Lei n. 13.467, de 13.07.2017.

Parágrafo único. O prazo prescricional voltará a fluir no dia útil seguinte ao do trânsito em julgado da decisão que negar a homologação do acordo.

Parágrafo acrescentado pela Lei n. 13.467, de 13.07.2017.

CAPÍTULO IV
DOS DISSÍDIOS COLETIVOS

Seção I
Da Instauração da Instância

Art. 856. A instância será instaurada mediante representação escrita ao Presidente do Tribunal. Poderá ser também instaurada por iniciativa do presidente, ou, ainda, a requerimento da Procuradoria da Justiça do Trabalho, sempre que ocorrer suspensão do trabalho.

Artigo com redação dada pelo DL n. 7.321, de 14.02.1945.

Art. 857. A representação para instaurar a instância em dissídio coletivo constitui prerrogativa das associações sindicais, excluídas as hipóteses aludidas no art. 856, quando ocorrer suspensão do trabalho.

Caput com redação dada pelo DL n. 7.321, de 14.02.1945.

Parágrafo único. Quando não houver sindicato representativo da categoria econômica ou profissional, poderá a representação ser instaurada pelas federações correspondentes e, na falta destas, pelas confederações respectivas, no âmbito de sua representação.

Parágrafo com redação dada pela Lei n. 2.693, de 23.12.1955.

Art. 858. A representação será apresentada em tantas vias quantos forem os reclamados e deverá conter:

a) designação e qualificação dos reclamantes e dos reclamados e a natureza do estabelecimento ou do serviço;

b) os motivos do dissídio e as bases da conciliação.

Art. 859. A representação dos sindicatos para instauração da instância fica subordinada à aprovação de assembleia, da qual participem os associados interessados na solução do dissídio coletivo, em primeira convocação, por maioria de 2/3 (dois terços) dos mesmos, ou, em segunda convocação, por 2/3 (dois terços) dos presentes.

Caput com redação dada pelo DL n. 7.321, de 14.02.1945.

Parágrafo único. (*Revogado pelo DL n. 7.321, de 14.02.1945.*)

Seção II
Da Conciliação e do Julgamento

Art. 860. Recebida e protocolada a representação, e estando na devida forma, o Presidente do Tribunal designará a audiência de conciliação, dentro do prazo de 10 (dez) dias, determinando a notificação dos dissidentes, com observância do disposto no art. 841.

Veja art. 866, CLT.

Parágrafo único. Quando a instância for instaurada *ex officio*, a audiência deverá ser realizada dentro do prazo mais breve possível, após o reconhecimento do dissídio.

Art. 861. É facultado ao empregador fazer-se representar na audiência pelo gerente, ou por qualquer outro preposto que tenha conhecimento do dissídio, e por cujas declarações será sempre responsável.

Art. 862. Na audiência designada, comparecendo ambas as partes ou seus representantes, o Presidente do Tribunal as convidará para se pronunciarem sobre as bases da conciliação. Caso não sejam aceitas as bases propostas, o Presidente submeterá aos interessados a solução que lhe pareça capaz de resolver o dissídio.

Veja art. 866, CLT.

Art. 863. Havendo acordo, o Presidente o submeterá à homologação do Tribunal na primeira sessão.

Art. 864. Não havendo acordo, ou não comparecendo ambas as partes ou uma delas, o presidente submeterá o processo a julgamento, depois de realizadas as diligências que entender necessárias e ouvida a Procuradoria.

Artigo com redação dada pelo DL n. 8.737, de 19.01.1946.

Art. 865. Sempre que, no decorrer do dissídio, houver ameaça de perturbação da ordem, o presidente requisitará à autoridade competente as providências que se tornarem necessárias.

Art. 866. Quando o dissídio ocorrer fora da sede do Tribunal, poderá o presidente, se julgar conveniente, delegar à autoridade local as atribuições de que tratam os arts. 860 e 862. Nesse caso, não havendo conciliação, a autoridade delegada encaminhará o processo ao Tribunal, fazendo exposição circunstanciada dos fatos e indicando a solução que lhe parecer conveniente.

Art. 867. Da decisão do Tribunal serão notificadas as partes, ou seus representantes, em registrado postal, com franquia, fazendo-se, outrossim, a sua publicação no jornal oficial, para ciência dos demais interessados.

Parágrafo único. A sentença normativa vigorará:

Parágrafo acrescentado pelo DL n. 424, de 21.01.1969.

a) a partir da data de sua publicação, quando ajuizado o dissídio após o prazo do art. 616, § 3º, ou, quando não existir acordo, convenção ou sentença normativa em vigor, da data do ajuizamento;

Alínea acrescentada pelo DL n. 424, de 21.01.1969.

b) a partir do dia imediato ao termo final de vigência do acordo, convenção ou sentença normativa, quando ajuizado o dissídio no prazo do art. 616, § 3º.

Alínea acrescentada pelo DL n. 424, de 21.01.1969.

Seção III
Da Extensão das Decisões

Art. 868. Em caso de dissídio coletivo que tenha por motivo novas condições de trabalho e no qual figure como parte apenas uma fração de empregados de uma empresa, poderá o Tribunal competente, na própria decisão, estender tais condições de trabalho, se julgar justo e conveniente, aos demais empregados da empresa que forem da mesma profissão dos dissidentes.

Parágrafo único. O Tribunal fixará a data em que a decisão deve entrar em execução, bem como o prazo de sua vigência, o qual não poderá ser superior a 4 (quatro) anos.

Art. 869. A decisão sobre novas condições de trabalho poderá também ser estendida a todos os empregados da mesma categoria profissional compreendida na jurisdição do Tribunal:

a) por solicitação de 1 (um) ou mais empregadores, ou de qualquer sindicato destes;

b) por solicitação de 1 (um) ou mais sindicatos de empregados;

c) *ex officio*, pelo Tribunal que houver proferido a decisão;

d) por solicitação da Procuradoria da Justiça do Trabalho.

Art. 870. Para que a decisão possa ser estendida, na forma do artigo anterior, torna-se preciso que 3/4 (três quartos) dos empregadores e 3/4 (três quartos) dos empregados, ou os respectivos sindicatos, concordem com a extensão da decisão.

§ 1º O Tribunal competente marcará prazo, não inferior a 30 (trinta) nem superior a 60 (sessenta) dias, a fim de que se manifestem os interessados.

§ 2º Ouvidos os interessados e a Procuradoria da Justiça do Trabalho, será o processo submetido ao julgamento do Tribunal.

Art. 871. Sempre que o Tribunal estender a decisão, marcará a data em que a extensão deva entrar em vigor.

Seção IV
Do Cumprimento das Decisões

Art. 872. Celebrado o acordo, ou transitada em julgado a decisão, seguir-se-á o seu cumprimento, sob as penas estabelecidas neste Título.

Parágrafo único. Quando os empregadores deixarem de satisfazer o pagamento de salários, na conformidade da decisão proferida, poderão os empregados ou seus sindicatos, independentes de outorga de poderes de seus associados, juntando certidão de tal decisão, apresentar reclamação à Junta ou Juízo competente, observado o processo previsto no Capítulo II deste

Título, sendo vedado, porém, questionar sobre a matéria de fato e de direito já apreciada na decisão.

Parágrafo com redação dada pela Lei n. 2.275, de 30.07.1954.

Veja nota deste Capítulo.

Veja Súmula n. 246, TST.

Seção V
Da Revisão

Art. 873. Decorrido mais de 1 (um) ano de sua vigência, caberá revisão das decisões que fixarem condições de trabalho, quando se tiverem modificado as circunstâncias que as ditaram, de modo que tais condições se hajam tornado injustas ou inaplicáveis.

Art. 874. A revisão poderá ser promovida por iniciativa do Tribunal prolator, da Procuradoria da Justiça do Trabalho, das associações sindicais ou de empregador ou empregadores interessados no cumprimento da decisão.

Parágrafo único. Quando a revisão for promovida por iniciativa do Tribunal prolator ou da Procuradoria, as associações sindicais e o empregador ou empregadores interessados serão ouvidos no prazo de 30 (trinta) dias. Quando promovida por uma das partes interessadas, serão as outras ouvidas também por igual prazo.

Art. 875. A revisão será julgada pelo Tribunal que tiver proferido a decisão, depois de ouvida a Procuradoria da Justiça do Trabalho.

CAPÍTULO V
DA EXECUÇÃO

A EC n. 24, de 09.12.1999, substituiu a expressão "Juntas de Conciliação e Julgamento", como órgãos da Justiça do Trabalho, pelas expressões "Juízes do Trabalho" e "Varas do Trabalho", essas confirmadas posteriormente pela EC n. 45, de 08.12.2004.

Seção I
Das Disposições Preliminares

Art. 876. As decisões passadas em julgado ou das quais não tenha havido recurso com efeito suspensivo; os acordos, quando não cumpridos; os termos de ajuste de conduta firmados perante o Ministério Público do Trabalho e os termos de conciliação firmados perante as Comissões de Conciliação Prévia serão executados pela forma estabelecida neste Capítulo.

Caput com redação dada pela Lei n. 9.958, de 12.01.2000.

Veja art. 916, CPC.

Parágrafo único. A Justiça do Trabalho executará, de ofício, as contribuições sociais previstas na alínea *a* do inciso I e no inciso II do *caput* do art. 195 da Constituição Federal, e seus acréscimos legais, relativas ao objeto da condenação constante das sentenças que proferir e dos acordos que homologar.

Parágrafo com redação dada pela Lei n. 13.467, de 13.07.2017.

Art. 877. É competente para a execução das decisões o Juiz ou Presidente do Tribunal que tiver conciliado ou julgado originariamente o dissídio.

Veja art. 659, CLT.

Art. 877-A. É competente para a execução de título executivo extrajudicial o juiz que teria competência para o processo de conhecimento relativo à matéria.

Artigo acrescentado pela Lei n. 9.958, de 12.01.2000.

Veja art. 659, CLT.

Art. 878. A execução será promovida pelas partes, permitida a execução de ofício pelo juiz ou pelo Presidente do Tribunal apenas nos casos em que as partes não estiverem representadas por advogado.

Caput com redação dada pela Lei n. 13.467, de 13.07.2017.

Parágrafo único. (*Revogado pela Lei n. 13.467, de 13.07.2017.*)

Art. 878-A. Faculta-se ao devedor o pagamento imediato da parte que entender devida à Previdência Social, sem prejuízo da cobrança de eventuais diferenças encontradas na execução *ex officio*.

Artigo acrescentado pela Lei n. 10.035, de 25.10.2000.

Art. 879. Sendo ilíquida a sentença exequenda, ordenar-se-á, previamente, a sua liquidação, que poderá ser feita por cálculo, por arbitramento ou por artigos.

Caput com redação dada pela Lei n. 2.244, de 23.06.1954.

§ 1º Na liquidação, não se poderá modificar, ou inovar, a sentença liquidanda, nem discutir matéria pertinente à causa principal.

Antigo parágrafo único renumerado pela Lei n. 8.432, de 11.06.1992.

§ 1º-A. A liquidação abrangerá, também, o cálculo das contribuições previdenciárias devidas.

Parágrafo acrescentado pela Lei n. 10.035, de 25.10.2000.

§ 1º-B. As partes deverão ser previamente intimadas para a apresentação do cálculo de liquidação, inclusive da contribuição previdenciária incidente.

Parágrafo acrescentado pela Lei n. 10.035, de 25.10.2000.

§ 2º Elaborada a conta e tornada líquida, o juízo deverá abrir às partes prazo comum de oito dias para impugnação fundamentada com a indicação dos itens e valores objeto da discordância, sob pena de preclusão.

Parágrafo com redação dada pela Lei n. 13.467, de 13.07.2017.

§ 3º Elaborada a conta pela parte ou pelos órgãos auxiliares da Justiça do Trabalho, o juiz procederá à intimação da União para manifestação, no prazo de 10 (dez) dias, sob pena de preclusão.

Parágrafo com redação dada pela Lei n. 11.457, de 16.03.2007.

§ 4º A atualização do crédito devido à Previdência Social observará os critérios estabelecidos na legislação previdenciária.

Parágrafo acrescentado pela Lei n. 10.035, de 25.10.2000.

§ 5º O Ministro de Estado da Fazenda poderá, mediante ato fundamentado, dispensar a manifestação da União quando o valor total das verbas que integram o salário de contribuição, na forma do art. 28 da Lei n. 8.212, de 24 de julho de 1991, ocasionar perda de escala decorrente da atuação do órgão jurídico.

Parágrafo acrescentado pela Lei n. 11.457, de 16.03.2007.

§ 6º Tratando-se de cálculos de liquidação complexos, o juiz poderá nomear perito para a elaboração e fixará, depois da conclusão do trabalho, o valor dos respectivos honorários com observância, entre outros, dos critérios de razoabilidade e proporcionalidade.

Parágrafo acrescentado pela Lei n. 12.405, de 16.05.2011.

§ 7º A atualização dos créditos decorrentes de condenação judicial será feita pela Taxa Referencial (TR), divulgada pelo Banco Central do Brasil, conforme a Lei n. 8.177, de 1º de março de 1991.

Parágrafo acrescentado pela Lei n. 13.467, de 13.07.2017.

Seção II
Do Mandado e da Penhora

Art. 880. Requerida a execução, o juiz ou presidente do tribunal mandará expedir mandado de citação do executado, a fim de que cumpra a decisão ou o acordo no prazo, pelo modo e sob as cominações estabelecidas ou, quando se tratar de pagamento em dinheiro, inclusive de contribuições sociais devidas à União, para que o faça em 48 (quarenta e oito) horas ou garanta a execução, sob pena de penhora.

Caput com redação dada pela Lei n. 11.457, de 16.03.2007.

§ 1º O mandado de citação deverá conter a decisão exequenda ou o termo de acordo não cumprido.

§ 2º A citação será feita pelos oficiais de diligência.

Veja Lei n. 5.442, de 24.05.1968, que altera o termo "oficiais de diligência" para "oficiais de justiça", conforme alteração dada para o art. 721, CLT.

§ 3º Se o executado, procurado por 2 (duas) vezes no espaço de 48 (quarenta e oito) horas, não for encontrado, far-se-á citação por edital, publicado no jornal oficial ou, na falta deste, afixado na sede da Junta ou Juízo, durante 5 (cinco) dias.

Veja nota deste Capítulo.

Art. 881. No caso de pagamento da importância reclamada, será este feito perante o escrivão ou chefe de secretaria, lavrando-se termo de quitação, em 2 (duas) vias, assinadas pelo exequente, pelo executado e pelo mesmo escrivão ou chefe de secretaria, entregando-se a segunda via ao executado e juntando-se a outra ao processo.

Caput com redação ajustada nos termos da Lei n. 409, de 25.09.1948.

Parágrafo único. Não estando presente o exequente, será depositada a importância, mediante guia, em estabelecimento oficial de crédito ou, em falta deste, em estabelecimento bancário idôneo.

Parágrafo com redação dada pela Lei n. 7.305, de 02.04.1985.

Art. 882. O executado que não pagar a importância reclamada poderá garantir a execução mediante depósito da quantia correspondente, atualizada e acrescida das despesas processuais, apresentação de seguro-garantia judicial ou nomeação de bens à penhora, observada a ordem preferencial estabelecida no art. 835 da Lei n. 13.105, de 16 de março de 2015 – Código de Processo Civil.

Artigo com redação dada pela Lei n. 13.467, de 13.07.2017.

Art. 883. Não pagando o executado, nem garantindo a execução, seguir-se-á penhora dos bens, tantos quantos bastem ao pagamento da importância da condenação, acrescida de custas e juros de mora, sendo estes, em qualquer caso, devidos a partir da data em que for ajuizada a reclamação inicial.

Artigo com redação dada pela Lei n. 2.244, de 23.06.1954.

Veja Súmulas ns. 211 e 439, TST.

Art. 883-A. A decisão judicial transitada em julgado somente poderá ser levada a protesto, gerar inscrição do nome do executado em órgãos de proteção ao crédito ou no Banco Nacional de Devedores Trabalhistas (BNDT), nos termos da lei, depois de transcorrido o prazo de quarenta e cinco dias a contar da citação do executado, se não houver garantia do juízo.

Artigo acrescentado pela Lei n. 13.467, de 13.07.2017.

Seção III
Dos Embargos à Execução e da sua Impugnação

Art. 884. Garantida a execução ou penhorados os bens, terá o executado 5 (cinco) dias para apresentar embargos, cabendo igual prazo ao exequente para impugnação.

O art. 1º-B, Lei n. 9.494, de 10.09.1997, aumentou o prazo de que trata este artigo para 30 dias.

§ 1º A matéria de defesa será restrita às alegações de cumprimento da decisão ou do acordo, quitação ou prescrição da dívida.

§ 2º Se na defesa tiverem sido arroladas testemunhas, poderá o Juiz ou o Presidente do Tribunal, caso julgue necessários seus depoimentos, marcar audiência para a produção das provas, a qual deverá realizar-se dentro de 5 (cinco) dias.

§ 3º Somente nos embargos à penhora poderá o executado impugnar a sentença de liquidação, cabendo ao exequente igual direito e no mesmo prazo.

Parágrafo com redação dada pela Lei n. 2.244, de 23.06.1954.

§ 4º Julgar-se-ão na mesma sentença os embargos e as impugnações à liquidação apresentadas pelos credores trabalhista e previdenciário.

Parágrafo com redação dada pela Lei n. 10.035, de 25.10.2000.

§ 5º Considera-se inexigível o título judicial fundado em lei ou ato normativo declarados inconstitucionais pelo Supremo Tribunal Federal ou em aplicação ou interpretação tidas por incompatíveis com a Constituição Federal.

Parágrafo acrescentado pela MP n. 2.180-35, de 24.08.2001.

§ 6º A exigência da garantia ou penhora não se aplica às entidades filantrópicas e/ou àqueles que compõem ou compuseram a diretoria dessas instituições.

Parágrafo acrescentado pela Lei n. 13.467, de 13.07.2017.

Seção IV
Do Julgamento e dos Trâmites Finais da Execução

Art. 885. Não tendo sido arroladas testemunhas na defesa, o juiz ou presidente, conclusos os autos, proferirá sua decisão, dentro de 5 (cinco) dias, julgando subsistente ou insubsistente a penhora.

Art. 886. Se tiverem sido arroladas testemunhas, finda a sua inquirição em audiência, o escrivão ou secretário fará, dentro de 48 (quarenta e oito) horas, conclusos os autos ao juiz ou presidente, que proferirá sua decisão, na forma prevista no artigo anterior.

§ 1º Proferida a decisão, serão da mesma notificadas as partes interessadas, em registrado postal, com franquia.

§ 2º Julgada subsistente a penhora, o juiz ou presidente mandará proceder logo à avaliação dos bens penhorados.

Art. 887. A avaliação dos bens penhorados em virtude da execução de decisão condenatória, será feita por avaliador escolhido de comum acordo pelas partes, que perceberá as custas arbitradas pelo juiz, ou presidente do tribunal trabalhista, de conformidade com a tabela a ser expedida pelo Tribunal Superior do Trabalho.

O art. 3º, Lei n. 5.584, de 26.06.1970, dispõe de modo diverso.

§ 1º Não acordando as partes quanto à designação de avaliador, dentro de cinco dias após o despacho que o determinou a avaliação, será o avaliador designado livremente pelo juiz ou presidente do tribunal.

§ 2º Os servidores da Justiça do Trabalho não poderão ser escolhidos ou designados para servir de avaliador.

Art. 888. Concluída a avaliação, dentro de 10 (dez) dias, contados da data da nomeação do avaliador, seguir-se-á a arrematação que será anunciada por edital afixado na sede do Juízo ou Tribunal e publicado no jornal local, se houver, com a antecedência de 20 (vinte) dias.

Caput com redação dada pela Lei n. 5.584, de 26.06.1970.

Veja art. 721, § 3º, CLT.

§ 1º A arrematação far-se-á em dia, hora e lugar anunciados e os bens serão vendidos pelo maior lance, tendo o exequente preferência para a adjudicação.

Parágrafo com redação dada pela Lei n. 5.584, de 26.06.1970.

§ 2º O arrematante deverá garantir o lance com o sinal correspondente a 20% (vinte por cento) do seu valor.

Parágrafo com redação dada pela Lei n. 5.584, de 26.06.1970.

§ 3º Não havendo licitante, e não requerendo o exequente a adjudicação dos bens penhorados, poderão os mesmos ser vendidos por leiloeiro nomeado pelo juiz ou presidente.

Parágrafo com redação dada pela Lei n. 5.584, de 26.06.1970.

§ 4º Se o arrematante, ou seu fiador, não pagar dentro de 24 (vinte e quatro) horas o preço da arrematação, perderá, em benefício da execução, o sinal de que trata o § 2º deste artigo, voltando à praça os bens executados.

Parágrafo com redação dada pela Lei n. 5.584, de 26.06.1970.

Art. 889. Aos trâmites e incidentes do processo da execução são aplicáveis, naquilo em que não contravierem ao presente Título, os preceitos que regem o processo dos executivos fiscais para a cobrança judicial da dívida ativa da Fazenda Pública Federal.

Art. 889-A. Os recolhimentos das importâncias devidas, referentes às contribuições sociais, serão efetuados nas agências locais da Caixa Econômica Federal ou do Banco do Brasil S.A., por intermédio de documento de arrecadação da Previdência Social, dele se fazendo constar o número do processo.

Caput acrescentado pela Lei n. 10.035, de 25.10.2000.

§ 1º Concedido parcelamento pela Secretaria da Receita Federal do Brasil, o devedor juntará aos autos a comprovação do ajuste, ficando a execução da contribuição social correspondente suspensa até a quitação de todas as parcelas.

Parágrafo acrescentado pela Lei n. 10.035, de 25.10.2000, e com redação dada pela Lei n. 11.457, de 16.03.2007.

§ 2º As Varas do Trabalho encaminharão mensalmente à Secretaria da Receita Federal do Brasil informações sobre os recolhimentos efetivados nos autos, salvo se outro prazo for estabelecido em regulamento.

Parágrafo acrescentado pela Lei n. 10.035, de 25.10.2000, e com redação dada pela Lei n. 11.457, de 16.03.2007.

Seção V
Da Execução por Prestações Sucessivas

Art. 890. A execução para pagamento de prestações sucessivas far-se-á com observância das normas constantes desta Seção, sem prejuízo das demais estabelecidas neste Capítulo.

Art. 891. Nas prestações sucessivas por tempo determinado, a execução pelo não pagamento de uma prestação compreenderá as que lhe sucederem.

Art. 892. Tratando-se de prestações sucessivas por tempo indeterminado, a execução compreenderá inicialmente as prestações devidas até a data do ingresso na execução.

CAPÍTULO VI
DOS RECURSOS

A EC n. 24, de 09.12.1999, substituiu a expressão "Juntas de Conciliação e Julgamento", como órgãos da Justiça do Trabalho, pelas expressões "Juízes do Trabalho" e "Varas do Trabalho", essas confirmadas posteriormente pela EC n. 45, de 08.12.2004.

Art. 893. Das decisões são admissíveis os seguintes recursos:

Caput com redação dada pela Lei n. 861, de 13.10.1949.

I – embargos;

Inciso com redação dada pela Lei n. 861, de 13.10.1949.

II – recurso ordinário;

Inciso com redação dada pela Lei n. 861, de 13.10.1949.

III – recurso de revista;

Inciso com redação dada pela Lei n. 861, de 13.10.1949.

IV – agravo.

Inciso com redação dada pela Lei n. 861, de 13.10.1949.

§ 1º Os incidentes do processo são resolvidos pelo próprio Juízo ou Tribunal, admitindo-se a apreciação do merecimento das decisões interlocutórias somente em recursos da decisão definitiva.

Antigo parágrafo único renumerado pelo DL n. 8.737, de 19.01.1946.

Veja art. 855-A, § 1º, I, CLT.

Veja Súmula n. 214, TST.

§ 2º A interposição de recurso para o Supremo Tribunal Federal não prejudicará a execução do julgado.

Parágrafo acrescentado pelo DL n. 8.737, de 19.01.1946.

Art. 894. No Tribunal Superior do Trabalho cabem embargos, no prazo de 8 (oito) dias:

Caput com redação dada pela Lei n. 11.496, de 22.06.2007.

Veja art. 659, VI, CLT.

Veja Súmulas ns. 433 e 458, TST.

Veja OJ n. 378, SDI-1.

I – de decisão não unânime de julgamento que:

Inciso e alíneas acrescentados pela Lei n. 11.496, de 22.06.2007.

a) conciliar, julgar ou homologar conciliação em dissídios coletivos que excedam a competência territorial dos Tribunais Regionais do Trabalho e estender ou rever as sentenças normativas do Tribunal Superior do Trabalho, nos casos previstos em lei; e

b) (*vetado*)

II – das decisões das Turmas que divergirem entre si ou das decisões proferidas pela Seção de Dissídios Individuais, ou contrárias a súmula ou orientação jurisprudencial do Tribunal Superior do Trabalho ou súmula vinculante do Supremo Tribunal Federal.

Inciso com redação dada pela Lei n. 13.015, de 21.07.2014.

Veja Súmulas ns. 353 e 458, TST.

Parágrafo único. (*Revogado pela Lei n. 11.496, de 22.06.2007.*)

§ 2º A divergência apta a ensejar os embargos deve ser atual, não se considerando tal a ultrapassada por súmula do Tribunal Superior do Trabalho ou do Supremo Tribunal Federal, ou superada por iterativa e notória jurisprudência do Tribunal Superior do Trabalho.

Parágrafo acrescentado pela Lei n. 13.015, de 21.07.2014.

§ 3º O Ministro Relator denegará seguimento aos embargos:

Parágrafo e incisos acrescentados pela Lei n. 13.015, de 21.07.2014.

I – se a decisão recorrida estiver em consonância com súmula da jurisprudência do Tribunal Superior do Trabalho ou do Supremo Tribunal Federal, ou com iterativa, notória e atual jurisprudência do Tribunal Superior do Trabalho, cumprindo-lhe indicá-la;

II – nas hipóteses de intempestividade, deserção, irregularidade de representação ou de ausência de qualquer outro pressuposto extrínseco de admissibilidade.

§ 4º Da decisão denegatória dos embargos caberá agravo, no prazo de 8 (oito) dias.

Parágrafo acrescentado pela Lei n. 13.015, de 21.07.2014.

Art. 895. Cabe recurso ordinário para a instância superior:

I – das decisões definitivas ou terminativas das Varas e Juízos, no prazo de 8 (oito) dias; e

Inciso acrescentado pela Lei n. 11.925, de 17.04.2009.

Veja art. 678, II, CLT.

II – das decisões definitivas ou terminativas dos Tribunais Regionais, em processos de sua competência originária, no prazo de 8 (oito) dias, quer nos dissídios individuais, quer nos dissídios coletivos.

Inciso acrescentado pela Lei n. 11.925, de 17.04.2009.

Veja Súmula n. 1, TST.

§ 1º Nas reclamações sujeitas ao procedimento sumaríssimo, o recurso ordinário:

Parágrafo acrescentado pela Lei n. 9.957, de 12.01.2000.

Veja arts. 852-A a 852-I, CLT.

I – (*vetado*)

Inciso acrescentado pela Lei n. 9.957, de 12.01.2000.

II – será imediatamente distribuído, uma vez recebido no Tribunal, devendo o relator liberá-lo no prazo máximo de 10 (dez) dias, e a Secretaria do Tribunal ou Turma colocá-lo imediatamente em pauta para julgamento, sem revisor;

Inciso acrescentado pela Lei n. 9.957, de 12.01.2000.

III – terá parecer oral do representante do Ministério Público presente à sessão de julgamento, se este entender necessário o parecer, com registro na certidão;

Inciso acrescentado pela Lei n. 9.957, de 12.01.2000.

IV – terá acórdão consistente unicamente na certidão de julgamento, com a indicação suficiente do processo e parte dispositiva, e das razões de decidir do voto prevalente. Se a sentença for confirmada pelos próprios fundamentos, a certidão de julgamento, registrando tal circunstância, servirá de acórdão.

Inciso acrescentado pela Lei n. 9.957, de 12.01.2000.

§ 2º Os Tribunais Regionais, divididos em Turmas, poderão designar Turma para o julgamento dos recursos ordinários interpostos das sentenças prolatadas nas demandas sujeitas ao procedimento sumaríssimo.

Parágrafo acrescentado pela Lei n. 9.957, de 12.01.2000.

Art. 896. Cabe Recurso de Revista para Turma do Tribunal Superior do Trabalho das decisões proferidas em grau de recurso ordinário, em dissídio individual, pelos Tribunais Regionais do Trabalho, quando:

Caput com redação dada pela Lei n. 9.756, de 17.12.1998.

a) derem ao mesmo dispositivo de lei federal interpretação diversa da que lhe houver dado outro Tribunal Regional do Trabalho, no seu Pleno ou Turma, ou a Seção de Dissídios Individuais do Tribunal Superior do Trabalho, ou contrariarem súmula de jurisprudência uniforme dessa Corte ou súmula vinculante do Supremo Tribunal Federal;

Alínea com redação dada pela Lei n. 13.015, de 21.07.2014.

Veja Súmulas ns. 296 e 413, TST.

b) derem ao mesmo dispositivo de lei estadual, Convenção Coletiva de Trabalho, Acordo Coletivo, sentença normativa ou regulamento empresarial de observância obrigatória em área territorial que exceda a jurisdição do Tribunal Regional prolator da decisão recorrida, interpretação divergente, na forma da alínea *a*;

Alínea com redação dada pela Lei n. 9.756, de 17.12.1998.

c) proferidas com violação literal de disposição de lei federal ou afronta direta e literal à Constituição Federal.

Alínea com redação dada pela Lei n. 9.756, de 17.12.1998.

Veja Súmulas ns. 218 e 221, TST.

§ 1º O recurso de revista, dotado de efeito apenas devolutivo, será interposto perante o Presidente do Tribunal Regional do Trabalho, que, por decisão fundamentada, poderá recebê-lo ou denegá-lo.

Parágrafo com redação dada pela Lei n. 13.015, de 21.07.2014.

§ 1º-A. Sob pena de não conhecimento, é ônus da parte:

Parágrafo acrescentado pela Lei n. 13.015, de 21.07.2014.

I – indicar o trecho da decisão recorrida que consubstancia o prequestionamento da controvérsia objeto do recurso de revista;

Inciso acrescentado pela Lei n. 13.015, de 21.07.2014.

II – indicar, de forma explícita e fundamentada, contrariedade a dispositivo de lei, súmula ou orientação jurisprudencial do Tribunal Superior do Trabalho que conflite com a decisão regional;

Inciso acrescentado pela Lei n. 13.015, de 21.07.2014.

III – expor as razões do pedido de reforma, impugnando todos os fundamentos jurídicos da decisão recorrida, inclusive mediante demonstração analítica de cada dispositivo de lei, da Constituição Federal, de súmula ou orientação jurisprudencial cuja contrariedade aponte;

Inciso acrescentado pela Lei n. 13.015, de 21.07.2014.

IV – transcrever na peça recursal, no caso de suscitar preliminar de nulidade de julgado por negativa de prestação jurisdicional, o trecho dos embargos declaratórios em que foi pedido o pronunciamento do tribunal sobre questão veiculada no recurso ordinário e o trecho da decisão regional que rejeitou os embargos quanto ao pedido, para cotejo e verificação, de plano, da ocorrência da omissão.

Inciso acrescentado pela Lei n. 13.467, de 13.07.2017.

§ 2º Das decisões proferidas pelos Tribunais Regionais do Trabalho ou por suas Turmas, em execução de sentença, inclusive em processo incidente de embargos de terceiro, não caberá Recurso de Revista, salvo na hipótese de ofensa direta e literal de norma da Constituição Federal.

Parágrafo com redação dada pela Lei n. 9.756, de 17.12.1998.

§§ 3º a 6º (*Revogados pela Lei n. 13.467, de 13.07.2017.*)

§ 7º A divergência apta a ensejar o recurso de revista deve ser atual, não se considerando como tal a ultrapassada por súmula do Tribunal Superior do Trabalho ou do Supremo Tribunal Federal, ou superada por iterativa e notória jurisprudência do Tribunal Superior do Trabalho.

Parágrafo acrescentado pela Lei n. 13.015, de 21.07.2014.

§ 8º Quando o recurso fundar-se em dissenso de julgados, incumbe ao recorrente o ônus de produzir prova da divergência jurisprudencial, mediante certidão, cópia ou citação do repositório de jurisprudência, oficial ou credenciado, inclusive em mídia eletrônica, em que houver sido publicada a decisão divergente, ou ainda pela reprodução de julgado disponível na internet, com indicação da respectiva fonte, mencionando, em qualquer caso, as circunstâncias que identifiquem ou assemelhem os casos confrontados.

Parágrafo acrescentado pela Lei n. 13.015, de 21.07.2014.

§ 9º Nas causas sujeitas ao procedimento sumaríssimo, somente será admitido recurso de revista por contrariedade a súmula de jurisprudência uniforme do Tribunal Superior do Trabalho ou a súmula vinculante do Supremo Tribunal Federal e por violação direta da Constituição Federal.

Parágrafo acrescentado pela Lei n. 13.015, de 21.07.2014.

§ 10. Cabe recurso de revista por violação a lei federal, por divergência jurisprudencial e por ofensa à Constituição Federal nas execuções fiscais e nas controvérsias da fase de execução que envolvam a Certidão Negativa de Débitos Trabalhistas (CNDT), criada pela Lei n. 12.440, de 7 de julho de 2011.

Parágrafo acrescentado pela Lei n. 13.015, de 21.07.2014.

§ 11. Quando o recurso tempestivo contiver defeito formal que não se repute grave, o Tribunal Superior do Trabalho poderá desconsiderar o vício ou mandar saná-lo, julgando o mérito.

Parágrafo acrescentado pela Lei n. 13.015, de 21.07.2014.

§ 12. Da decisão denegatória caberá agravo, no prazo de 8 (oito) dias.

Parágrafo acrescentado pela Lei n. 13.015, de 21.07.2014.

§ 13. Dada a relevância da matéria, por iniciativa de um dos membros da Seção Especializada em Dissídios Individuais do Tribunal Superior do Trabalho, aprovada pela maioria dos integrantes da Seção, o julgamento a que se refere o § 3º poderá ser afeto ao Tribunal Pleno.

Parágrafo acrescentado pela Lei n. 13.015, de 21.07.2014.

§ 14. O relator do recurso de revista poderá denegar-lhe seguimento, em decisão monocrática, nas hipóteses de intempestividade, deserção, irregularidade de representação ou de ausência de qualquer outro pressuposto extrínseco ou intrínseco de admissibilidade.

Parágrafo acrescentado pela Lei n. 13.467, de 13.07.2017.

Art. 896-A. O Tribunal Superior do Trabalho, no recurso de revista, examinará previamente se a causa oferece transcendência com relação aos reflexos gerais de natureza econômica, política, social ou jurídica.

Caput acrescentado pela MP n. 2.226, de 04.09.2001.

§ 1º São indicadores de transcendência, entre outros:

Parágrafo acrescentado pela Lei n. 13.467, de 13.07.2017.

I – econômica, o elevado valor da causa;

Inciso acrescentado pela Lei n. 13.467, de 13.07.2017.

II – política, o desrespeito da instância recorrida à jurisprudência sumulada do Tribunal Superior do Trabalho ou do Supremo Tribunal Federal;

Inciso acrescentado pela Lei n. 13.467, de 13.07.2017.

III – social, a postulação, por reclamante-recorrente, de direito social constitucionalmente assegurado;

Inciso acrescentado pela Lei n. 13.467, de 13.07.2017.

IV – jurídica, a existência de questão nova em torno da interpretação da legislação trabalhista.

Inciso acrescentado pela Lei n. 13.467, de 13.07.2017.

§ 2º Poderá o relator, monocraticamente, denegar seguimento ao recurso de revista que não demonstrar transcendência, cabendo agravo desta decisão para o colegiado.

Parágrafo acrescentado pela Lei n. 13.467, de 13.07.2017.

§ 3º Em relação ao recurso que o relator considerou não ter transcendência, o recorrente poderá realizar sustentação oral sobre a questão da transcendência, durante cinco minutos em sessão.

Parágrafo acrescentado pela Lei n. 13.467, de 13.07.2017.

§ 4º Mantido o voto do relator quanto à não transcendência do recurso, será lavrado acórdão com fundamentação sucinta, que constituirá decisão irrecorrível no âmbito do tribunal.

Parágrafo acrescentado pela Lei n. 13.467, de 13.07.2017.

§ 5º É irrecorrível a decisão monocrática do relator que, em agravo de instrumento em recurso de revista, considerar ausente a transcendência da matéria.

Parágrafo acrescentado pela Lei n. 13.467, de 13.07.2017.

§ 6º O juízo de admissibilidade do recurso de revista exercido pela Presidência dos Tribunais Regionais do Trabalho limita-se à análise dos pressupostos intrínsecos e extrínsecos do apelo, não abrangendo o critério da transcendência das questões nele veiculadas.

Parágrafo acrescentado pela Lei n. 13.467, de 13.07.2017.

Art. 896-B. Aplicam-se ao recurso de revista, no que couber, as normas da Lei n. 5.869, de 11 de janeiro de 1973 (Código de Processo Civil), relativas ao julgamento dos recursos extraordinário e especial repetitivos.

Artigo acrescentado pela Lei n. 13.015, de 21.07.2014.

Veja arts. 1.036 a 1.041, CPC.

Veja IN n. 38, de 10.11.2015, TST.

Art. 896-C. Quando houver multiplicidade de recursos de revista fundados em idêntica questão de direito, a questão poderá ser afetada à Seção Especializada em Dissídios Individuais ou ao Tribunal Pleno, por decisão da maioria simples de seus membros, mediante requerimento de um dos Ministros que compõem a Seção Especializada, considerando a relevância da matéria ou a existência de entendimentos divergentes entre os Ministros dessa Seção ou das Turmas do Tribunal.

Artigo acrescentado pela Lei n. 13.015, de 21.07.2014.

Veja IN n. 38, de 10.11.2015, TST.

§ 1º O Presidente da Turma ou da Seção Especializada, por indicação dos relatores, afetará um ou mais recursos representativos da controvérsia para julgamento pela Seção Especializada em Dissídios Individuais ou pelo Tribunal Pleno, sob o rito dos recursos repetitivos.

§ 2º O Presidente da Turma ou da Seção Especializada que afetar processo para julgamento sob o rito dos recursos repetitivos deverá expedir comunicação aos demais Presidentes de Turma ou de Seção Especializada, que poderão afetar outros processos sobre a questão para julgamento conjunto, a fim de conferir ao órgão julgador visão global da questão.

§ 3º O Presidente do Tribunal Superior do Trabalho oficiará os Presidentes dos Tribunais Regionais do Trabalho para que suspendam os recursos interpostos em casos idênticos aos afetados como recursos repetitivos, até o pronunciamento definitivo do Tribunal Superior do Trabalho.

§ 4º Caberá ao Presidente do Tribunal de origem admitir um ou mais recursos representativos da controvérsia, os quais serão encaminhados ao Tribunal Superior do Trabalho, ficando suspensos os demais recursos de revista até o pronunciamento definitivo do Tribunal Superior do Trabalho.

§ 5º O relator no Tribunal Superior do Trabalho poderá determinar a suspensão dos recursos de revista ou de embargos que tenham como objeto controvérsia idêntica à do recurso afetado como repetitivo.

§ 6º O recurso repetitivo será distribuído a um dos Ministros membros da Seção Especializada ou do Tribunal Pleno e a um Ministro revisor.

§ 7º O relator poderá solicitar, aos Tribunais Regionais do Trabalho, informações a respeito da controvérsia, a serem prestadas no prazo de 15 (quinze) dias.

§ 8º O relator poderá admitir manifestação de pessoa, órgão ou entidade com interesse na controvérsia, inclusive como assistente simples, na forma da Lei n. 5.869, de 11 de janeiro de 1973 (Código de Processo Civil).

Veja Lei n. 13.105, de 16.03.2015 (CPC).

§ 9º Recebidas as informações e, se for o caso, após cumprido o disposto no § 7º deste artigo, terá vista o Ministério Público pelo prazo de 15 (quinze) dias.

§ 10. Transcorrido o prazo para o Ministério Público e remetida cópia do relatório aos demais Ministros, o processo será incluído em pauta na Seção Especializada ou no Tribunal Pleno, devendo ser julgado com preferência sobre os demais feitos.

§ 11. Publicado o acórdão do Tribunal Superior do Trabalho, os recursos de revista sobrestados na origem:

I – terão seguimento denegado na hipótese de o acórdão recorrido coincidir com a orientação a respeito da matéria no Tribunal Superior do Trabalho; ou

II – serão novamente examinados pelo Tribunal de origem na hipótese de o acórdão recorrido divergir da orientação do Tribunal Superior do Trabalho a respeito da matéria.

§ 12. Na hipótese prevista no inciso II do § 11 deste artigo, mantida a decisão divergente pelo Tribunal de origem, far-se-á o exame de admissibilidade do recurso de revista.

§ 13. Caso a questão afetada e julgada sob o rito dos recursos repetitivos também contenha questão constitucional, a decisão proferida pelo Tribunal Pleno não obstará o conhecimento de eventuais recursos extraordinários sobre a questão constitucional.

§ 14. Aos recursos extraordinários interpostos perante o Tribunal Superior do Trabalho será aplicado o procedimento previsto no art. 543-B da Lei n. 5.869, de 11 de janeiro de 1973 (Código de Processo Civil), cabendo ao Presidente do Tribunal Superior do Trabalho selecionar um ou mais recursos representativos da controvérsia e encaminhá-los ao Supremo Tribunal Federal, sobrestando os demais até o pronunciamento definitivo da Corte, na forma do § 1º do art. 543-B da Lei n. 5.869, de 11 de janeiro de 1973 (Código de Processo Civil).

Refere-se ao CPC/73. Veja arts. 1.035, § 5º, e 1.036, *caput* e § 1º, CPC.

§ 15. O Presidente do Tribunal Superior do Trabalho poderá oficiar os Tribunais Regionais do Trabalho e os Presidentes das Turmas e da Seção Especializada do Tribunal para que suspendam os processos idênticos aos selecionados como recursos representativos da controvérsia e encaminhados ao Supremo Tribunal Federal, até o seu pronunciamento definitivo.

§ 16. A decisão firmada em recurso repetitivo não será aplicada aos casos em que se demonstrar que a situação de fato ou de direito é distinta das presentes no processo julgado sob o rito dos recursos repetitivos.

§ 17. Caberá revisão da decisão firmada em julgamento de recursos repetitivos quando se alterar a situação econômica, social ou jurídica, caso em que será respeitada a segurança jurídica das relações firmadas sob a égide da decisão anterior, podendo o Tribunal Superior do Trabalho modular os efeitos da decisão que a tenha alterado.

Art. 897. Cabe agravo, no prazo de 8 (oito) dias:

Caput com redação dada pela Lei n. 8.432, de 11.06.1992.

a) de petição, das decisões do Juiz ou Presidente, nas execuções;

Alínea com redação dada pela Lei n. 8.432, de 11.06.1992.

b) de instrumento, dos despachos que denegarem a interposição de recursos.

Alínea com redação dada pela Lei n. 8.432, de 11.06.1992.

§ 1º O agravo de petição só será recebido quando o agravante delimitar, justificadamente, as matérias e os valores impugnados, permitida a execução imediata da parte remanescente até o final, nos próprios autos ou por carta de sentença.

Parágrafo com redação dada pela Lei n. 8.432, de 11.06.1992.

§ 2º O agravo de instrumento interposto contra o despacho que não receber agravo de petição não suspende a execução da sentença.

Parágrafo com redação dada pela Lei n. 8.432, de 11.06.1992.

§ 3º Na hipótese da alínea *a* deste artigo, o agravo será julgado pelo próprio tribunal, presidido pela autoridade recorrida, salvo se se tratar de decisão de Juiz do Trabalho de 1ª Instância ou de Juiz de Direito, quando o julgamento competirá a uma das Turmas do Tribunal Regional a que estiver subordinado o prolator da sentença, observado o disposto no art. 679, a quem este remeterá as peças necessárias para o exame da matéria controvertida, em autos apartados, ou nos próprios autos, se tiver sido determinada a extração de carta de sentença.

Parágrafo com redação dada pela Lei n. 10.035, de 25.10.2000.

§ 4º Na hipótese da alínea *b* deste artigo, o agravo será julgado pelo Tribunal que seria competente para conhecer o recurso cuja interposição foi denegada.

Parágrafo acrescentado pela Lei n. 8.432, de 11.06.1992.

Veja art. 893, § 1º, CLT.

§ 5º Sob pena de não conhecimento, as partes promoverão a formação do instrumento do agravo de modo a possibilitar, caso provido, o imediato julgamento do recurso denegado, instruindo a petição de interposição:

Parágrafo acrescentado pela Lei n. 9.756, de 17.12.1998.

I – obrigatoriamente, com cópias da decisão agravada, da certidão da respectiva intimação, das procurações outorgadas aos advogados do agravante e do agravado, da petição inicial, da contestação, da decisão originária, do depósito recursal referente ao recurso que se pretende destrancar, da comprovação do recolhimento das custas e do depósito recursal a que se refere o § 7º do art. 899 desta Consolidação;

Inciso acrescentado pela Lei n. 9.756, de 17.12.1998, e com redação dada pela Lei n. 12.275, de 29.06.2010.

II – facultativamente, com outras peças que o agravante reputar úteis ao deslinde da matéria de mérito controvertida.

Inciso acrescentado pela Lei n. 9.756, de 17.12.1998.

§ 6º O agravado será intimado para oferecer resposta ao agravo e ao recurso principal, instruindo-a com as peças que considerar necessárias ao julgamento de ambos os recursos.

Parágrafo acrescentado pela Lei n. 9.756, de 17.12.1998.

§ 7º Provido o agravo, a Turma deliberará sobre o julgamento do recurso principal, observando-se, se for o caso, daí em diante, o procedimento relativo a esse recurso.

Parágrafo acrescentado pela Lei n. 9.756, de 17.12.1998.

§ 8º Quando o agravo de petição versar apenas sobre as contribuições sociais, o juiz da execução determinará a extração de cópias das peças necessárias, que serão autuadas em apartado, conforme dispõe o § 3º, parte final, e remetidas à instância superior para apreciação, após contraminuta.

Parágrafo acrescentado pela Lei n. 10.035, de 25.10.2000.

Art. 897-A. Caberão embargos de declaração da sentença ou acórdão, no prazo de 5 (cinco) dias, devendo seu julgamento ocorrer na primeira audiência ou sessão subsequente a sua apresentação, registrado na certidão, admitido efeito modificativo da decisão nos casos de omissão e contradição no julgado e manifesto equívoco no exame dos pressupostos extrínsecos do recurso.

Caput acrescentado pela Lei n. 9.957, de 12.01.2000.

Veja Súmulas ns. 184, 278, 297 e 421, TST.

§ 1º Os erros materiais poderão ser corrigidos de ofício ou a requerimento de qualquer das partes.

Antigo parágrafo único renumerado pela Lei n. 13.015, de 21.07.2014.

§ 2º Eventual efeito modificativo dos embargos de declaração somente poderá ocorrer em virtude da correção de vício na decisão embargada e desde que ouvida a parte contrária, no prazo de 5 (cinco) dias.

Parágrafo acrescentado pela Lei n. 13.015, de 21.07.2014.

§ 3º Os embargos de declaração interrompem o prazo para interposição de outros recursos, por qualquer das partes, salvo quando intempestivos, irregular a representação da parte ou ausente a sua assinatura.

Parágrafo acrescentado pela Lei n. 13.015, de 21.07.2014.

Art. 898. Das decisões proferidas em dissídio coletivo que afete empresa de serviço público, ou, em qualquer caso, das proferidas em revisão, poderão recorrer, além dos interessados, o Presidente do Tribunal e a Procuradoria da Justiça do Trabalho.

Art. 899. Os recursos serão interpostos por simples petição e terão efeito meramente devolutivo, salvo as exceções previstas neste Título, permitida a execução provisória até a penhora.

Caput com redação dada pela Lei n. 5.442, de 24.05.1968.

§ 1º Sendo a condenação de valor até 10 (dez) vezes o valor de referência regional, nos dissídios individuais, só será admitido o recurso, inclusive o extraordinário, mediante prévio depósito da respectiva importância. Transitada em julgado a decisão recorrida, ordenar-se-á o levantamento imediato da importância do depósito, em favor da parte vencedora, por simples despacho do juiz.

Parágrafo acrescentado pelo DL n. 75, de 21.11.1966, e com redação dada pela Lei n. 5.442, de 24.05.1968.

Veja art. 13, Lei n. 7.701, de 21.12.1988.

Veja art. 3º, III, Lei n. 8.177, de 04.03.1991 (extinção do valor de referência).

Veja IN n. 3, de 05.03.1993, TST.

Veja Ato n. 397, de 09.07.2015, TST.

§ 2º Tratando-se de condenação de valor indeterminado, o depósito corresponderá ao que for arbitrado para efeito de custas, pela Junta ou Juízo de Direito, até o limite de 10 (dez) vezes o valor de referência regional.

Parágrafo acrescentado pelo DL n. 75, de 21.11.1966, e com redação dada pela Lei n. 5.442, de 24.05.1968.

Veja nota deste Capítulo.

Veja art. 13, Lei n. 7.701, de 21.12.1988.

§ 3º (*Revogado pela Lei n. 7.033, de 05.10.1982.*)

§ 4º O depósito recursal será feito em conta vinculada ao juízo e corrigido com os mesmos índices da poupança.

Parágrafo com redação dada pela Lei n. 13.467, de 13.07.2017.

Veja Súmula n. 426, TST.

§ 5º (*Revogado pela Lei n. 13.467, de 13.07.2017.*)

§ 6º Quando o valor da condenação, ou o arbitrado para fins de custas, exceder o limite de 10 (dez) vezes o valor de referência regional, o depósito para fins de recurso será limitado a este valor.

Parágrafo acrescentado pela Lei n. 5.442, de 24.05.1968.

§ 7º No ato de interposição do agravo de instrumento, o depósito recursal corresponderá a 50% (cinquenta por cento) do valor do depósito do recurso ao qual se pretende destrancar.

Parágrafo acrescentado pela Lei n. 12.275, de 29.06.2010.

Veja art. 897, § 5º, I, CLT.

§ 8º Quando o agravo de instrumento tem a finalidade de destrancar recurso de revista que se insurge contra decisão que contraria a jurisprudência uniforme do Tribunal Superior do Trabalho, consubstanciada nas suas súmulas ou em orientação jurisprudencial, não haverá obrigatoriedade de se efetuar o depósito referido no § 7º deste artigo.

Parágrafo acrescentado pela Lei n. 13.015, de 21.07.2014.

§ 9º O valor do depósito recursal será reduzido pela metade para entidades sem fins lucrativos, empregadores domésticos, microempreendedores individuais, microempresas e empresas de pequeno porte.

Parágrafo acrescentado pela Lei n. 13.467, de 13.07.2017.

§ 10. São isentos do depósito recursal os beneficiários da justiça gratuita, as entidades filantrópicas e as empresas em recuperação judicial.

Parágrafo acrescentado pela Lei n. 13.467, de 13.07.2017.

§ 11. O depósito recursal poderá ser substituído por fiança bancária ou seguro garantia judicial.

Parágrafo acrescentado pela Lei n. 13.467, de 13.07.2017.

Art. 900. Interposto o recurso, será notificado o recorrido para oferecer as suas razões, em prazo igual ao que tiver o recorrente.

Art. 901. Sem prejuízo dos prazos previstos neste Capítulo, terão as partes vistas dos autos em cartório ou na secretaria.

Parágrafo único. Salvo quando estiver correndo prazo comum, aos procuradores das partes será permitido ter vista dos autos fora do cartório ou secretaria.

Parágrafo acrescentado pela Lei n. 8.638, de 31.03.1993.

Art. 902. (*Revogado pela Lei n. 7.033, de 05.10.1982.*)

CAPÍTULO VII
DA APLICAÇÃO DAS PENALIDADES

Art. 903. As penalidades estabelecidas no Título anterior serão aplicadas pelo Juiz, ou Tribunal, que tiver de conhecer da desobediência, violação, recusa, falta ou coação, *ex officio*, ou mediante representação de qualquer interessado ou da Procuradoria da Justiça do Trabalho.

Artigo com redação dada pelo DL n. 8.737, de 19.01.1946.

Art. 904. As sanções em que incorrerem as autoridades da Justiça do Trabalho serão aplicadas pela autoridade ou Tribunal imediatamente superior, conforme o caso, *ex officio*, ou mediante representação de qualquer interessado ou da Procuradoria.

Caput com redação dada pelo DL n. 8.737, de 19.01.1946.

Parágrafo único. Tratando-se de membro do Tribunal Superior do Trabalho será competente para a imposição de sanções o Senado Federal.

Antigo § 1º renumerado pelo DL n. 229, de 28.02.1967.

O art. 105, CF, dispõe de modo diverso.

§ 2º (*Revogado pelo DL n. 229, de 28.02.1967.*)

Art. 905. Tomando conhecimento do fato imputado, o Juiz, ou Tribunal competente, mandará notificar o acusado, para apresentar, no prazo de 15 (quinze) dias, defesa por escrito.

§ 1º É facultado ao acusado, dentro do prazo estabelecido neste artigo, requerer a produção de testemunhas, até ao máximo de 5 (cinco). Nesse caso, será marcada audiência para a inquirição.

§ 2º Findo o prazo de defesa, o processo será imediatamente concluso para julgamento, que deverá ser proferido no prazo de 10 (dez) dias.

Art. 906. Da imposição das penalidades a que se refere este Capítulo, caberá recurso ordinário para o Tribunal Superior, no prazo de 10 (dez) dias, salvo se a imposição resultar de dissídio coletivo, caso em que o prazo será de 20 (vinte) dias.

Art. 907. Sempre que o infrator incorrer em pena criminal far-se-á remessa das peças necessárias à autoridade competente.

Art. 908. A cobrança das multas estabelecidas neste Título será feita mediante executivo fiscal, perante o Juiz competente para a cobrança de dívida ativa da Fazenda Pública Federal.

Parágrafo único. A cobrança das multas será promovida, no Distrito Federal e nos Estados em que funcionarem os Tribunais Regionais, pela Procuradoria da Justiça do Trabalho, e, nos demais Estados, de acordo com o disposto no Decreto-lei n. 960, de 17 de dezembro de 1938.

Veja art. 2º, DL n. 9.797, de 09.09.1946, que substitui as expressões "Conselho Regional" por "Tribunal Regional".

CAPÍTULO VIII
DISPOSIÇÕES FINAIS

Art. 909. A ordem dos processos no Tribunal Superior do Trabalho será regulada em seu regimento interno.

Veja art. 2º, DL n. 9.797, de 09.09.1946, que substitui a expressão "Conselho Nacional" por "Tribunal Superior".

Art. 910. Para os efeitos deste Título, equiparam-se aos serviços públicos os de utilidade pública, bem como os que forem prestados em armazéns de gêneros alimentícios, açougues, padarias, leiterias, farmácias, hospitais, minas, empresas de transportes e comunicações, bancos e estabelecimentos que interessem à segurança nacional.

TÍTULO XI
DISPOSIÇÕES FINAIS E TRANSITÓRIAS

Art. 911. Esta Consolidação entrará em vigor em 10 de novembro de 1943.

Art. 912. Os dispositivos de caráter imperativo terão aplicação imediata às relações iniciadas, mas não consumadas, antes da vigência desta Consolidação.

Art. 913. O Ministro do Trabalho, Indústria e Comércio expedirá instruções, quadros, tabelas e modelos que se tornarem necessários à execução desta Consolidação.

Veja nota no início da CLT.

Parágrafo único. O Tribunal Superior do Trabalho adaptará o seu regimento interno e o dos Tribunais Regionais do Trabalho às normas contidas nesta Consolidação.

Veja art. 2º, DL n. 9.797, de 09.09.1946, que substitui as expressões "Conselho Regional" e "Conselho Nacional" por "Tribunal Regional" e "Tribunal Superior".

Veja art. 96, CF.

Art. 914. Continuarão em vigor os quadros, tabelas e modelos, aprovados em virtude de dispositivos não alterados pela presente Consolidação.

Art. 915. Não serão prejudicados os recursos interpostos com apoio em dispositivos alterados ou cujo prazo para interposição esteja em curso à data da vigência desta Consolidação.

Art. 916. Os prazos de prescrição fixados pela presente Consolidação começarão a correr da data da vigência desta, quando menores do que os previstos pela legislação anterior.

Art. 917. O Ministro do Trabalho marcará prazo para adaptação dos atuais estabelecimentos às exigências contidas no Capítulo "Da Segurança e da Medicina do Trabalho". Compete ainda àquela autoridade fixar os prazos dentro dos quais, em cada Estado, entrará em vigor a obrigatoriedade do uso da Carteira de Trabalho e Previdência Social, para os atuais empregados.

Caput com redação dada pela Lei n. 6.514, de 22.12.1977.

Veja nota no início da CLT.

Veja Lei n. 6.514, de 22.12.1977.

Parágrafo único. O Ministro do Trabalho, Indústria e Comércio fixará, para cada Estado e quando julgar conveniente, o início da vigência de parte ou de todos os dispositivos contidos no Capítulo "Da Segurança e da Medicina do Trabalho".

Parágrafo com redação dada pela Lei n. 6.514, de 22.12.1977.

Art. 918. Enquanto não for expedida a Lei Orgânica da Previdência Social, competirá ao presidente do Tribunal Superior do Trabalho julgar os recursos interpostos com apoio no art. 1º, alínea *c*, do Decreto-lei n. 3.710, de 14 de outubro de 1941, cabendo recurso de suas decisões nos termos do disposto no art. 734, alínea *b*, desta Consolidação.

Caput com redação dada pelo DL n. 6.353, de 20.03.1944.

O DL n. 72, de 21.11.1966, dispõe de modo diverso.

Parágrafo único. Ao diretor do Departamento de Previdência Social incumbirá presidir as eleições para a constituição dos Conselhos Fiscais dos Institutos e Caixas de Aposentadoria e Pensões e julgar, com recurso para a instância superior, os recursos sobre matéria técnico-administrativa dessas instituições.

Art. 919. Ao empregado bancário, admitido até a data da vigência da presente Lei, fica assegurado o direito à aquisição da estabilidade nos termos do art. 15 do Decreto n. 24.615, de 09 de julho de 1934.

Art. 920. Enquanto não forem constituídas as confederações, ou, na falta destas, a representação de classes, econômicas ou profissionais, que derivar da indicação desses órgãos ou dos respectivos presidentes, será suprida por equivalente designação ou eleição realizada pelas correspondentes federações.

Art. 921. As empresas que não estiverem incluídas no enquadramento sindical de que trata o art. 577 poderão firmar contratos coletivos de trabalho com os sindicatos representativos da respectiva categoria profissional.

Art. 922. O disposto no art. 301 regerá somente as relações de emprego iniciadas depois da vigência desta Consolidação.

Artigo acrescentado pelo DL n. 6.353, de 20.03.1944.

Rio de Janeiro, 1º de maio de 1943;
122º da Independência e 55º da República.

ÍNDICE ALFABÉTICO-REMISSIVO DA CLT

ANEXOS

ANEXO I
COMPOSIÇÃO ATUAL DE CADA UM DOS TRIBUNAIS REGIONAIS DO TRABALHO (ART. 670, CLT)

Para efeito do art. 670 da CLT, cada Tribunal Regional do Trabalho será assim composto:

Região	Composição		
	Total	Togados, Vitalícios	Classistas, Temporários
1ª R. – Estado do RJ	54	36	18
2ª R. – Estado de SP	94	94	–
3ª R. – Estado de MG	36	24	12
4ª R. – Estado do RS	36	24	12
5ª R. – Estado da BA	29	19	10
6ª R. – Estado de PE	18	12	6
7ª R. – Estado do CE	14	14	–
8ª R. – Estados do PA e do AP	23	15	8
9ª R. – Estado do PR	28	18	10
10ª R. – DF	17	11	6
11ª R. – Estados do AM e de RR	14	14	–
12ª R. – Estado de SC	18	12	6
13ª R. – Estado da PB	8	6	2
14ª R. – Estados de RO e AC	8	6	2
15ª R. – Campinas – Estado de SP	55	55	–
16ª R. – Estado do MA	8	6	2

17ª R. – Estado do ES	12	12	–
18ª R. – Estado de GO	13	13	–
19ª R. – Estado de AL	8	6	2
20ª R. – Estado de SE	8	6	2
21ª R. – Estado do RN	8	6	2
22ª R. – Estado do PI	8	6	2
23ª R. – Estado do MT	8	6	2
24ª R. – Estado do MS	8	6	2

De acordo com o art. 2º da Emenda Constitucional n. 24, de 09.12.1999:

Art. 2º É assegurado o cumprimento dos mandatos dos atuais ministros classistas temporários do Tribunal Superior do Trabalho e dos atuais juízes classistas temporários dos Tribunais Regionais do Trabalho e das Juntas de Conciliação e Julgamento.

Quadro de Leis que criaram os respectivos Tribunais Regionais do Trabalho e definiram sua composição:

Região	Lei n.
1ª R. – Estado do RJ	Lei n. 5.839, de 05.12.1972; Lei n. 6.904, de 30.04.1981; Lei n. 7.119, de 30.08.1983; Lei n. 7.617. de 08.09.1987; e Lei n. 8.531, de 15.12.1992.
2ª R. – Estado de SP	Lei n. 5.839, de 05.12.1972; Lei n. 6.635, de 02.05.1979; Lei n. 6.904, de 30.04.1981; Lei n. 7.119, de 30.08.1983; Lei n. 8.480, de 07.11.1992; e Lei n. 12.098, de 24.11.2009.
3ª R. – Estado de MG	Lei n. 5.839, de 05.12.1972; Lei n. 7.119, de 30.08.1983; Lei n. 7.421, de 17.12.1985; e Lei n. 8.497, de 26.11.1992.
4ª R. – Estado do RS	Lei n. 5.839, de 05.12.1972; Lei n. 6.904, de 30.04.1981; Lei n. 7.119, de 30.08.1983; Lei n. 7.911, de 07.12.1989; e Lei n. 8.491, de 20.11.1992.

5ª R. – Estado da BA	Lei n. 5.839, de 05.12.1972; Lei n. 6.904, de 30.04.1981; Lei n. 7.325, de 18.06.1985; Lei n. 8.190, de 07.06.1991; e Lei n. 8.493, de 20.11.1992.
6ª R. – Estado de PE	Lei n. 5.839, de 05.12.1972; Lei n. 7.119, de 30.08.1983; Lei n. 7.325, de 18.06.1985; e Lei n. 8.471, de 07.10.1992.
7ª R. – Estado do CE	Lei n. 5.839, de 05.12.1972; e Lei n. 11.999, de 29.07.2009.
8ª R. – Estados do PA e do AP	Lei n. 5.839, de 05.12.1972; Lei n. 7.325, de 18.06.1985; Lei n. 8.217, de 27.08.1991; e Lei n. 8.947, de 08.12.1994.
9ª R. – Estado do PR	Lei n. 6.241, de 22.09.1975; Lei n. 7.325, de 18.06.1985; Lei n. 7.907, de 06.12.1989; e Lei n. 8.492, de 20.11.1992.
10ª R. – DF	Lei n. 6.927, de 07.07.1981; Lei n. 7.325, de 18.06.1985; e Lei n. 8.474, de 20.10.1992.
11ª R. – Estados do AM e de RR	Lei n. 6.915, de 01.06.1981; Lei n. 7.842, de 18.10.1989; Lei n. 8.621, de 08.01.1993; e Lei n. 11.987, de 27.07.2009.
12ª R. – Estado de SC	Lei n. 6.928, de 07.07.1981; Lei n. 7.842, de 18.10.1989; e Lei n. 8.621, de 08.01.1993.
13ª R. – Estado da PB	Lei n. 7.324, de 18.06.1985.
14ª R. – Estados de RO e Acre	Lei n. 7.523, de 17.07.1986.
15ª R. – Campinas – Estado de SP	Lei n. 7.520, de 15.07.1986; Lei n. 8.473, de 19.10.1992; e Lei n. 12.001, de 29.07.2009.
16ª R. – Estado do MA	Lei n. 7.671, de 21.09.1988.
17ª R. – Estado do ES	Lei n. 7.872, de 08.11.1989; e Lei n. 11.986, de 27.07.2009.
18ª R. – Estado de GO	Lei n. 7.873, de 09.11.1989; e Lei n. 11.964, de 03.07.2009.
19ª R. – Estado de AL	Lei n. 8.219, de 29.08.1991.

20ª R. – Estado de SE	Lei n. 8.233, de 10.09.1991; e Lei n. 9.845, de 20.10.1999.
21ª R. – Estado do RN	Lei n. 8.215, de 25.07.1991.
22ª R. – Estado do PI	Lei n. 8.221, de 05.09.1991.
23ª R. – Estado do MT	Lei n. 8.430, de 08.06.1992.
24ª R. – Estado do MS	Lei n. 8.431, de 09.06.1992.

ANEXO II
DIVISÃO TERRITORIAL ATUAL DOS TRIBUNAIS REGIONAIS DO TRABALHO (ART. 674, CLT)

Art. 674. Para efeito da jurisdição dos Tribunais Regionais, o território nacional é dividido nas 24 (vinte e quatro) Regiões seguintes:

1ª Região – Estado do Rio de Janeiro
2ª Região – Estado de São Paulo
3ª Região – Estado de Minas Gerais
4ª Região – Estado do Rio Grande do Sul
5ª Região – Estado da Bahia
6ª Região – Estado de Pernambuco
7ª Região – Estado do Ceará
8ª Região – Estados do Pará e do Amapá
9ª Região – Estado do Paraná
10ª Região – Distrito Federal
11ª Região – Estados do Amazonas e de Roraima
12ª Região – Estado de Santa Catarina
13ª Região – Estado da Paraíba
14ª Região – Estados de Rondônia e Acre
15ª Região – Campinas – Estado de São Paulo (área não abrangida pela jurisdição estabelecida na 2ª Região)
16ª Região – Estado do Maranhão
17ª Região – Estado do Espírito Santo
18ª Região – Estado de Goiás
19ª Região – Estado de Alagoas
20ª Região – Estado de Sergipe
21ª Região – Estado do Rio Grande do Norte
22ª Região – Estado do Piauí
23ª Região – Estado do Mato Grosso
24ª Região – Estado do Mato Grosso do Sul

Exceção feita ao Tribunal Regional do Trabalho da 15ª Região, os demais têm sua sede na capital do respectivo Estado; o Tribunal Regional do Trabalho da 8ª Região tem sede em Belém; o Tribunal Regional do Trabalho da 11ª Região tem sede em Manaus.

Quadro de Leis que criaram os respectivos Tribunais Regionais do Trabalho ou que definiram sua sede:

Região	Lei n.
1ª R. – Estado do RJ	Lei n. 5.839, de 05.12.1972
2ª R. – Estado de SP	Lei n. 5.839, de 05.12.1972
3ª R. – Estado de MG	Lei n. 5.839, de 05.12.1972
4ª R. – Estado do RS	Lei n. 5.839, de 05.12.1972
5ª R. – Estado da BA	Lei n. 5.839, de 05.12.1972
6ª R. – Estado de PE	Lei n. 5.839, de 05.12.1972
7ª R. – Estado do CE	Lei n. 5.839, de 05.12.1972
8ª R. – Estados do PA e do AP	Lei n. 5.839, de 05.12.1972
9ª R. – Estado do PR	Lei n. 6.241, de 22.09.1975
10ª R. – DF	Lei n. 6.927, de 07.07.1981
11ª R. – Estados do AM e de RR	Lei n. 6.915, de 01.06.1981
12ª R. – Estado de SC	Lei n. 6.928, de 07.07.1981
13ª R. – Estado da PB	Lei n. 7.324, de 18.06.1985
14ª R. – Estados de RO e AC	Lei n. 7.523, de 17.07.1986
15ª R. – Campinas – Estado de SP	Lei n. 7.520, de 15.07.1986
16ª R. – Estado do MA	Lei n. 7.671, de 21.09.1988
17ª R. – Estado do ES	Lei n. 7.872, de 08.11.1989
18ª R. – Estado de GO	Lei n. 7.873, de 09.11.1989
19ª R. – Estado de AL	Lei n. 8.219, de 29.08.1991
20ª R. – Estado de SE	Lei n. 8.233, de 10.09.1991
21ª R. – Estado do RN	Lei n. 8.215, de 25.07.1991
22ª R. – Estado do PI	Lei n. 8.221, de 05.09.1991
23ª R. – Estado do MT	Lei n. 8.430, de 08.06.1992
24ª R. – Estado do MS	Lei n. 8.431, de 09.06.1992